高职高专经济管理专业"十四五"系列精品教材·会计类

会计基础

■ 主　编　孙皆豹　张　慧　王　琳
■ 副主编　钱　璐　施　刚　梅炳莹　郑　婕

华中科技大学出版社
http://www.hustp.com
中国·武汉

图书在版编目(CIP)数据

会计基础/孙皆豹,张慧,王琳主编. —武汉:华中科技大学出版社,2020.6(2023.9重印)
ISBN 978-7-5680-6271-8

Ⅰ.①会… Ⅱ.①孙… ②张… ③王… Ⅲ.①会计学 Ⅳ.①F230

中国版本图书馆 CIP 数据核字(2020)第 102482 号

会计基础

Kuaiji Jichu

孙皆豹　张　慧　王　琳　主编

策划编辑：聂亚文
责任编辑：史永霞
封面设计：孢　子
责任监印：朱　玢
出版发行：华中科技大学出版社（中国·武汉）　　电话：(027)81321913
　　　　　武汉市东湖新技术开发区华工科技园　　邮编：430223
录　　排：华中科技大学惠友文印中心
印　　刷：武汉市籍缘印刷厂
开　　本：787mm×1092mm　1/16
印　　张：16
字　　数：422 千字
版　　次：2023 年 9 月第 1 版第 2 次印刷
定　　价：48.00 元

本书若有印装质量问题，请向出版社营销中心调换
全国免费服务热线：400-6679-118　竭诚为您服务
版权所有　侵权必究

前言

PREFACE

"会计基础"是经济管理类专业的基础课程，更是会计及相关专业的核心专业基础课，是会计入门的必修课，也是学习其他专业课程如财务会计、成本会计、审计实务等的前提与基础。因此，学好会计基础对全面掌握会计专业理论知识和理解经济管理知识具有十分重要的意义。

在本书编写过程中，编者力求站在一个初学者的角度，以"会计核算工作过程"为顶层设计依据，按照"会计认知—会计要素与设置账户—复式记账—制造业企业主要经济业务核算—填制和审核会计凭证—登记账簿—财产清查—编制财务会计报告"的会计职业认知规律与会计核算工作过程设计教学内容，并在每一部分配有会计技能训练，以便学习者进行同步训练，力求达到教师好教、学生好用、实用的效果。

本书的特点主要体现在：

1. 结构创新，与时俱进。本书打破传统的编写模式，以任务为驱动，以典型项目为载体，依据对工作任务与职业能力的分析，选取教材内容，进行结构体系的重新设计。按照新修改的会计法律制度和增值税改革有关政策对教材内容进行编写，以求内容上与时俱进，更好地满足会计教学的需要。

2. 理实一体，学做合一。在教中学，在学中练，培养学生学习兴趣及对会计岗位的适应能力，每个项目中将会计理论知识与会计技能训练相结合，对操作性要求比较强的部分，还编写了丰富的实例和岗位技能训练，突出会计的应用性、实践性，做到理实一体，学做合一。

3. 形式多样，通俗易懂。本书采用简练的文字，以及与内容相协调的图形、表格、仿真账表、案例等多种形式，力求使高深的理论通俗化，使抽象的问题形象化，使复杂的问题简单化，尽量做到通俗易懂，便于学习。

本书可以作为高等学校会计专业和经济管理类专业基础会计的教材，也可以作为广大财务工作者及各类经济管理人员自学、培训和进修的参考用书。

本书由江苏工程职业技术学院的孙皆豹、张慧，扬州工业职业技术学院的王琳担任主编，江苏旅游职业学院的钱璐，江苏工程职业技术学院的施刚、梅炳莹，金山职业技术学院的郑婕担任副主编。全书最后由孙皆豹老师总纂、修改和定稿。在编写过程中，我们参考了有关专家、学者的论著、教材及其他文献资料，吸取了一些最新的研究成果，在此表示衷心的感谢！

由于编者水平有限，书中难免存在不妥和疏漏之处，恳请读者给予批评指正，谢谢！

编者

目录
CONTENTS

项目一　会计认知 ··· 1
    任务 1.1　会计概述 ··· 2
    任务 1.2　会计基本假设和会计基础 ·· 7
    任务 1.3　会计信息质量要求 ·· 10
    任务 1.4　会计核算方法 ·· 15

项目二　会计要素与设置账户 ··· 23
    任务 2.1　会计要素与会计等式 ·· 24
    任务 2.2　会计科目与设置账户 ·· 35

项目三　复式记账 ·· 49
    任务 3.1　记账方法概述 ·· 50
    任务 3.2　借贷记账法 ··· 52

项目四　制造业企业主要经济业务核算 ·· 73
    任务 4.1　制造业企业主要经济业务概述 ······································ 74
    任务 4.2　资金筹集业务核算 ·· 77
    任务 4.3　供应过程业务核算 ·· 82
    任务 4.4　生产过程业务核算 ·· 91
    任务 4.5　销售过程业务核算 ·· 101
    任务 4.6　利润形成与分配业务核算 ··· 109

项目五　填制和审核会计凭证 ·· 127
    任务 5.1　会计凭证概述 ·· 128
    任务 5.2　填制和审核原始凭证 ·· 130
    任务 5.3　填制和审核记账凭证 ·· 139
    任务 5.4　传递与保管会计凭证 ·· 148

项目六　登记账簿 ·· 157
    任务 6.1　会计账簿概述 ·· 158
    任务 6.2　会计账簿的启用和登记要求 ······································· 163

任务 6.3　会计账簿的格式和登记方法 …………………………………………………… 167
  任务 6.4　错账的更正方法 …………………………………………………………………… 179
  任务 6.5　对账与结账 ………………………………………………………………………… 184
  任务 6.6　会计账簿的更换与保管 ………………………………………………………… 188

项目七　财产清查 ……………………………………………………………………………………… 195
  任务 7.1　财产清查概述 ……………………………………………………………………… 196
  任务 7.2　财产清查的方法 …………………………………………………………………… 199
  任务 7.3　财产清查结果的处理 ……………………………………………………………… 205

项目八　编制财务会计报告 ………………………………………………………………………… 215
  任务 8.1　财务会计报告概述 ………………………………………………………………… 216
  任务 8.2　资产负债表 ………………………………………………………………………… 221
  任务 8.3　利润表 ……………………………………………………………………………… 229

附录　企业会计准则——基本准则 ……………………………………………………………… 243

参考文献 ………………………………………………………………………………………………… 248

项目一
会计认知

KUAIJI JICHU

学习目标

1. 了解会计的概念；
2. 了解会计对象；
3. 了解收付实现制；
4. 了解会计核算方法；
5. 熟悉会计的特点；
6. 熟悉会计的基本职能；
7. 掌握会计基本假设；
8. 掌握权责发生制；
9. 掌握会计信息质量要求。

任务导航

任务1.1　会计概述

任务1.2　会计基本假设和会计基础

任务1.3　会计信息质量要求

任务1.4　会计核算方法

会计(accounting)的萌芽源于人类认知数字之后，是随着人们的生产实践和管理上的需要而产生和发展的，先后经历了古代会计、近代会计和现代会计的历史变革。人们从不同角度和层面对会计本质进行考察，形成了对会计本质的不同表述。现代会计是一项经济管理活动，是经济管理的重要组成部分，具有核算和监督两大基本职能。会计在发展，会计职能也在发展。各单位资金运动构成了会计的一般对象。会计要对企业发生的各种经济活动有效地进行核算和监督，就必须对会计领域中的一些未知因素做出合理的假设，于是就产生了会计假设。在一定的社会经济环境下，会计有其特定的目标。为了实现会计目标、完成会计任务，会计人员必须采用一系列专门的核算方法。企业会计核算应当以权责发生制为基础。历史表明：经济越发展，会计越重要。

任务1.1　会计概述

一、会计的概念

(一)会计的产生与演进

物质资料的生产是人类社会生存和发展的基础。人们从事生产，既获得一定的劳动成果，又必然要耗费一定的人力、财力和物力。为了合理地配置资源和对劳动成果进行分配，人们必然关心生产中的所得和所费。随着人类文明的进步，人们在长期的生产实践中逐步掌握了计量的方法，并意识到在生产的同时有必要把生产过程及其所得和所费的内容记录下来，以便对资源和劳动成果合理分配,这就是会计最初产生的基本动因。

会计自古代会计发展到现代会计,经历了一个漫长的历史时期。一般认为,会计的发展经历了古代会计、近代会计和现代会计三个重要阶段(见图1-1)。

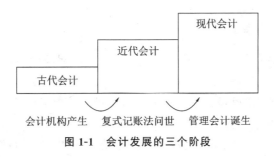

图1-1　会计发展的三个阶段

1. 古代会计

古代会计是奴隶社会至封建社会的会计,以会计专职人员的出现和会计机构的产生为标志。会计是经济发展到一定阶段的产物。据史料记载,我国的会计就产生于距今3000年以前的西周奴隶社会。当时的王朝中就已经设立了"司会"、大宰和小宰等官职来掌握国家和地方的"百物财用",并设置了相应的管理机构。我国的"会"与"计"二字的合用也发生于那个时期。

在人类社会的早期,会计属于生产职能的一个附带部分,也就是说,是在生产活动之外由生产者凭借头脑记忆,或者用简单记录的方式,附带地把生产的耗费和成果及其发生的时间等记载下来。"结绳记事""垒石计数"等都是最初的会计手段。随着社会生产力水平的不断提高,剩余产品的大量出现,会计作为生产过程的附带职能,才逐步从生产职能中分离出来,形成独立的、特殊的职能,成为专门人员从事的一项重要经济管理工作。

2. 近代会计

近代会计是15世纪以后的会计,以复式记账法的诞生为标志。在古代会计后期,对复式记账法的探索进入了一个重要阶段。我国的会计在唐宋时期创建了"四柱结算法",明末清初创立了"龙门账"等,这些都充分体现了复式记账的原理。

在外国,会计历史也很悠久,13世纪以前与我国基本相似。1494年意大利数学家卢卡·帕乔利(Luca Pacioli)所著《算术、几何、比与比例概要》一书问世,其在"计算与记录详论"一章中比较系统地介绍了当时在威尼斯最通行、最进步的借贷复式记账法,并结合数学原理在理论上进行了概括,这是借贷复式记账法理论形成的重要标志。人们习惯把复式记账看作现代会计的开始,帕乔利因此也被尊为"现代会计之父"。

3. 现代会计

现代会计是20世纪50年代以后的会计,以管理会计的形成并与财务会计分离为标志。人们运用现代管理科学理论,逐步形成了会计上的一个新的分支——管理会计,它逐步成为一门独立的学科。管理会计的诞生,结束了会计在2000多年中只是对经济活动处于事后反映的被动局面,实现了会计对生产管理过程的事前、事中和事后的主动控制。管理会计的诞生是会计发展史上又一个重要的里程碑。

综上所述,会计是适应人类生产实践和经济管理的客观需要而产生、发展并不断完善起来的,是人类社会发展到一定历史阶段的产物。会计产生以后,经历了一个由低级到高级、从简单到复杂、从不完善到逐渐完善的发展过程。社会环境的演进，影响着会计理论、技术和方法的不断变革和完善；反过来，人们利用会计理论和方法来管理经济，又必然影响他们所处的社会环境。由此可见，会计的发展与经济、技术、法律等环境因素紧密相关。客观实践证明：经济越发展，会计越重要。

（二）会计的概念

会计在我国有着悠久的历史。我国"会计"一词的命名起源于西周时代。清代学者焦循基于前人对"会计"概念的认识，在其所著《孟子正义》一书中对会计原始含义做了如下概括："零星算之为计，总合算之为会。"意思是日常的零星计算和岁末的全年总合计算合起来，称为"会计"，概括了"会计"二字连用的基本含义。

随着会计信息在社会经济工作中发挥越来越重要的作用，会计的概念也在不断发生变化。由于人们对会计本质的不同认识，因此就有了"工具论""信息系统论"和"管理活动论"等不同看法。一般认为，会计是一种管理活动，比较确切地指出了会计的本质。

会计的概念可表述为：会计是指以货币为主要计量单位，运用一系列专门方法，核算和监督一个单位经济活动的一种经济管理工作。

（三）会计的特点

1. 以货币为主要计量单位

会计对经济活动进行计量和记录时，可以采用实物、劳动和货币三种计量单位。其中：实物计量单位可以为经济管理提供必需的实物量指标，但无法进行综合；劳动计量单位可以为经济管理提供劳动消耗量指标，但现阶段同样不具有综合性；唯一具有综合性的就是货币计量单位，因为它是商品的一般等价物，是衡量商品价值的共同尺度，具有综合性。因此，会计以货币作为主要的计量尺度，尽管有时也要运用实物量度和劳动量度作为辅助量度，但是货币量度始终是会计最基本的、统一的、主要的计量尺度。

2. 对经济活动进行全面、连续、系统、综合的核算和监督

全面是指对各种经济活动都要记录和计算，不能遗漏；连续是指按照经济活动发生的时间顺序自始至终进行记录，不允许中断和间断；系统是指对各种经济活动的记录要采用一系列专门的方法，遵循一定的处理程序，科学有序地进行，以取得分门别类的有用信息；综合是指以货币作为统一的计量单位。

3. 以合法凭证为依据

凭证是经济活动发生的书面证明，用以记载发生的经济活动的具体情况和明确经济责任。为了反映经济活动的真实情况，必须以取得或填制的合法凭证为依据。会计只有以合法的凭证为依据，才能使其提供的会计信息具有客观性、真实性与可验证性。

4. 有一套完整的方法体系

会计在其发展过程中形成了一套完整的专门方法，如填制和审核会计凭证、成本计算、编制会计报表等。这些方法是经过长期会计实践活动总结出来的，它组成了一个完整的方法体系。

二、会计的职能

会计的职能是指会计在经济管理中所具有的功能，是会计本质的体现。我国《会计法》明确

规定,会计具有核算和监督两大基本职能。除此之外,会计还具有预测经济前景、参与经济决策、进行经济控制和评价经营业绩等拓展职能。

(一)会计基本职能

会计从簿记发展到现代会计,从其在经济管理中的功能来看,主要有会计核算和会计监督两大基本职能。

1. 会计核算职能

会计核算职能又称会计反映职能,是指会计以货币为主要计量单位,运用一系列专门方法,对特定主体的经济活动过程和结果进行确认、计量和报告,为有关方面提供会计信息。

确认是指运用特定会计方法,以文字和金额同时描述某一交易或事项,使其金额反映在特定主体财务报表中的会计程序,即对经济事项做出是否要进行会计计量和报告的判断。如对企业购买原材料这一经济事项就可确认为会计交易或事项,应进行会计计量和报告;而对企业订立经济合同这一经济事项就不能确认为会计交易或事项,不需要进行会计计量和报告。

计量是指确定会计确认中用以描述某一交易或事项的金额的会计程序。

报告是指在确认和计量的基础上,将特定主体的财务状况、经营成果和现金流量信息以财务报表等形式向有关各方报告。

会计核算贯穿于经济活动的全过程,是会计最基本的职能。会计核算的内容主要包括:①款项和有价证券的收付;②财物的收发、增减和使用;③债权、债务的发生和结算;④资本、基金的增减;⑤收入、支出、费用、成本的核算;⑥财务成果的计算和处理;⑦需要办理会计手续、进行会计核算的其他事项。

2. 会计监督职能

会计监督职能就是会计人员按一定的标准和要求,对特定主体经济活动的合法性、合理性进行审查,以便合理地组织经济活动,达到预期的目的。

合法性审查是指保证各项经济业务符合国家法律法规,遵守财经纪律,执行国家有关方针政策,杜绝违法乱纪行为。

合理性审查是指检查各项财务收支是否符合特定主体的财务收支计划,是否有利于预算目标的实现,是否有违背内部控制制度要求的现象,为增收节支、提高经济效益严格把关。

会计监督的内容主要包括:①监督经济业务的真实性;②监督财务收支的合法性;③监督公共财产的安全性和完整性。一旦发现有不合法、不合理的经济业务或行为,应按有关规定和程序,进行及时必要的纠正。

会计监督是一个过程,是对经济活动的全过程进行监督,它分为事前监督、事中监督和事后监督。现代会计的监督职能不仅在已经发生或已经完成的业务上体现,即事后监督,而且还体现在业务发生过程之中或业务尚未发生之前,即事中监督和事前监督。事前监督往往可以将影响经济活动的不利因素化解在萌芽状态,以避免事中和事后造成重大损失和浪费。

3. 会计核算与会计监督的关系

会计核算与会计监督两大基本职能关系密切、相辅相成。会计核算是实行会计监督的前提和基础。如果没有可靠的会计核算资料,会计监督就会失去客观依据。会计监督是会计核算的保证。没有严格的会计监督,就难以保证会计核算所提供信息的真实性,会计核算的作用就难以发挥。因此,在实际工作中,核算和监督又是交叉的,监督寓于核算之中,核算又要借助于监督,它们互相依存,互相渗透,紧密联系。

(二)会计拓展职能

会计除了上述两个基本职能外,还具有预测经济前景、参与经济决策、进行经济控制和评价经营业绩等拓展职能。

三、会计的对象

会计核算和监督的内容,就是会计对象。凡是特定主体能够以货币表现的经济活动,都是会计对象。以货币表现的经济活动通常又称为价值运动或资金运动。因此,会计核算和会计监督的内容即会计对象就是资金运动。

企业的资金运动表现为资金投入、资金使用和资金退出的过程。

1. 资金投入

资金投入是指企业通过各种方式筹集资金的过程,是资金运动的起点。资金的投入包括企业所有者投入的资金和债权人投入的资金两部分,前者属于企业所有者权益,后者属于企业债权人权益——企业负债。投入企业的资金一部分构成流动资产,另一部分构成非流动资产。

2. 资金使用

资金使用是指资金的循环和周转过程。以工业企业为例,企业的生产活动经过供应、生产、销售三个过程,资金也依次由货币资金转化为固定资金、储备资金,再转化为生产资金、成品资金,最后又转化为货币资金,这个过程称为资金的循环;随着生产经营过程的不断进行,资金周而复始不断地循环叫作资金的周转。

3. 资金退出

资金退出包括偿还各项债务、上缴各项税费、向所有者分配利润等,使得部分资金离开本企业,退出本企业的资金循环与周转。

以制造业企业为例,其资金运动过程如图1-2所示。

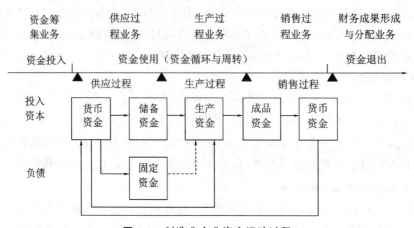

图1-2 制造业企业资金运动过程

任务1.2 会计基本假设和会计基础

一、会计基本假设

会计基本假设又称会计核算的基本前提,是为保证会计工作的正常进行和会计信息的质量而对会计核算的范围、核算内容、基本程序和基本方法等做出的基本限定。一般认为,会计基本假设包括会计主体、持续经营、会计分期和货币计量。

(一)会计主体

1. 会计主体的定义

会计主体,是指会计所核算和监督的特定单位或者组织,是会计确认、计量和报告的空间范围。在进行会计核算时必须首先明确会计所服务的对象,首先要解决会计是为哪一个经济组织进行核算,核算哪个经济组织的经济业务的问题,否则会计核算将无从谈起。

以企业会计为例,会计主体要求会计核算应当以本企业发生的各项交易或事项为对象,记录和反映企业本身的各项生产经营活动。例如,A会计主体向B会计主体销售材料一批,货款暂未收到。对于A、B两个企业来说,经济业务的内容具有截然不同的两种性质,会引起两个会计主体的经营资金在不同方面发生变化,作为特定会计主体的会计人员必须站在本企业的角度进行核算。对会计主体定义的理解如图1-3所示。

图1-3 对会计主体定义的理解

2. 确立会计主体的意义

会计主体的确立明确了会计核算的空间范围,对于确认经济业务性质、正确进行会计核算具有重要意义。我国地域广阔,会计主体众多,经济交往频繁。但作为会计核算,每一个会计主体都是相对独立的。当经济业务发生以后,会计人员必须站在本主体(如企业)角度对经济业务的内容和性质进行分析和判断,进而采用一定的方法进行会计核算。

3. 会计主体不同于法律主体

一般来说,法律主体必然是会计主体,但会计主体不一定是法律主体。法律主体必然是会计主体,因为一家企业作为法律主体,应当建立会计核算体系,独立地反映其财务状况、经营成果和现金流量。然而,会计主体不一定是法律主体,因为会计主体可以是若干法律主体的集合,如母公司或企业集团;会计主体也可以是一个部门或车间,不具有法律主体资格。例如,海尔公司是法律主体,也是会计主体;而海尔公司的车间、事业部、海尔公司销售分公司都不是法律主体,但它们都是会计主体,即在同一个法律主体中,也可能存在多个会计主体。

(二)持续经营

1. 持续经营的定义

持续经营,是指在可以预见的将来,会计主体将会按当前的规模和状态经营下去,不会停业,也不会大规模削减业务。尽管企业的生产经营活动随时面对激烈的市场竞争,甚至会遭遇严重亏损、破产倒闭等经营风险,但会计核算必须要以企业能够持续、正常的经营活动为基本前提。否则,会计核算也就失去了其存在的意义。对持续经营定义的理解如图1-4所示。

图1-4 对持续经营定义的理解

2. 确立持续经营的意义

持续经营的确立明确了会计核算的时间范围,即会计核算必须在企业正常的经营活动期间内进行。企业在不能持续经营时,应当停止使用根据该假设所选择的会计确认、计量和报告的原则与方法,一旦进入清算,就应当改按清算会计处理。

(三)会计分期

1. 会计分期的定义

会计分期,是指将一个会计主体持续经营的生产经营活动划分为一个个连续的、长短相同的期间,以便分期结算账目和编制财务会计报告。企业的经营运动是一个持续不断的过程,为了及时获取和提供会计信息,发挥会计的作用,就需要对持续进行的经营活动人为地进行分割,进而划分为一个个比较适当的会计期间,分期结算账目和编制财务会计报告。会计期间通常分为年度和中期。中期,是指短于一个完整的会计年度的报告期间。

根据我国会计法律法规的规定,会计期间分为年度、半年度、季度和月度。年度、半年度、季度和月度均按公历起讫日期确定。以一年为一个会计期间(年度)称为会计年度,我国的会计年度从每年1月1日至12月31日;短于一年的会计期间(半年度、季度和月度)统称为会计中期。会计分期的基本划分方法如图1-5所示。

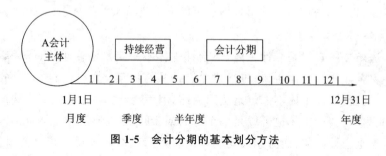

图1-5 会计分期的基本划分方法

2.确立会计分期的意义

会计分期明确了会计核算的基本程序。在会计分期假设下,企业划分会计期间,便于其及时结算账目,并以此为依据编制财务会计报告,向会计信息的使用者及时提供与之相关的财务信息。

持续经营和会计分期界定了会计信息的时间段落。有了会计分期,才产生了当期与前期、后期的差别,从而形成了权责发生制和收付实现制的区别,进而出现了应收、应付、折旧、摊销等会计处理方法。

(四)货币计量

货币计量,是指会计主体在会计确认、计量和报告时采用货币作为统一的计量单位,反映会计主体的生产经营活动。在会计的确认、计量和报告过程中选择货币进行计量,是由货币本身的属性决定的。对货币计量的定义可结合图1-6加深理解。

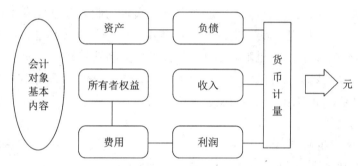

图1-6 对货币计量定义的理解

各类经济组织的资产种类繁多,会计应采用什么样的计量单位对其进行综合反映呢?最理想的应是货币计量单位。因为货币是一切商品的一般等价物,能用以计量会计核算对象中的所有内容。所以,会计核算必须以货币计量作为基本前提。在坚持以货币计量为主的前提下,对某些核算内容也可以辅之以实物量、劳动量等计量单位进行计量。

会计核算所采用的货币币种称为记账本位币。我国企业会计准则规定:企业会计核算以人民币为记账本位币;业务收支以人民币以外的货币为主的企业,可以选择其中一种货币作为记账本位币,但是编制的财务会计报告应当折算为人民币;在境外设立的中国企业向国内报送的财务会计报告,应当折算为人民币反映。

上述四个会计基本假设,具有相互依存、相互补充的关系。会计主体确立了会计核算的空间范围,持续经营与会计分期确立了会计核算的时间长度,而货币计量则为会计核算提供了必要手段。没有会计主体,就不会有持续经营;没有持续经营,就不会有会计分期;没有货币计量,就不会有现代会计。

二、会计基础

(一)会计基础的概念和种类

1.会计基础的概念

会计基础是指企业在会计确认、计量和报告的过程中所采用的基础,是确认一定会计期间的收入和费用,从而确定损益的标准。

会计分期假设,产生了本期与非本期的区别。企业在一定会计期间内,为进行生产经营活动而发生的费用,可能在本期已经付出货币资金,也可能在本期尚未付出货币资金;所形成的收入,可能在本期已经收到货币资金,也可能在本期尚未收到货币资金;同时,本期发生的费用可能与本期取得的收入有关,也有可能无关。所以,在处理这些收支发生期间和应归属期间不一致的经济业务时,就必须正确选择合适的会计处理基础。

2.会计基础的种类

会计基础主要有两种:权责发生制基础和收付实现制基础。我国《企业会计准则》规定,企业应当以权责发生制为基础进行会计确认、计量和报告。

(二)权责发生制

权责发生制也称应计制,是指收入费用的确认应当以收入和费用的实际发生作为确认计量的标准。根据权责发生制基础的要求,凡是当期已经实现的收入和已经发生或应当负担的费用,无论款项是否收付,都应当作为当期的收入和费用,计入利润表;凡是不属于当期的收入和费用,即使款项已经在当期收付,也不应当作为当期的收入和费用。

权责发生制原则主要是从时间上规定会计确认的基础,其核心是根据权责发生制关系的实际发生期间来确认收入和费用。根据权责发生制进行收入与成本费用的核算,能够更加准确地反映特定会计期间真实的财务状况及经营成果。

因此,采用权责发生制,在会计期末必须对账簿记录进行账项调整,才能够使本期的收入和费用存在合理的配比关系,从而可以比较正确地计算企业的本期盈亏。

(三)收付实现制

收付实现制也称现金收付制或现金制,是指以收到或支付的现金作为确认收入和费用等的依据。收付实现制是以实际收到或付出款项的日期确认收入或费用的归属期的制度。

目前,我国的行政单位会计主要采用收付实现制,事业单位会计除经营业务可以采用权责发生制以外,其他大部分业务采用收付实现制。

采用收付实现制时,会计处理手续比较简便,会计核算可以不考虑应计收入、应计费用、预收收入、预付费用的存在。

任务1.3 会计信息质量要求

一、会计信息质量要求的含义

会计信息质量要求是在会计基本假设前提下进行会计核算所应遵循的基本要求,也是衡量会计核算工作质量的标准。根据我国《企业会计准则》的规定,企业提供会计信息时应遵循以下原则:客观性原则、相关性原则、明晰性原则、可比性原则、实质重于形式原则、重要性原则、谨慎性原则和及时性原则。

二、会计信息质量要求应遵循的原则

(一)客观性原则

客观性原则也称真实性原则,要求"企业应当以实际发生的交易或者事项为依据进行会计确认、计量和报告,如实反映符合确认和计量要求的各项会计要素及其他相关信息,保证会计信息真实可靠,内容完整"。

坚持客观性原则的目的在于保证会计信息真实可靠,内容完整。提供真实可靠的会计信息是对会计核算工作的基本要求。在会计核算中贯彻客观性原则的要求,应在会计的日常核算和会计报告两个环节上注意认真把握(见图1-7)。

图 1-7 对客观性原则的理解

(二)相关性原则

相关性原则也称有用性原则,要求"企业提供的会计信息应当与财务会计报告使用者的经济决策需要相关,有助于财务会计报告使用者对企业过去、现在或者未来的情况做出评价或者预测。"对相关性原则的理解可参见图1-8。

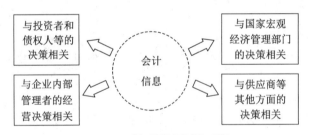

图 1-8 对相关性原则的理解

(三)明晰性原则

明晰性原则也称清晰性原则,要求"企业提供的会计信息应当清晰明了,便于财务会计报告使用者理解和使用"。明晰性原则不仅要求会计记录和会计报表等的数字和文字的书写要工整、字迹易于辨认,更重要的是要求会计核算所提供的信息能够清楚地反映企业的财务状况和经营成果等情况。对明晰性原则的理解可参见图1-9。

(四)可比性原则

可比性原则要求企业提供的会计信息应当具有可比性。同一企业不同时期发生的相同或者相似的交易或者事项,应当采用一致的会计政策,不得随意变更。确需变更的,应当在附注中说明。不同企业发生的相同或者相似的交易或者事项,应当采用规定的会计政策,确保会计信息口径一致、相互可比。对可比性原则的要求可以从两个方面来理解:

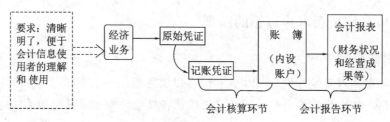

图 1-9　对明晰性原则的理解

1. 同一企业在不同时期采用一致的会计政策

要求同一企业在不同时期用一致的会计政策的要义在于：某一个特定的会计主体所采用的会计政策在持续经营的前后会计期间应当保持一致。这是由于，即使是对于同一种经济业务内容，在会计准则及制度中也规定了不同的会计政策，可由会计主体根据实际情况选择使用。例如，企业在每一个会计期末都要计算提取固定资产的折旧（即固定资产在使用过程中发生的价值损耗）。按照规定，企业可以根据固定资产的使用寿命平均计算（也称直线法，在这种方法下，各月计算出来的折旧额一般是相等的），也可以根据固定资产的实际使用情况计算（也称工作量法，各月计算出来的折旧额一般是不相等的，使用固定资产较多的月份，计算出来的折旧额就多，反之就少）等。企业可以选用其中的某一种方法计提固定资产折旧。但是，企业一旦选用了其中的一种计算方法以后就应在一定时期内一直使用下去，不宜在一个会计年度内发生变更，以免造成各计提期间费用的不均衡，进而影响各期经营成果的计算。确实需要变更的，应当在财务会计报告的附注中予以说明。对同一企业在不同时期采用一致的会计政策的理解参见图 1-10。

图 1-10　对同一企业在不同时期采用一致的会计政策的理解

2. 不同企业发生相同或者相似的交易或事项应当采用规定的会计政策

各个会计主体，特别是经营活动内容相同的会计主体，它们所发生的交易或者事项的内容也往往是相同的。因而，当这些交易或者事项发生时，各会计主体均应采用相同会计政策进行处理。核算中可以采用的会计处理方法、会计指标很多。以会计指标为例，可比性原则要求一个会计主体的会计指标与同行业其他会计主体的会计指标在口径上应当一致，具有可比性。例如，企业在每个会计期末都要根据要求编制财务会计报告，向信息的使用者报告企业的财务状况，即企业的资产总量及其构成、负债和所有者权益的总额及其构成等情况，这是每个企业都要做的一项工作。但报告企业的财务状况采取什么样的方式，各企业不能各行其是。应当采用统一的"资产负债表"格式，利用资产、负债和所有者权益这些共同性指标。只有这样，各个企业所提供的会计指标才能做到口径一致，具有相互可比性，也便于汇总、对比和分析。对不同企业发生的相同或者相似的交易或者事项应当采用规定的会计政策的理解参见图 1-11。

图 1-11 对不同企业发生的相同或相似的交易或者事项应当采用规定的会计政策的理解

(五)实质重于形式原则

实质重于形式原则要求企业应当按照交易或者事项的经济实质进行会计确认、计量和报告,不应仅以交易或者事项的法律形式为依据。

在一般情况下,企业发生的交易或事项其经济实质与其法律形式是统一的,构成了企业经济业务相辅相成、不可分割的两个方面。例如,企业用自有资金购入的在生产经营过程中正常使用的固定资产,从经济性质来看,它属于能够为企业带来经济利益的资产;从法律形式来看,企业对其具有所有权、使用权和处置权。在会计上就可以按照企业的自有资产核算方法组织核算。

但在个别情况下,企业发生的交易或事项的经济性质和法律形式会产生一定的分离。例如,企业采用融资租赁方式租入设备就属于这种情况。融资租入设备相当于承租企业采用分期付款的办法向出租企业购买所租入设备。在设备款未付清之前,从法律形式上讲,设备的所有权并没有转移给承租人。但从经济性质上讲,与该项资产有关的收益和风险已经转移给承租企业,承租企业实质上已经行使对该资产的控制权。

按照实质重于形式原则的要求,企业对这类比较特殊的经济业务在会计核算中应注重其经济实质,而不必完全拘泥于其法律形式,即对融资租入设备在设备款未付清之前,在会计上也可以作为企业的自有资产进行核算。对实质重于形式原则可结合图 1-12 加深理解。

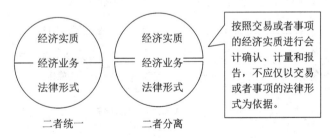

图 1-12 对实质重于形式原则的理解

(六)重要性原则

重要性原则要求企业提供的会计信息应当反映与企业财务状况、经营成果和现金流量等有关的所有重要交易或者事项。企业发生的各种交易或事项,对企业的财务状况、经营成果和现金流量等都会产生影响,但在对外提供会计信息时,应当区分其重要程度,重点报告企业所有的重要交易或者事项。所谓重要交易或者事项是指那些对信息使用者的决策具有直接影响的事项。例如,对于反映企业财务成果的营业利润、利润总额和净利润等,这些指标直接关系到投资者和债权人的经济决策,就应当作为重点内容对外报告。而对于会计信息使用者的决策并不重要的信息,如企业的存货也可以报告,但在报告文件中综合反映就可以了,而不必逐项做出报告。对重要性原则可结合图1-13加深理解。

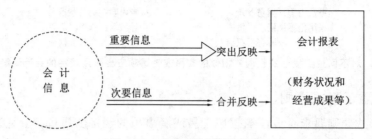

图1-13 对重要性原则的理解

(七)谨慎性原则

谨慎性原则又称稳健性原则或保守性原则,要求企业对交易或者事项进行会计确认、计量和报告应当保持应有的谨慎,不应高估资产或者收益、低估负债或者费用。其要义在于:企业应当合理预计可能发生的损失和费用,而不应预计可能发生的收入和过高估计资产的价值。例如,企业的应收账款由于各种原因经常会难以收回,并由此而使企业遭受损失。对这种可能发生的损失,在会计上就应当根据企业经营的实际状况采用一定的方法进行合理预计,而且宁可高估,不可低估,并根据预计的可能发生损失的金额作为费用计入本会计期间。这是根据谨慎性原则的要求所采取的应对坏账损失的一种有效措施。根据谨慎性原则的要求,对于可能产生的收益,在会计上则应持相反的态度,即宁可低估,不可高估,更不能作为收入计入本会计期间,以免产生经营管理上的盲目乐观情绪。对谨慎性原则可结合图1-14加深理解。

图1-14 对谨慎性原则的理解

(八)及时性原则

及时性原则要求企业对于已经发生的交易或者事项,应当及时进行会计确认、计量和报告,不得提前或者延后。及时性与相关性密切相关,只有及时提供相关会计信息,才能有利于信息使用者根据所获取的信息及时做出经济决策。而对于已经发生的交易或者事项提前或者延后进行会计确认、计量和报告,都会造成会计信息不真实、不可靠,不仅对于信息使用者的决策不能提供帮助,而且可能对他们的经济决策产生误导。对及时性原则的理解参见图1-15。

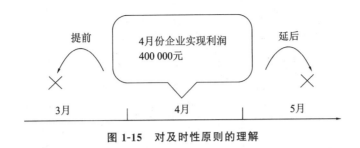

图 1-15　对及时性原则的理解

任务 1.4　会计核算方法

一、会计核算方法的含义

会计核算方法是指以货币为主要计量单位,对各单位已发生的交易或事项进行确认、计量和报告的一系列专门方法。它通常包括设置账户、复式记账、填制和审核会计凭证、登记账簿、成本计算、财产清查和编制会计报表。

二、会计核算方法的内容

1. 设置账户

设置账户是对会计对象的具体内容进行分类核算和监督的一种专门方法。

由于会计对象的具体内容是复杂多样的,要对其进行系统核算和经常性监督,就必须对经济业务进行科学的分类,以便分门别类地、连续地记录,据以取得多种不同性质、符合经营管理所需要的信息和指标。以资产为例,它可以是货币资金、储备资金、生产资金、成品资金和固定资金等。对这些内容还可以进一步细化。比如,货币资金具体是由存放在企业的现金、存放在银行的存款等组成,储备资金具体又是由原材料、库存商品、包装物等组成。按照这样的方法进行多层次分类,最终就可以将各种会计对象的基本内容划分为一个个细小的类别,以便于在会计上进行核算。对每一个细小类别都可以根据其包含的内容规定一个名称,如企业存放在银行的存款可以称作"银行存款",企业根据这个名称再配以一定的结构形式就是账户。在会计上利用账户就可以登记有关会计对象具体内容的增减变动情况及其结果。由此可见,账户相当于会计信息的存储器。对设置账户这种会计核算方法,可结合图 1-16 加深理解。

2. 复式记账

复式记账是指对所发生的每项经济业务,以相等的金额,同时在两个或两个以上相互联系的账户中进行登记的一种记账方法。

采用复式记账方法,可以全面反映每一笔经济业务的来龙去脉,而且可以防止差错和便于检查账簿记录的正确性和完整性,是一种比较科学的记账方法。例如,企业用银行存款 500 元购买材料一批。对于这项经济业务既要在"银行存款"账户记录存款的减少,又要在"原材料"账户记录材料的增加。这样的做法就叫作复式记账。进行复式记账能够系统而全面地反映经济

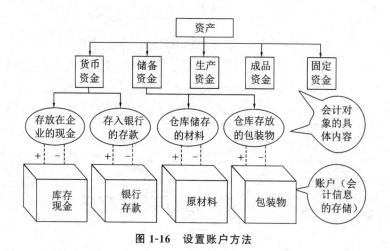

图 1-16 设置账户方法

业务的发生情况。上述举例在账户中的登记情况如图 1-17 所示。

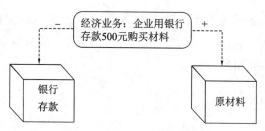

图 1-17 复式记账的基本方法

3.填制和审核会计凭证

填制和审核会计凭证是指为了审查经济业务是否合法、合理,保证账簿记录正确、完整而采用的一种专门方法。

会计凭证是记录经济业务、明确经济责任、作为记账依据的书面证明,是登记账簿的重要依据。会计凭证一般分为两种:一种是在经济业务发生时取得或填制的会计凭证(如发票等),称为原始凭证;另一种是由会计人员根据原始凭证进行加工整理,为记账提供直接依据的会计凭证,称为记账凭证。正确填制和审核会计凭证,是核算和监督经济活动财务收支的基础,是做好会计工作的前提。对填制和审核会计凭证方法可结合图 1-18 加深理解。

图 1-18 填制和审核会计凭证方法

4.登记账簿

登记账簿简称记账,是以审核无误的会计凭证为依据,在账簿中分类、连续、完整地记录各项经济业务内容的一种专门方法。

账簿俗称账本,是会计上记录经济业务的一种重要载体。在实际工作中,账户就是设置在账簿当中的,登记账簿从一定意义上来说就是登记账户。账簿记录是重要的会计资料,是进行会计分析、会计检查的重要依据。登记账簿与填制和审核会计凭证两种方法之间存在着密切的联系,这种联系如图 1-19 所示。

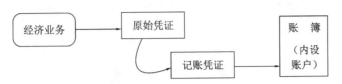

图 1-19　登记账簿与填制和审核会计凭证之间的关系

5.成本计算

成本计算是按照一定对象归集和分配生产经营过程中发生的各种费用,以便确定各对象的总成本和单位成本的一种专门方法。

产品成本是综合反映企业生产经营活动的一项重要指标。正确地进行成本计算,可以考核生产经营过程的费用支出水平,同时又是确定企业盈亏和制定产品价格的基础,并为企业进行经营决策提供重要数据。以制造业企业为例,在其生产经营的供应过程、生产过程和销售过程中都需要对一定的对象(如采购的材料、生产出来的产品等)进行成本计算。既要计算这些对象的总成本,又要计算它们的单位成本。以材料采购业务为例,企业购买材料,必然会发生买价,还会发生如运输费、包装费等方面的支出,这些形成了材料采购费用。购买材料完成以后,需要采用一定的方法将这些采购费用计入一定的采购对象上去,继而形成该采购对象的总成本。在此基础上,根据总成本与材料数量之间的关系,就可以计算出其单位成本。其计算方法如图 1-20 所示。

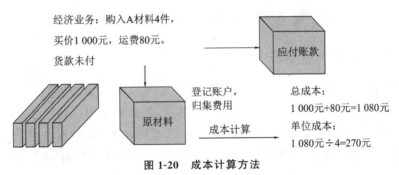

图 1-20　成本计算方法

6.财产清查

财产清查是通过盘点实物,核对账目,以查明各项财产物资的实际结存数与账面结存数是否相符的一种专门方法。

通过财产清查,可以提高会计记录的正确性,保证账实相符。同时,还可以查明各项财产物资的保管和使用情况以及各种结算款项的执行情况,以便对积压或损毁的物资和逾期未收到的款项,及时采取措施,进行清理和加强对财产物资的管理。对财产清查方法的理解如图 1-21 所示。

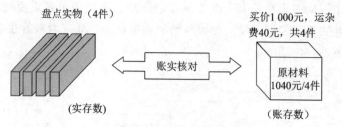

图 1-21 财产清查方法

7.编制会计报表

编制会计报表是以特定表格的形式,定期并总括地反映企业经济活动情况和结果的一种专门方法。

会计报表是根据日常核算资料,反映单位某一特定日期的财务状况和某一会计期间的经营成果、现金流量等会计信息的文件。单位以会计账簿资料为依据编制会计报表,为会计信息的使用者提供全面、综合的会计资料。会计报表提供的信息,既是考核单位计划的完成情况、评价单位工作业绩的依据,也是投资者、债权人了解单位财务状况和经营成果,以便做出决策的依据。因此,编制会计报表不管是对单位领导、单位职工、投资者、债权人,还是其他与单位有利害关系的单位和个人,都是十分必要的。编制会计报表与登记账簿等方法的关系如图 1-22 所示。

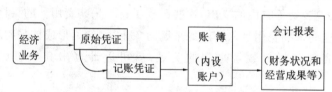

图 1-22 编制会计报表与登记账簿等方法之间的关系

三、会计核算方法的应用程序

会计核算的各种专门方法是一个完整的方法体系,它们既相互联系、密切配合,又相对独立。要全面、完整、真实地核算和监督单位的经济活动,就必须运用这些方法,不能取舍。但在运用这七种会计核算方法时,有些方法可以同时使用,有些方法使用时有先后顺序。因此,在会计核算中必须相互配合地加以使用。各种会计核算方法的应用程序及其相互之间的关系如图 1-23 所示。

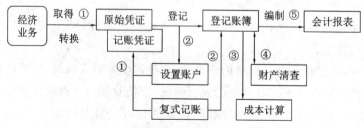

图 1-23 会计核算方法的应用程序及关系

各种会计核算方法的应用程序及其相互之间的关系可概括如下:

(1)经济业务发生后,会计部门首先要获取原始凭证,经审核无误后按照设置的账户名称,运用复式记账法编制记账凭证;

(2)根据审核无误的会计凭证,采用复式记账法登记账簿;

(3)根据账簿记录资料,对经营过程中的有关业务进行成本计算;

(4)为保证账实相符,应运用财产清查方法对账簿记录加以核实;

(5)在保证账实相符的基础上,根据账簿资料定期编制会计报表。

会计技能训练

一、单选题

1. 会计以( )为主要计量单位。
   A. 货币　　　　　B. 实物　　　　　C. 劳动量　　　　　D. 价格

2. 会计核算和监督的内容是特定主体的( )。
   A. 资金运动　　　B. 经济活动　　　C. 实物运动　　　　D. 经济资源

3. 会计人员在进行会计核算的同时,对特定主体经济活动的合法性、合理性进行审查称为( )。
   A. 会计监督职能　　　　　　　　　B. 会计控制职能
   C. 会计核算职能　　　　　　　　　D. 会计分析职能

4. 在可预见的未来,会计主体不会破产清算,所持有的资产将正常营运,所负有的债务将正常偿还,这属于( )。
   A. 会计分期假设　　　　　　　　　B. 货币计量假设
   C. 会计主体假设　　　　　　　　　D. 持续经营假设

5. 会计的本质是( )。
   A. 资金运动　　　B. 管理活动　　　C. 会计核算　　　　D. 会计监督

6. 采用权责发生制基础时,下列业务中不能确认为当期收入的有( )。
   A. 收到当期销货款　　　　　　　　B. 收到以前月份的销货款
   C. 销售商品,货款尚未收到　　　　D. 销售商品,同时收到货款

7. 会计的基本职能一般包括( )。
   A. 会计核算与会计监督　　　　　　B. 会计计划与会计决策
   C. 会计控制与会计决策　　　　　　D. 会计预测与会计控制

8. 在我国,会计期间分为年度、半年度、季度和月度,它们均按( )确定。
   A. 4月制起讫日期　　　　　　　　B. 公历起讫日期
   C. 7月制起讫日期　　　　　　　　D. 农历起讫日期

9. ( )作为会计的基本假设,就是将一个会计主体持续经营的生产经营活动划分为若干个相等的会计期间。
   A. 持续经营　　　B. 会计分期　　　C. 会计年度　　　　D. 会计主体

10. 会计主体从( )上对会计核算范围进行了有效界定。
    A. 时间　　　　　B. 内容　　　　　C. 空间和时间　　　D. 空间

11.（　　）假设为会计核算提供了必要手段。
A.货币计量　　　B.会计分期　　　C.持续经营　　　D.会计主体

12.在收付实现制下不能确认为当期费用的项目是（　　）。
A.支付全年的财产保险费
B.支付当月管理部门用房屋租金
C.计提本月短期借款利息
D.支付下年报纸、杂志费

二、多选题

1.会计监督职能是指会计人员在进行会计核算的同时，对经济活动的（　　）进行审查。
A.合理性　　　B.合法性　　　C.时效性　　　D.盈利性

2.采用权责发生制基础时，下列业务中不能确认为当期费用的有（　　）。
A.预提本月短期借款利息
B.支付下年的报纸、杂志费
C.预付下季度房租
D.支付上月电费

3.下列项目中属于会计核算方法的有（　　）。
A.会计分析　　　B.成本计算　　　C.复式记账　　　D.登记账簿

4.会计期间通常分为年度和中期，中期财务会计报告包括（　　）。
A.月报　　　B.半年报　　　C.季报　　　D.周报

5.下列项目中，属于会计基本假设的有（　　）。
A.持续经营　　　B.会计主体　　　C.会计分期　　　D.货币计量

6.会计核算职能是指会计以货币为主要计量单位，通过（　　）等环节，对特定主体的经济活动进行记账、算账、报账。
A.计算　　　B.确认　　　C.计量　　　D.报告

7.会计期间可以分为（　　）。
A.半年度　　　B.月度　　　C.季度　　　D.年度

8.采用权责发生制基础时，下列业务中能确认为当期收入的有（　　）。
A.销售商品，货款尚未收到
B.销售商品，同时收到货款
C.收到购货方前欠销货款
D.收到以前年度的销货款

9.下列项目中，可以作为一个会计主体进行核算的有（　　）。
A.母公司和子公司组成的企业集团
B.母公司
C.销售部门
D.分公司

10.会计的基本职能包括（　　）。

A. 会计决策　　　　B. 会计核算　　　　C. 会计预测　　　　D. 会计监督

三、不定项选择题

1. 我国企业通常采用（　　）作为其会计核算基础。
   A. 权责发生制　　　　　　　　B. 收付实现制
   C. 分散核算制　　　　　　　　D. 集中核算制
2. 会计主体可以是（　　）。
   A. 单个企业
   B. 不相关联的多个企业
   C. 企业内部的一个单位或部门
   D. 企业集团
3. 会计主体将按照既定的用途使用资产，按照既定的合约条件清偿债务，会计人员在此基础之上选择会计原则和方法，立足的会计基本假设是（　　）。
   A. 持续经营　　　B. 会计分期　　　C. 货币计量　　　D. 会计主体
4. 下列属于现代会计职能的是（　　）。
   A. 会计决策　　　B. 会计核算　　　C. 会计预测　　　D. 会计监督
5. 某企业 10 月份销售 A 产品一批，价款 20 000 元，款未收；销售 B 产品一批，取得转账支票一张，价款 8 000 元；收到 9 月份所欠货款 5 000 元，按权责发生制确定该企业 10 月份销售收入应为（　　）元。
   A. 5 000　　　　B. 25 000　　　　C. 8 000　　　　D. 28 000
6. 会计期间的划分，有利于企业及时（　　）。
   A. 编制财务会计报告
   B. 结算账目
   C. 查账
   D. 提供反映企业经营情况的财务信息
7. 从目前会计工作的任务和性质看，会计监督职能贯穿于会计管理活动的全过程，包括（　　）。
   A. 事中监督　　　B. 事后监督　　　C. 集中监督　　　D. 事前监督
8. 采用权责发生制基础时，下列业务中能确认为当期收入的有（　　）。
   A. 销售商品，收到一张 3 个月期限的商业汇票
   B. 销售商品，款项收到并存入银行
   C. 收到以前月份销货款，存入银行
   D. 销售商品，款项未收
9. 下列为会计核算提供必要手段的会计基本假设是（　　）。
   A. 会计分期　　　B. 会计主体　　　C. 货币计量　　　D. 持续经营
10. 会计主体发生的一切经济业务，都要经过的基本核算环节是（　　）。
    A. 登记账簿　　　　　　　　B. 填制和审核凭证
    C. 编制会计报表　　　　　　D. 成本计算

四、判断题
1. 会计的职能只有两个,即会计核算与会计监督。（   ）
2. 会计的监督职能是会计人员在进行会计核算的同时,对特定会计主体经济活动的合法性、合理性进行审查。（   ）
3. 企业发生的经济业务事项应在依法设置的会计账簿上统一登记、核算,不得私设账簿。（   ）
4. 各单位必须根据实际发生的经济业务事项进行会计核算,编制财务会计报告。（   ）
5. 会计核算和监督的内容就是指企业发生的所有的经济活动。（   ）
6. 凡是特定主体能够以货币表现的经济活动都是会计对象。（   ）
7. 会计主体一定是企业法人。（   ）
8. 我国企业会计采用的计量单位只有一种,即货币计量。（   ）
9. 会计主体是进行会计核算的基本前提之一,一个企业可以根据具体情况确定一个或若干个会计主体。（   ）
10. 会计主体一般都是法律主体,但法律主体不一定是会计主体。（   ）

五、会计岗位技能训练
1. 某企业6月份发生三笔业务：
(1) 销售甲产品一批,取得商业汇票一张,价款20 000元;
(2) 销售乙产品一批,取得转账支票一张,价款80 000元;
(3) 收到5月份欠货款70 000元。
按照权责发生制和收付实现制,分别计算收入是多少。

2. 某企业3月份发生三笔业务：
(1) 预付第二季度财产保险费1 800元;
(2) 支付本季度借款利息3 900元(其中1月份1 300元,2月份1 300元);
(3) 用银行存款支付本月广告费30 000元。
按照权责发生制和收付实现制,分别计算费用是多少。

项目二
会计要素与设置账户

KUAIJI JICHU

学习目标

1. 熟悉会计要素的含义与分类；
2. 掌握会计要素的确认条件与构成；
3. 掌握会计等式的表现形式；
4. 掌握基本经济业务的类型；
5. 掌握经济业务对会计等式的影响；
6. 了解会计科目与账户的概念；
7. 了解会计科目与账户的分类；
8. 熟悉会计科目设置的原则；
9. 熟悉常用的会计科目。

任务导航

任务 2.1　会计要素与会计等式
任务 2.2　会计科目与设置账户

会计要素(accounting elements)是对会计对象进行的基本分类，是会计对象的具体化。会计要素的分类是人的主观意识和客观要素相结合的产物。我国企业会计要素包括资产、负债、所有者权益、收入、费用和利润六项。其中，前三项是反映企业财务状况的会计要素，又称为资产负债表要素，它们之间的关系是：资产＝负债＋所有者权益。后三项是反映企业经营成果的会计要素，又称为利润表要素，它们之间的关系是：收入－费用＝利润。这种客观存在的、必然相等的关系称为会计等式(accounting equation)。企业经济业务的发生，会引起各项会计要素发生增减变化，但无论怎样变化，都不会破坏会计等式。

会计科目是对会计要素进一步分类形成的项目，按其反映的经济内容可分为资产类、负债类、共同类、所有者权益类、成本类和损益类，按其反映经济内容的详细程度可分为总分类科目和明细分类科目。账户是根据会计科目开设的，是用来记录会计科目所反映经济业务内容的工具。会计科目是账户的名称，账户具有结构，会计科目没有结构。

任务 2.1　会计要素与会计等式

一、会计要素

会计要素是对会计对象进行的基本分类，是会计核算对象的具体化。资产、负债、所有者权益、收入、费用、利润统称为企业的六大会计要素。其中：资产、负债和所有者权益三项会计要素表现资金运动的相对静止状态，反映企业财务状况的静态要素，在资产负债表中列示；收入、费用和利润三项会计要素表现资金运动的显著变动状态，反映企业经营成果的动态要素，在利润表中列示。会计要素的分类如图 2-1 所示。

（一）资产

资产是指企业过去的交易或者事项形成的、由企业拥有或者控制的、预期会给企业带来经

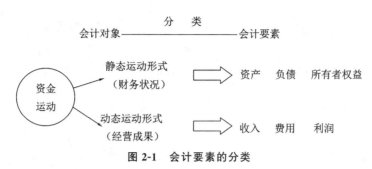

图 2-1 会计要素的分类

济利益的资源。

1. 资产的特征

(1)资产是预期能给企业带来经济利益的经济资源。预期会给企业带来经济利益,是指直接或者间接导致现金和现金等价物流入企业的潜力。按照这一特征,那些已经没有经济价值、不能给企业带来经济利益的项目,就不能继续确认为企业的资产。

[例 2-1] 下列各项中,不符合资产要素定义的是( )。

A. 库存商品　　　　　　　　B. 委托加工物资

C. 尚待加工的半成品　　　　D. 盘亏、毁损的材料

本例中,正确选项是 D。因为"盘亏、毁损的材料"预期不能给企业带来经济利益,因此不符合资产要素的定义。而选项 A"库存商品"、选项 B"委托加工物资"和选项 C"尚待加工的半成品",都是企业控制或拥有的并能够为企业带来经济利益的资源,因此均符合资产要素的定义。

(2)资产是企业拥有或控制的资源。由企业拥有或者控制,是指企业享有某项资源的所有权,或者虽然不享有某项资源的所有权,但该项资源能被企业所控制。

[例 2-2] 甲企业的加工车间有两台设备。A 设备系从乙企业融资租入获得,B 设备系从丙企业以经营租入方式获得,目前两台设备均投入使用。A、B 设备是否为甲企业的资产?

这里应注意区分经营租入与融资租入。企业对经营租入的 B 设备既没有所有权也没有控制权,因此 B 设备不应确认为企业的资产。而企业对融资租入的 A 设备虽然没有所有权,但享有与所有权相关的风险和报酬的权利,即拥有实际控制权,因此应将 A 设备确认为企业的资产。

(3)资产是由企业过去的交易或者事项形成的。也就是说,资产是过去已经发生的交易或者事项所产生的结果。资产必须是现实的资产,而不能是预期的资产。未来交易或事项可能产生的结果不能作为资产确认。只有过去发生的交易或者事项才能增加或减少企业的资产,而不能根据谈判中的交易或计划中的经济业务来确认资产。

[例 2-3] 甲企业计划在 10 月份购买一批机器设备,5 月份与销售方签订了购买合同,但实际购买行为将发生在 10 月份,因此企业不能在 5 月份将该批机器设备确认为资产。

2. 资产的分类

资产按其流动性不同,可以分为流动资产和非流动资产(见图 2-2)。

(1)流动资产。流动资产是指预计在一个正常营业周期中变现、出售或耗用,或者主要为交易目的而持有,或者预计在资产负债表日起一年内(含一年)变现的资产以及自资产负债表日起一年内交换其他资产或清偿负债的能力不受限制的现金或现金等价物。流动资产主要包括货币资金、交易性金融资产、应收票据、应收账款、预付账款、应收利息、应收股利、其他应收款及存

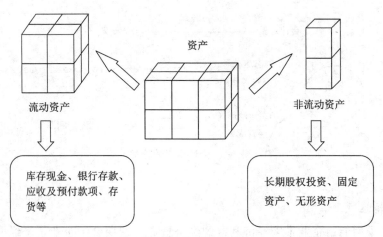

图 2-2 资产的分类

货等。

(2)非流动资产。非流动资产是指流动资产以外的资产,主要包括长期股权投资、固定资产、在建工程、工程物资、无形资产等。

长期股权投资是指投资方对被投资单位实施控制、重大影响的权益性投资,以及对其合营企业的权益性投资。

固定资产是指同时具有以下两个特征的有形资产:

第一,为生产商品、提供劳务、出租或经营管理而持有的;

第二,使用寿命超过一个会计年度。使用寿命,是指企业使用固定资产的预计期间或者该固定资产所能生产商品或提供劳务的数量。

固定资产一般包括房屋、建筑物、机器、机械、运输工具,以及其他与生产有关的设备、工具、器具等。

无形资产是指企业拥有或者控制的没有实物形态的可辨认非货币性资产,包括专利权、非专利技术、商标权、著作权、土地使用权和特许权等。

资产要素的内容如下所示。

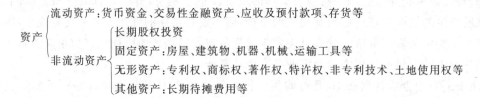

(二)负债

负债是指企业由过去的交易或者事项形成的、预期会导致经济利益流出企业的现时义务。

1.负债的特征

(1)负债是企业承担的现时义务。现时义务是指企业在现行条件下已承担的义务。未来发生的交易或者事项形成的义务不属于现时义务,不应当确认为负债。

(2)负债的清偿预期会导致经济利益流出企业。清偿负债导致经济利益流出企业的形式多种多样,如用现金偿还或以实物资产偿还,以提供劳务偿还,部分转移资产部分提供劳务偿还,将负债转为所有者权益等。

(3)负债是由过去的交易或事项形成的。作为现时义务,负债是过去已经发生的交易或事项所产生的结果。只有过去发生的交易或事项才能增加或减少企业的负债,而不能根据谈判中的交易或事项,或计划中的经济业务来确认负债。

2.负债的分类

负债按其流动性不同,可以分为流动负债和非流动负债(见图2-3)。

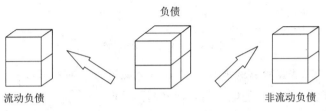

图 2-3 负债的分类

(1)流动负债。流动负债是指预计在一个正常营业周期中偿还,或者主要为交易目的而持有,或者自资产负债表日起一年内(含一年)到期应予以清偿,或者企业无权自主地将清偿期推迟至资产负债表日后一年以上的负债。流动负债主要包括短期借款、应付票据、应付及预收款项、应交税费、应付职工薪酬、应付利息、应付股利、其他应付款等。

(2)非流动负债。非流动负债是指流动负债以外的负债,主要包括长期借款、应付债券等。

负债要素的内容如下所示。

$$负债\begin{cases}流动负债:短期借款、应付票据、应付账款、预收账款、应付股利、应付利息、\\\qquad\qquad应付职工薪酬、应交税费、其他应付款等\\非流动负债:长期借款、应付债券、长期应付款等\end{cases}$$

(三)所有者权益

所有者权益又称为净资产,是指企业资产扣除负债后由所有者享有的剩余权益。公司的所有者权益又称为股东权益。

1.所有者权益的来源

所有者权益的来源包括所有者投入的资本、其他综合收益、留存收益等。

(1)所有者投入的资本,是指所有者投入企业的资本部分,它既包括构成企业注册资本或者股本的金额,也包括投入资本超过注册资本或股本部分的金额,即资本溢价或股本溢价。

(2)其他综合收益,是指企业根据其他会计准则规定未在当期损益中确认的各项利得和损失。

(3)留存收益,是指企业历年实现的净利润留存于企业的部分,包括累计计提的盈余公积和未分配利润。

2.所有者权益的特征

所有者权益具有如下特征:

(1)它是一种剩余权益。权益可分为债权人权益(负债)和所有者权益,而债权人的权益优先于所有者权益。在企业清算时,只有在清偿所有的负债后,所有者权益才返还给所有者。因此,所有者权益在数量上等于企业的全部资产减全部负债后的余额,它是在保证了债权人权益之后的一种权益,即剩余权益,如图2-4所示。

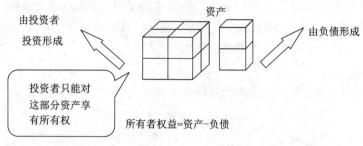

图2-4 所有者权益的特征

(2)除非发生减资、清算或分派现金股利,企业不需要偿还所有者权益。
(3)所有者凭借所有者权益能够参与企业利润的分配。

3. 所有者权益的分类

所有者权益一般分为实收资本(或股本)、资本公积、其他综合收益、盈余公积和未分配利润等项目,如图2-5所示。

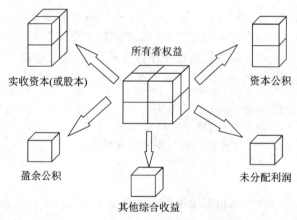

图2-5 所有者权益的分类

(1)实收资本(或股本),是指所有者投入的构成企业注册资本或者股本部分的金额。
(2)资本公积,包括资本溢价(或股本溢价)和其他资本公积等。资本溢价(或股本溢价)是指所有者投入的资本中超过注册资本或股本部分的金额。
(3)其他综合收益,是指企业根据其他会计准则规定未在当期损益中确认的各项利得和损失。
(4)盈余公积,是指企业按规定从净利润中提取的企业积累资金。公司制企业的盈余公积包括法定盈余公积和任意盈余公积。
(5)未分配利润,是企业留待以后年度分配的利润或本年度待分配利润。盈余公积和未分配利润又统称为留存收益。

(四)收入

收入是指企业在日常活动中形成的、会导致所有者权益增加的、与所有者投入资本无关的经济利益的总流入。

1. 收入的特征

(1)收入是企业在日常活动中形成的,不是偶发的交易或事项中产生的。日常活动是指企业为了完成其经营目标所从事的经常性活动以及与之相关的活动,如销售商品、提供劳务及让渡资产使用权等活动。

(2)收入会导致所有者权益的增加。

(3)收入是与所有者投入资本无关的经济利益的总流入。收入会导致经济利益流入企业,表现为资产的增加或负债的减少,或者两者兼而有之。

2. 收入的分类

按日常活动在企业所处的地位,收入分为主营业务收入和其他业务收入。

(1)主营业务收入,是指企业经常发生的、主要业务所产生的收入,它一般占企业营业收入的比重很大。

(2)其他业务收入,是指从日常经济活动中取得的主营业务以外的兼营收入,它一般占企业的营业收入比重不是很大,如原材料销售收入、包装物出租收入等。

收入要素的内容如下所示。

$$\text{收入}\begin{cases}\text{主营业务收入:销售商品、提供劳务及让渡资产使用权等收入}\\\text{其他业务收入:原材料销售收入、包装物出租收入等}\end{cases}$$

(五)费用

费用是指企业在日常活动中发生的、会导致所有者权益减少的、与向所有者分配利润无关的经济利益的总流出。

1. 费用的特征

(1)费用是企业在日常活动中形成的。

(2)费用会导致所有者权益的减少。

(3)费用是与向所有者分配利润无关的经济利益的总流出。费用会导致经济利益流出企业,表现为资产的减少或负债的增加,或者两者兼而有之。

2. 费用的分类

费用按其性质可分为营业成本和期间费用。

(1)营业成本,是指销售商品或提供劳务的成本。其内容包括主营业务成本和其他业务成本。

(2)期间费用,是指企业在日常活动中发生的,应直接计入当期损益的各项费用。其内容包括销售费用、管理费用和财务费用。

费用要素的内容如下所示。

$$\text{费用}\begin{cases}\text{营业成本:主营业务成本、其他业务成本}\\\text{期间费用:销售费用、管理费用、财务费用}\end{cases}$$

(六)利润

利润是指企业在一定会计期间的经营成果。利润包括收入减去费用后的净额、直接计入当期利润的利得和损失等。

直接计入当期利润的利得和损失,是指应当计入当期损益、会导致所有者权益发生增减变动的、与所有者投入资本或者向所有者分配利润无关的利得或者损失。利得是指由企业非日常活动所形成的、会导致所有者权益增加的、与所有者投入资本无关的经济利益的流入。损失是指由企业非日常活动所发生的、会导致所有者权益减少的、与向所有者分配利润无关的经济利益的流出。

利润有营业利润、利润总额和净利润之分。

(1)营业利润＝营业收入－营业成本－税金及附加－销售费用－管理费用－研发费用－财务费用＋其他收益＋投资收益＋净敞口套期收益＋公允价值变动收益－信用减值损失－资产减值损失＋资产处置收益（－资产处置损失）。

(2)利润总额,是指营业利润加上营业外收入,减去营业外支出后的金额。

(3)净利润,是指利润总额减去所得税费用后的金额。

二、会计等式

如上所述,六项会计要素反映了资金运动的静态和动态两个方面,具有紧密的相关性,它们在数量上存在着特定的平衡关系,这种平衡关系用公式来表示,称为会计等式。

(一)静态会计等式

任何企业要正常地开展经营活动,必须拥有一定数量的资产,而企业所拥有的资产,又必然有其来源,为企业提供资产来源的人,对企业的资产就具有索偿权,这种索偿权在会计上称为权益。因此权益代表着资产的来源,资产和权益相互依存,没有权益就没有资产,没有资产也就无所谓权益,两者在数量上,体现为必然相等的关系(见图2-6)。这种关系可用公式表达如下：

$$资产＝权益$$

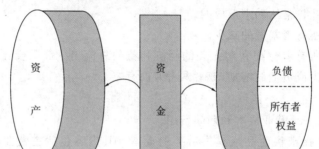

图2-6 资产与权益关系

企业的资产来源于所有者的投入资本和债权人的借入资金及其在生产经营中所产生的效益,它们分别归属于所有者和债权人。其中归属于所有者的部分形成所有者权益,归属于债权人的部分形成债权人权益(即企业的负债)。可见,资产来源于权益,而权益又包括所有者权益和债权人权益(见图2-7)。因此上述公式可以进一步表述为：

$$资产＝债权人权益＋所有者权益＝负债＋所有者权益$$

上述会计等式称为会计基本等式或会计恒等式,亦称为静态会计等式。这一等式反映企业资金运动过程中某一特定时点上资产的分布和权益的构成,资产、负债和所有者权益是企业资

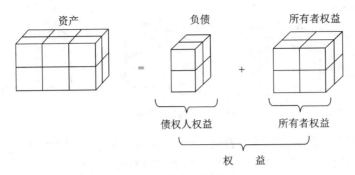

图 2-7 静态会计等式

金运动在相对静止状态下的基本内容,是资金运动的静态表现。资产与权益的恒等关系是复式记账法的理论基础,也是企业会计中设置账户、试算平衡和编制资产负债表的理论依据。

会计等式反映了资产、负债与所有者权益之间的数量关系,也可用资产负债表来表达和反映。

[例 2-4] 假定长江公司 2020 年 5 月 31 日有关资产、负债和所有者权益情况如表 2-1 所示。

表 2-1 资产负债表

编制单位:长江公司　　　　　　　2020 年 5 月 31 日　　　　　　　　　　　单位:元

资产	期末余额	负债及所有者权益	期末余额
库存现金	10 000	负债:	
银行存款	200 000	短期借款	400 000
应收账款	190 000	应付账款	600 000
原材料	600 000	长期借款	1 000 000
库存商品	1 000 000	负债合计	2 000 000
固定资产	4 000 000	所有者权益:	
		实收资本	3 500 000
		盈余公积	100 000
		未分配利润	400 000
		所有者权益总计	4 000 000
资产总计	6 000 000	负债及所有者权益总计	6 000 000

(二)动态会计等式

企业经营的目的是获取收入,实现盈利。企业在取得收入的同时,也必然要发生相应的费用。通过收入与费用的比较,才能确定企业一定时期的盈利水平。广义而言,企业一定时期所获得的收入扣除所发生的各项费用后的余额,即表现为利润。在实际工作中,由于收入不包括处置固定资产净收益、固定资产盘盈、出售无形资产收益等,费用也不包括处置固定资产净损失、自然灾害损失等,所以,收入减去费用,并经过调整后,才等于利润(见图2-8)。用公式表示为:收入-费用=利润。

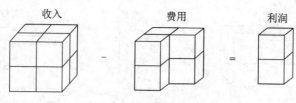

图 2-8 动态会计等式

这一会计等式是资金运动的动态表现,体现了企业一定时期内的经营成果,称为动态会计等式。收入、费用和利润之间的上述关系,是企业编制利润表的基础。

(三)综合会计等式

在会计期初,资金运动处于相对静止状态,企业既没有取得收入,也没有发生费用,因此会计等式就表现为:

$$资产＝负债＋所有者权益$$

随着企业经营活动的进行,在会计期间内,企业一方面取得收入,并因此而引起资产的增加或负债的减少;另一方面企业要发生各种费用,引起资产的减少或负债的增加。因此,在会计期间,会计等式就转化为下列形式:

$$资产＝负债＋所有者权益＋(收入－费用)$$

即

$$资产＋费用＝负债＋所有者权益＋收入$$

这一会计等式包括了全部会计要素之间的关系,全面、综合地反映了企业资金运动的内在规律,称为综合会计等式。

到了会计期末,企业将收入和费用相配比,计算出利润。此时会计等式又转化为:

$$资产＝负债＋所有者权益＋利润$$

企业的利润按规定的程序进行分配,一部分按照比例分配给投资者,使企业的资产减少或负债增加;另一部分形成企业的盈余公积和未分配利润,归入所有者权益。这样在会计期末结账之后的会计等式又恢复到会计期初的形式:

$$资产＝负债＋所有者权益$$

可以看出,综合会计等式全面、综合地反映了企业资金运动的内在规律。企业的资金总是以动静结合的方式持续不断地运动。从某一具体时点上观察,可以看出资金的静态规律;从某一时期观察,又可以总结出资金的动态规律。

(四)研究会计等式的意义

会计等式的平衡原理是会计基本理论的重要组成内容,它深刻地揭示了会计要素之间内在的规律性联系,揭示了会计要素之间数量上的平衡相等关系,为会计核算方法的建立提供了科学的理论依据,是会计核算方法赖以存在的基石。设置账户、复式记账、填制和审核会计凭证、登记账簿和编制会计报表等会计核算方法就是依据会计等式的平衡原理建立起来的。因此,掌握会计等式的基本内容及其含义,认识会计要素之间的规律性联系,对于理解会计核算方法的科学性,进而熟练运用会计核算方法具有十分重要的意义。对研究会计等式的重要意义的理解可参见图 2-9。

三、经济业务对会计等式的影响

经济业务是指能引起会计要素发生增减变化的一切业务事项。企业经济业务的发生对资

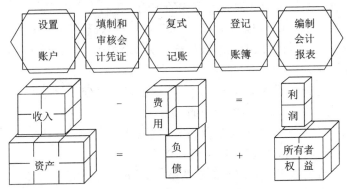

图 2-9 会计等式的意义

产、负债和所有者权益的影响归纳起来有四大类型:

(1)资产与权益同时增加,增加的金额相等;
(2)资产与权益同时减少,减少的金额相等;
(3)资产内部有增有减,增减金额相等;
(4)权益内部有增有减,增减金额相等。

这四种类型的经济业务进一步展开,又可出现以下九种情形(见表2-2):

①资产与所有者权益同时增加,增加的金额相等;
②资产与负债同时增加,增加的金额相等;
③资产与负债同时减少,减少的金额相等;
④资产与所有者权益同时减少,减少的金额相等;
⑤一项资产增加,一项资产减少,增减金额相等;
⑥一项所有者权益增加,一项所有者权益减少,增减金额相等;
⑦一项负债增加,一项负债减少,增减金额相等;
⑧一项负债增加,一项所有者权益减少,增减金额相等;
⑨一项所有者权益增加,一项负债减少,增减金额相等。

表 2-2 经济业务类型

经济业务		资产＝负债＋所有者权益	
类型(1)	①	＋	＋
	②	＋	＋
类型(2)	③	－	－
	④	－	－
类型(3)	⑤	＋、－	
类型(4)	⑥		＋、－
	⑦		＋、－
	⑧		＋ －
	⑨		－ ＋

无论经济业务引起资产、负债和所有者权益发生怎样的增减变化,都不会破坏会计等式的

平衡关系。下面举例说明经济业务对会计等式的影响。

[例2-5] 承例2-4,长江公司2020年5月31日资产总额为600万元,负债和所有者权益总额为600万元,资产与权益总额相等。假如长江公司2020年6月份发生以下资产、负债、所有者权益变动的经济业务事项。

①长江公司收到B公司投入资金10万元,款项已存入银行。

这项经济业务发生后,长江公司资产中的"银行存款"和所有者权益中的"实收资本"同时增加了10万元。由于资产与所有者权益都以相等的金额同时增加,因此资产与权益的数量关系变成了资产＝权益＝610万元,资产与权益仍然相等。

②长江公司向银行借入三个月期限的短期借款2万元,存入银行存款账户。

这项经济业务发生后,长江公司资产中的"银行存款"和负债中的"短期借款"同时增加了2万元。由于资产与负债都以相等的金额同时增加,因此资产与权益的数量关系变成了资产＝权益＝612万元,资产与权益仍然相等。

③长江公司以银行存款偿还上月所欠C公司材料款2万元。

这项经济业务发生后,长江公司资产中的"银行存款"和负债中的"应付账款"同时减少了2万元。由于资产与权益都以相等的金额同时减少,因此资产与权益的数量关系变成了资产＝权益＝610万元,资产与权益仍然相等。

④长江公司因缩小经营规模,经批准减少注册资本5万元,并以银行存款发还给投资者。

这项经济业务发生后,长江公司资产中的"银行存款"和所有者权益中的"实收资本"同时减少了5万元。由于资产与所有者权益都以相等的金额同时减少,因此资产与权益的数量关系变成了资产＝权益＝605万元,资产与权益仍然相等。

⑤长江公司从银行提取现金12万元。

这项经济业务发生后,长江公司资产中的"库存现金"增加了12万元,资产中的"银行存款"同时减少了12万元,该业务属于资产内部有增有减,不影响资产和权益的总额变化,因此资产与权益的数量关系仍然为资产＝权益＝605万元,资产与权益仍然相等。

⑥经批准长江公司将盈余公积8万元转增资本。

这项经济业务发生后,长江公司所有者权益中的"实收资本"增加了8万元,所有者权益中的"盈余公积"同时减少了8万元,属于所有者权益内部有增有减,不影响资产和权益的总额变化,因此资产与权益的数量关系仍然为资产＝权益＝605万元,资产与权益仍然相等。

⑦长江公司经与银行协商,银行同意将公司所持三个月期限的短期借款10万元延缓偿还,期限为两年。

这项经济业务发生后,长江公司负债中的"长期借款"增加了10万元,同时负债中的"短期借款"减少了10万元,该业务属于负债内部有增有减,不影响资产和权益的总额变化,因此资产与权益的数量关系仍然为资产＝权益＝605万元,资产与权益仍然相等。

⑧长江公司经与债权人协商并经有关部门批准,将所欠4万元应付账款转为资本。

这项经济业务发生后,长江公司负债中的"应付账款"减少了4万元,同时所有者权益中的"实收资本"增加了4万元,该业务属于负债减少,所有者权益增加,但增减金额相等,所以不影响资产和权益的总额变化,因此资产与权益的数量关系仍然为资产＝权益＝605万元,资产与权益仍然相等。

⑨长江公司经研究决定,向投资者分配股利3万元。

这项经济业务发生后,长江公司负债中的"应付股利"增加了3万元,同时所有者权益中的"未分配利润"减少了3万元,该业务属于负债增加,所有者权益减少,但增减金额相等,所以不影响资产和权益的总额变化,因此资产与权益的数量关系仍然为资产＝权益＝605万元,资产与权益仍然相等。

由此可见,企业的经济业务无论怎样纷繁复杂,能引起资产和权益发生增减变动的,归纳起来不外乎四种类型,而这四种类型的经济业务又无论怎样变化都不会破坏上述会计等式的平衡关系。企业在任何时点所有的资产总额总是等于负债和所有者权益总额(见表2-3)。

表2-3　资产、负债及所有者权益变动情况表

2020年6月30日　　　　　　　　　　　　　　　　　　　　　单位:元

资产	期初	经济业务影响	期末	负债及所有者权益	期初	经济业务影响	期末
				负债:			
库存现金	10 000	⑤＋120 000	130 000	短期借款	400 000	②＋20 000 ⑦－100 000	320 000
银行存款	200 000	①＋100 000 ②＋20 000 ③－20 000 ④－50 000 ⑤－120 000	130 000	应付账款	600 000	③－20 000 ⑧－40 000	540 000
				应付股利		⑨＋30 000	30 000
应收账款	190 000		190 000	长期借款	1 000 000	⑦＋100 000	1 100 000
原材料	600 000		600 000	小计	2 000 000	－10 000	1 990 000
库存商品	1 000 000		1 000 000	所有者权益:			
固定资产	4 000 000		4 000 000	实收资本	3 500 000	①＋100 000 ④－50 000 ⑥＋80 000 ⑧＋40 000	3 670 000
				盈余公积	100 000	⑥－80 000	20 000
				未分配利润	400 000	⑨－30 000	370 000
				小计	4 000 000	＋60 000	4 060 000
资产总计	6 000 000	＋50 000	6 050 000	负债及所有者权益总计	6 000 000	＋50 000	6 050 000

任务2.2　会计科目与设置账户

一、会计科目

(一)会计科目的定义

会计科目是对会计要素进一步分类形成的具体项目,是设置会计账户的依据。设置会计科

目,并在此基础上设置账户是会计核算的一种专门方法。

会计要素是会计上需要核算的基本内容,它们只是概括地说明了会计的对象。为了在会计上对它们进行全面、系统而完整的核算,需要采用一定的方法对会计要素做进一步的划分,根据各个要素的内容分别划分为若干个明细项目。例如,对资产要素可以根据其流动性划分为流动资产和非流动资产两大类。但仅仅进行这样的分类,仍然显得比较笼统,不便于在会计上进行核算。因而可以在此基础上再对资产要素的这些组成内容做进一步的详细分类。如对流动资产,可再根据其具体内容和会计核算的需要进一步分为库存现金、银行存款、原材料、库存商品等,并对划分出来的各个部分分别规定一个合适的名称,这个名称即所谓的会计科目。设置会计科目可以为会计账户的设置提供依据。现以资产要素为例,说明会计科目的设置方法,如图2-10所示。

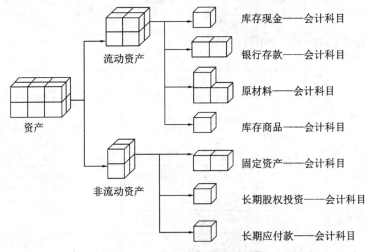

图 2-10 资产的会计科目设置

(二)会计科目的分类

为了在会计核算中正确地掌握和运用好会计科目,则需对会计科目进行科学的分类。会计科目的常用分类标准有两个:一是按其核算的经济内容分类;二是按其提供信息的详细程度及其统驭关系分类。

1. 按反映的经济内容分类

会计科目按其反映的经济内容不同,可分为资产类、负债类、共同类、所有者权益类、成本类和损益类科目。这种分类有助于了解和掌握各会计科目核算的内容以及会计科目的性质,正确地运用各科目提供的信息资料。现将其主要会计科目名称列于表 2-4 中。

表 2-4 企业会计科目表

编号	会计科目名称	编号	会计科目名称
	一、资产类		二、负债类
1001	库存现金	2001	短期借款
1002	银行存款	2201	应付票据
1012	其他货币资金	2202	应付账款

续表

编号	会计科目名称	编号	会计科目名称
1101	交易性金融资产	2203	预收账款
1121	应收票据	2211	应付职工薪酬
1122	应收账款	2221	应交税费
1123	预付账款	2231	应付利息
1131	应收股利	2232	应付股利
1132	应收利息	2241	其他应付款
1221	其他应收款	2501	长期借款
1231	坏账准备	2502	应付债券
1401	材料采购	2701	长期应付款
1402	在途物资		三、共同类（略）
1403	原材料		四、所有者权益类
1404	材料成本差异	4001	实收资本（或股本）
1405	库存商品	4002	资本公积
1406	发出商品	4003	其他综合收益
1408	委托加工物资	4101	盈余公积
1411	周转材料	4103	本年利润
1461	融资租赁资产	4104	利润分配
1471	存货跌价准备		五、成本类
1511	长期股权投资	5001	生产成本
1512	长期股权投资减值准备	5101	制造费用
1531	长期应收款	5201	劳务成本
1601	固定资产		六、损益类
1602	累计折旧	6001	主营业务收入
1603	固定资产减值准备	6051	其他业务收入
1604	在建工程	6111	投资收益
1605	工程物资	6301	营业外收入
1606	固定资产清理	6401	主营业务成本
1701	无形资产	6402	其他业务成本
1702	累计摊销	6403	税金及附加
1703	无形资产减值准备	6601	销售费用
1801	长期待摊费用	6602	管理费用
1901	待处理财产损溢	6603	财务费用
		6711	营业外支出
		6801	所得税费用

(1)资产类科目。资产类科目是用以反映资产要素具体内容的会计科目,如反映货币资产的"库存现金""银行存款"等科目,反映债权资产的"应收账款""其他应收款"等科目,反映存货资产的"原材料""库存商品"等科目。

(2)负债类科目。负债类科目是用以反映负债要素具体内容的会计科目,如反映流动负债的"短期借款""应付账款"等科目,反映非流动负债的"长期借款"等科目。

(3)共同类科目。共同类科目是既用以反映资产要素内容又用以反映负债要素内容的会计科目,主要适用于金融企业,如"清算资金往来""货币兑换""衍生工具"等科目。该类科目本书暂不涉及。

(4)所有者权益类科目。所有者权益类科目是用以反映所有者权益要素具体内容的会计科目,如反映企业资本金的"实收资本"等科目,反映留存收益的"盈余公积"等科目。

(5)成本类科目。成本类科目是用以反映企业在产品生产过程中发生的各种直接费用和间接费用的会计科目,如反映制造成本的"生产成本"等科目,反映间接费用的"制造费用"等科目。

(6)损益类科目。损益类科目是用以反映企业在生产经营过程中取得的各项收入和发生的各项费用的会计科目,如反映收入的"主营业务收入""其他业务收入"等科目,反映费用的"管理费用""财务费用""销售费用"等科目。

2.按提供信息的详细程度及其统驭关系分类

(1)总分类科目。总分类科目又称总账科目或一级科目,是对会计要素的具体内容进行总括分类,提供总括信息的会计科目。前述企业会计科目表(见表2-4)中所列的会计科目均为总分类科目。该类科目一般由财政部进行统一规定。

(2)明细分类科目。明细分类科目又称明细科目,是对总分类科目进一步分类的科目,详细反映总分类科目所包含的内容。明细分类科目的设置,除会计制度另有规定外,一般由会计主体根据会计核算和提供信息指标的要求自行设置。

在会计实务中,为了适应管理需要,明细分类科目可以分设多级,即在总分类科目下分别设置二级明细科目、三级明细科目以至更多的级次。二级明细科目又称子目,三级以及更细的明细科目称细目,如在"原材料"总分类科目下可以开设"原料及主要材料""辅助材料""燃料"等二级科目,在各二级科目下还可以按照原材料的名称、规格、型号等开设三级明细科目。

总分类科目和明细分类科目反映的经济内容相同,只是提供信息的详细程度不同。总分类科目提供的是总括、综合的核算信息,而其所属的明细分类科目提供的是详细、具体的核算信息。因此,总分类科目对明细分类科目具有统驭控制作用,明细分类科目对总分类科目起着补充说明作用。

(三)设置会计科目的原则

1.合法性原则

会计科目的设置,应当符合国家统一的会计制度的规定,以保证会计信息的规范、统一和相互可比。总分类科目一般由财政部统一制定,即上述表2-4所列科目。明细分类科目除会计制度规定设置的以外,可以根据本单位经济管理的需要和经济业务的具体内容自行设置。例如,应交税费——应交增值税(进项税额)属于会计准则规定设置的明细分类科目,而应收账款的明细则根据各单位具体应收的客户名称来设置,如应收账款——沿江公司等。

2.相关性原则

会计科目的设置,应当为提供有关各方所需要的会计信息服务,满足对外报告与对内管理的要求,提高会计核算所提供的会计信息的相关性。

3.实用性原则

在合法性的基础上,应根据企业自身特点,设置符合企业需要的会计科目。企业的组织形式、所处行业、经营内容及业务种类等不同,在会计科目的设置上亦应有所区别。需要说明的是,不是所有的总分类科目都设置明细科目。例如,本年利润就没有明细科目。

二、设置账户

(一)账户的概念

账户是根据会计科目设置的,具有一定格式和结构,用来分类、系统、连续地记录经济业务,反映会计要素增减变动及其结果的一种工具。设置账户是会计核算的一种专门方法。对账户定义的理解参见图2-11。

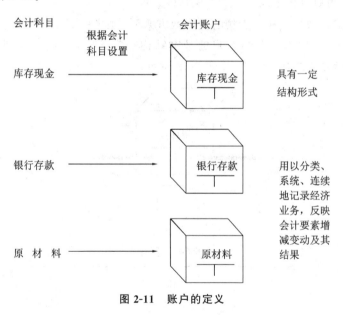

图2-11 账户的定义

(二)账户的基本结构

1.账户的基本结构

账户是用来连续、系统地记录经济业务的载体,经济业务虽然复杂多样,但所引起的各项会计要素的变动,从数量上看不外乎有增加和减少两种情况。因此,账户也相应地分为两个基本部分,划分为左右两方,一方登记增加额,另一方登记减少额,这两个基本部分构成了账户的基本结构。账户的基本结构包括两部分,一部分反映数额的增加额,另一部分反映数额的减少额。此外,为了随时考查经济业务的内容、记账时间与记账依据,账户中除"增加"和"减少"两个基本部分外,还应设置"日期""凭证号数""摘要"和"账户余额"等栏目内容,这就形成了账户的一般结构,如表2-5所示。

表 2-5　账户的一般结构

会计科目：

年		凭证号数	摘要	借方	贷方	借或贷	余额
月	日						

- 经济业务发生时间
- 登记账户凭证依据
- 经济业务具体内容
- 经济业务增减变动金额
- 经济业务变动结果

2. 账户基本结构的简化形式——"T"形账户

从账户名称、记录增加额和减少额的左右两方来看，账户的基本结构在整体上类似于汉字"丁"和大写的英文字母"T"。因此，账户的基本结构在实务中被形象地称为"丁"字账户或者"T"形账户。"T"形账户的基本结构，如图 2-12 所示。

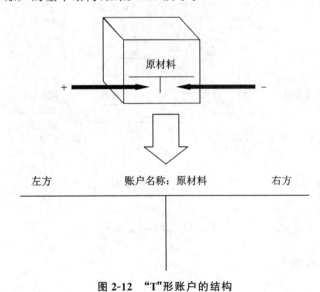

图 2-12　"T"形账户的结构

从"T"形账户的基本结构来看，它是把账户分为左、右两方，其中一方用来登记增加额，另外一方用来登记减少额。至于哪一方登记增加、哪一方登记减少，取决于账户的性质和所记录的经济业务的内容。运用这种看起来简单的账户，可以登记所有经济业务。

3. 账户的金额指标

利用账户可以获取一系列的信息指标，这些指标主要是以金额的形式体现出来的。从账户自身来看，所提供的主要是以货币计量的价值指标（有些账户还可以提供实物指标等），这些金额指标包括期初余额、本期增加发生额、本期减少发生额和期末余额。其中，本期增加发生额和本期减少发生额统称为账户的"本期发生额"。

(1)期初余额,是指在某一会计期间开始时从上期期末结转而来的余额。上期该账户增减变动的结果,也是本期该账户增减变动的始点。

(2)本期增加发生额,是指在本期的经济业务发生以后记录到账户中增加方的数额合计。

(3)本期减少发生额,是指在本期的经济业务发生以后记录到账户中减少方的数额合计。

(4)期末余额,是指在某一会计期间终了时,经过计算而得到的账户的余额。账户的本期期末余额结转到下期即为下期的期初余额。

对于同一账户而言,上述四个金额指标之间的基本关系为:

期末余额＝期初余额＋本期增加发生额－本期减少发生额

下面以"原材料"账户为例,通过"T"形账户的运用,列示账户内四个金额指标之间的关系,如图2-13所示。

原材料			
期初余额	30 000		
(1)	10 000	(2)	5 000
(3)	40 000	(4)	30 000
本期增加发生额	50 000	本期减少发生额	35 000
期末余额	45 000		

图2-13 "T"形账户的运用

45 000(期末余额)＝30 000(期初余额)＋50 000(本期增加发生额)
－35 000(本期减少发生额)

(三)设置账户的基本方法

一个会计主体要设置哪些账户,应掌握以下两条基本原则:

一是应根据会计制度和会计准则规定的统一会计科目设置。账户是根据会计科目设置的,在设置账户时,应按照所规定的会计科目名称设置,不能自行编造会计科目并用来设置账户。

二是应根据本会计主体所核算的会计要素的具体内容设置。从事不同经济活动的会计主体,其会计要素的基本内容是各不相同的,会计要素的具体内容也有一定的差别,设置的会计科目也不完全相同。因而,设置的账户也有所不同。以制造业企业为例,其会计要素包括资产、负债、所有者权益、收入、费用和利润六个方面,就要根据六类要素设置相应的会计科目,并根据六类会计科目分别设置账户,以便于全面而系统地记录这些要素在经济业务发生以后所产生的各种变化情况。制造业企业会计账户设置的基本情况参见图2-14。

(四)账户与会计科目的关系

账户与会计科目是两个不同的概念,但又存在着必然的联系。

账户和会计科目所反映的经济内容是相同的,会计科目是账户的名称,账户是根据会计科目来设置的。因此,会计科目的性质决定了账户的性质。

账户的分类和会计科目的分类一样,可分为资产类账户、负债类账户、共同类账户、所有者权益类账户、成本类账户和损益类账户。账户也有级次的划分,它取决于会计科目的级次,分别依据总分类科目和明细分类科目设置总分类账户和明细分类账户。

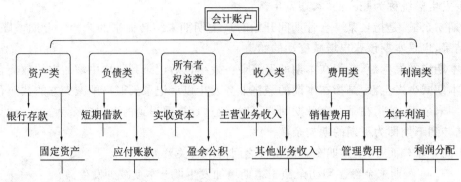

图 2-14 制造业企业会计账户的设置

账户是会计科目的具体运用,具有一定的结构与格式,用来分类、连续、系统地记录发生的经济业务,并通过其结构反映某项经济业务的增减变动及其结果。会计科目仅仅是账户的名称,其本身没有任何结构、格式问题。

在实际工作中,账户和会计科目常被作为同义词来理解,互相通用,不加严格区别。

会计技能训练

一、单选题

1. 企业在日常活动中形成的、会导致所有者权益增加的、与所有者投入资本无关的经济利益的总流入称为(　　)。

   A. 利得　　　　　B. 资产　　　　　C. 收入　　　　　D. 利润

2. 由企业非日常活动所发生的、会导致所有者权益减少的、与向所有者分配利润无关的经济利益的流出称为(　　)。

   A. 损失　　　　　B. 费用　　　　　C. 负债　　　　　D. 所有者权益

3. 流动资产是指预计变现、出售或耗用期限在(　　)的资产。

   A. 超过两年的一个营业周期以内

   B. 超过一年的一个营业周期以内

   C. 一年以内

   D. 一个正常营业周期以内

4. 下列属于企业的流动资产的是(　　)。

   A. 专利权　　　　B. 机器设备　　　C. 存货　　　　　D. 厂房

5. "主营业务收入"科目按反映的经济内容不同,属于(　　)类科目。

   A. 成本　　　　　B. 所有者权益　　C. 损益　　　　　D. 资产

6. 下列项目中,属于损益类科目的是(　　)。

   A. 制造费用　　　B. 销售费用　　　C. 利润分配　　　D. 预收账款

7. 会计科目是指对(　　)的具体内容进行分类核算的项目。

   A. 会计要素　　　B. 经济业务　　　C. 会计账户　　　D. 会计信息

8. 下列会计科目中,(　　)属于成本类科目。

   A. 生产成本　　　　　　　　　　　B. 其他业务成本

   C. 管理费用　　　　　　　　　　　D. 主营业务成本

9.下列各项中,不属于费用要素内容的是( )。
A.管理费用　　　B.财务费用　　　C.销售费用　　　D.预付账款

10.广义的权益一般包括( )。
A.资产和所有者权益　　　　　B.所有者权益
C.资产和债权人权益　　　　　D.债权人权益和所有者权益

11."制造费用"科目按其反映的经济内容不同,属于( )类科目。
A.资产　　　B.损益　　　C.成本　　　D.负债

12."预收账款"科目按其反映的经济内容不同,属于( )类科目。
A.负债　　　B.所有者权益　　　C.资产　　　D.成本

13.会计科目按其所( )不同,分为总分类科目和明细分类科目。
A.反映的经济内容
B.归属的会计要素
C.反映的会计对象
D.提供信息的详细程度及其统驭关系

14."预付账款"科目按其反映的经济内容不同,属于( )类科目。
A.负债　　　B.所有者权益　　　C.资产　　　D.成本

15.下列属于资产项目的是( )。
A.预收账款　　　B.原材料　　　C.资本公积　　　D.实收资本

16.所有者权益在数量上等于( )。
A.所有者的投资
B.实收资本与资本公积之和
C.全部资产减去全部负债后的净额
D.实收资本与未分配利润之和

二、多选题

1.下列项目中,属于资产要素特点的有( )。
A.必须是有形的
B.必须是预期能给企业带来经济利益的资源
C.必须是过去的交易或事项形成的
D.必须是企业拥有或控制的

2.下列项目中,属于所有者权益来源的有( )。
A.其他综合收益　　　　　B.所有者投入的资本
C.留存收益　　　　　　　D.收入

3.下列属于负债要素的项目有( )。
A.应交税费　　　B.预付账款　　　C.短期借款　　　D.预收账款

4.科目一般可以提供的金额指标有( )。
A.本期增加发生额　　　　B.期末余额
C.本期减少发生额　　　　D.期初余额

5.下列属于反映企业经营成果的动态要素的有( )。
A.负债　　　B.利润　　　C.收入　　　D.费用

6. 下列属于资产要素的项目有( )。
A. 预付账款　　　B. 预收账款　　　C. 无形资产　　　D. 材料采购

7. 下列各项经济业务中,会使得企业资产总额和负债总额同时发生减少变化的有( )。
A. 用银行存款偿还所欠货款
B. 从某企业购买材料一批,货款未付
C. 用现金支付职工工资
D. 将资本公积转增资本

8. 下列属于反映企业财务状况的静态要素的有( )。
A. 利润　　　　　B. 负债　　　　　C. 所有者权益　　D. 资产

9. 下列项目中,属于非流动资产的有( )。
A. 无形资产　　　　　　　　　　B. 长期股权投资
C. 存货　　　　　　　　　　　　D. 固定资产

10. 下列项目中,影响利润金额计量的有( )。
A. 收入
B. 费用
C. 直接计入当期利润的利得和损失
D. 资产

11. 下列项目中,属于所有者权益的有( )。
A. 实收资本　　　　　　　　　　B. 未分配利润
C. 资本公积　　　　　　　　　　D. 盈余公积

12. 下列等式中错误的有( )。
A. 期初余额＝本期减少发生额＋期末余额－本期增加发生额
B. 期初余额＝本期增加发生额＋期末余额－本期减少发生额
C. 期初余额＝本期增加发生额－期末余额－本期减少发生额
D. 期末余额＝本期增加发生额＋期初余额－本期减少发生额

13. 下列各项中,属于流动负债的有( )。
A. 应交税费　　　B. 预收账款　　　C. 预付账款　　　D. 应付债券

14. 下列各项经济业务中,能引起会计等式左右两边会计要素变动的有( )。
A. 以银行存款8 000元购买材料
B. 以银行存款偿还银行借款
C. 收到某单位前欠货款20 000元存入银行
D. 收到某单位投入机器设备一台,价值80万元

三、不定项选择题

1. 下列各项中,企业能够确认为资产的有( )。
A. 经营租出的设备
B. 已经收到发票,但尚在运输途中的购入原材料
C. 融资租入的设备
D. 预付的购货款

2. 所有者投入资本主要包括( )。

A. 盈余公积 B. 未分配利润
C. 资本公积 D. 实收资本

3. 在企业六大会计要素中,静态会计要素有( )。
   A. 负债 B. 资产 C. 所有者权益 D. 利润
4. ( )原则,要求所设置的会计科目应为有关各方对会计信息的需要服务,满足对外报告与对内管理的需要。
   A. 实用性 B. 谨慎性 C. 相关性 D. 合法性
5. 所有者权益是企业投资人对企业( )的所有权。
   A. 收入 B. 资产 C. 净资产 D. 负债
6. 资本溢价是所有者投入资本中超过( )的部分。
   A. 盈余公积 B. 全部资本 C. 资本公积 D. 注册资本
7. ( )是对总分类科目进一步分类,提供更详细、更具体会计信息的会计科目。
   A. 备查科目 B. 总分类科目 C. 二级科目 D. 明细分类科目
8. 会计科目是指对( )的具体内容进行分类核算的项目。
   A. 经济业务 B. 会计账户 C. 会计对象 D. 会计要素
9. ( )是对会计对象进行的基本分类,是会计对象的具体化。
   A. 会计科目 B. 会计账簿 C. 会计要素 D. 经济活动
10. 下列各项中,能使企业负债总额增加的是( )。
    A. 短期借款转长期借款
    B. 用银行存款偿还前欠货款
    C. 从银行取得短期借款
    D. 计提短期借款利息
11. 下列按其反映的经济内容不同,属于成本类科目的有( )。
    A. 主营业务成本 B. 制造费用
    C. 其他业务成本 D. 生产成本
12. ( )不属于企业留存收益。
    A. 未分配利润 B. 资本公积
    C. 法定盈余公积 D. 任意盈余公积
13. "应交税费"科目按反映的经济内容不同属于( )类科目。
    A. 负债 B. 所有者权益
    C. 成本 D. 资产

四、判断题
1. 销售费用、管理费用和制造费用都属于损益类科目。( )
2. 会计要素中既有反映财务状况的要素,又有反映经营成果的要素。( )
3. 利得是指由企业非日常活动所形成的、会导致所有者权益增加的、与所有者投入资本无关的经济利益的流入。( )
4. 明细分类科目对总分类科目起着补充说明和统驭控制的作用。( )
5. 资产包括固定资产和流动资产两部分。( )
6. 按照我国的会计准则,负债不仅指现实已经存在的债务责任,还包括某些将来可能发生

的、偶然事项形成的债务责任。( )
7.流动负债是指自资产负债表日起一年内(含一年)到期应予清偿的负债。( )
8.设置会计科目的相关性原则是指所设置的会计科目应当符合国家统一的会计制度的规定。( )
9.资产是指企业现时的交易或者事项形成的,由企业拥有或者控制的,预期会给企业带来经济利益的资源。( )
10.企业只有拥有某项财产物资的所有权才能将其确认为资产。( )
11.预收账款属于资产类科目,而制造费用属于成本类科目。( )
12.会计科目的设置原则包括合法性原则、相关性原则和实用性原则。( )
13.生产成本及主营业务成本都属于成本类科目。( )
14.如果资产要素不变,则必然发生负债和所有者权益一增一减的情况。( )
15.企业只能使用国家统一的会计制度规定的会计科目,不得自行增减或合并。( )

五、会计岗位技能训练

(一)经济业务类型训练

某企业20××年1月份发生下列经济业务:
(1)用银行存款购买材料。
(2)用银行存款归还长期借款。
(3)用银行存款偿付前欠某单位货款。
(4)收到投资人甲投入的设备。
(5)从某单位购进一批材料,款未付。
(6)向银行借入长期借款,存入银行存款账户。
(7)将盈余公积转作实收资本。
(8)向银行取得短期借款直接偿还欠某单位货款。
(9)企业投资人乙代企业归还短期借款,并将其转为投入资本。
(10)经批准同意股东甲撤资,其投入资本金尚未归还。
(11)经批准,以银行存款代投资人丙以资本金偿还其应付给其他单位的欠款。
(12)企业以固定资产对外投资。
(13)投资人乙以其专利技术对本企业投资。
(14)用银行存款归还投资人的投资款。
(15)将到期的应付票据转换为应付账款。
要求:分析上列各项经济业务的类型,填入表2-6。

表2-6 各项经济业务的类型分析

经济业务类型	经济业务序号
1.一项资产增加,另一项资产减少	
2.一项负债增加,另一项负债减少	
3.一项所有者权益增加,另一项所有者权益减少	
4.一项负债增加,一项所有者权益减少	
5.一项负债减少,一项所有者权益增加	

续表

经济业务类型	经济业务序号
6.一项资产增加,一项负债增加	
7.一项资产增加,一项所有者权益增加	
8.一项资产减少,一项负债减少	
9.一项资产减少,一项所有者权益减少	

(二)会计要素分类与会计科目训练

某企业2019年12月31日有关资产、负债与所有者权益的资料如表2-7所示(单位:元)。

要求根据表2-7所示资料,完成以下任务:

(1)区分其属性是资产类、负债类还是所有者权益类,写出对应的会计科目;

(2)将每个项目的金额,按其属性写在对应空格栏;

(3)汇总各类要素金额,检验其平衡关系。

表2-7 某企业资料

序号	项目	金额/元	会计科目	资产	负债	所有者权益
1	库中存放的商品	80 000				
2	借入3个月期的借款	70 000				
3	尚未缴纳的税费	16 000				
4	还在加工中的产品	190 000				
5	生产产品的厂房	240 000				
6	运输用的汽车	130 000				
7	仓库中的原材料	170 000				
8	国家提供的投资	900 000				
9	会计部门用的电脑	65 000				
10	生产用的机器设备	500 000				
11	欠红星工厂材料款	40 000				
12	外单位投资	400 000				
13	办公楼	210 000				
14	存入银行的资金	170 000				
15	本期实现的利润	398 800				
16	库存的现金	800				
17	预收的材料款	2 000				
18	采购人员预借差旅费	1 000				
19	尚未收回的销货款	70 000				
合计						

项目三
复式记账

KUAIJI JICHU

学习目标

1. 了解复式记账法的概念与种类；
2. 熟悉借贷记账法的原理；
3. 掌握借贷记账法下的账户结构；
4. 了解会计分录的分类；
5. 掌握会计分录的书写；
6. 掌握借贷记账法下的试算平衡。

任务导航

任务 3.1　记账方法概述
任务 3.2　借贷记账法

记账方法有单式记账法和复式记账法。复式记账法是对每一项经济业务，都要以相等的金额在两个或两个以上相互联系的账户中进行登记的方法。借贷记账法是以"借""贷"作为记账符号的一种复式记账方法。运用借贷记账法，遵循"有借必有贷，借贷必相等"的记账规则；资产类、成本费用类账户借方登记增加，贷方登记减少或转出；负债类、所有者权益类及收入类账户贷方登记增加，借方登记减少或转出；期末通过发生额和余额平衡法进行试算平衡，以检查总分类账户记录的正确性。

任务 3.1　记账方法概述

一、记账方法的概念

为了核算和监督会计对象，揭示会计对象具体内容之间的本质联系，除了将会计对象的具体内容划分为六大会计要素外，应通过设置会计科目对会计要素做进一步分类，并在此基础上开立账户，以便连续、系统地反映特定会计主体的经济活动及其结果。同时，还应解决采取什么样的记账方法把会计要素的增减变动记录在账户中。

记账方法就是根据记账原理，遵循一定的记账规则，将所发生的经济业务登记到账户中去的方法。

具体来说，确定记账方法就是要明确：

(1) 每一项经济业务发生之后，应在几个账户中进行登记；
(2) 账户左方和右方的名称与登记的内容，以及账户余额的方向。

从会计的发展历程看，记账方法按记录方式的不同，分为单式记账法和复式记账法。

二、单式记账法

单式记账法，是指对发生的每一项经济业务，只在一个账户中进行单方面记录的一种记账方法。它在记账时,重点考虑的是库存现金、银行存款以及债权、债务等方面发生的交易或事项。例如:以银行存款5 000元购买材料,只记银行存款的减少,不记原材料的增加;销售产品一批10 000元未收到货款,则只登记应收账款的增加;企业生产车间领用原材料20 000元,用于生产产品,会计上不做任何处理。

因此,单式记账法是一种比较简单、不完整的记账方法。其缺点也非常明显,即各账户之间的记录没有直接的联系,不能形成相互对应的关系,没有一套完整的账户体系,所以不能全面地、系统地反映经济业务的来龙去脉,不能提供完整的、客观的会计信息,也不便于检查、核对账户记录的正确性。随着社会生产力的发展及日趋复杂的经济活动,其本身存在的缺陷便日渐显露。因此,单式记账法逐渐被复式记账法所取代。

三、复式记账法

1. 复式记账法的概念

复式记账法是指对于每一项经济业务,都必须用相等的金额在两个或两个以上相互联系的账户中进行登记,全面、系统地反映会计要素增减变化的一种记账方法。例如,以库存现金500元购入管理部门用办公用品。在复式记账法下,这项经济业务要以相等的金额同时在"库存现金"和"管理费用"这两个相互联系的账户中进行登记,即一方面在"库存现金"账户中登记减少500元,另一方面在"管理费用"账户中登记增加500元。这笔业务中,库存现金减少的原因是用于购买了办公用品。

复式记账法的产生和应用,是记账方法划时代的进步,它推动了现代会计方法体系的形成,被称为"会计科学史上的伟大建筑"。复式记账法是从单式记账法发展起来的一种比较完善的记账方法。与单式记账法相比较,其主要特点是:对每项经济业务都以相等的金额在两个或两个以上相互联系的账户中进行记录(即做双重记录,这也是这一记账法被称为"复式"的由来);各账户之间客观上存在对应关系,对账户记录的结果可以进行试算平衡。

2. 复式记账法的分类

复式记账法根据记账符号、记账规则、试算平衡方式等的不同,可以分为借贷记账法、增减记账法和收付记账法。其中借贷记账法,是世界上最早产生的一种复式记账法,经过数百年的实践已被世界各国普遍接受。目前,我国的企业和行政、事业单位采用的记账方法都是借贷记账法。

3. 复式记账法的理论依据

经济业务发生为什么必须用两个或两个以上相互联系的账户来记录,为什么要以且能够以相等的金额记录,即它建立的客观依据是什么?

由本书上一项目介绍可知,各单位在经济活动中所发生的各项经济业务,将引起资产、负债和所有者权益等会计要素项目之间的增减变动。经济业务对会计等式的影响不外乎以下四种情况:

(1)资产和负债及所有者权益双方同时等额增加。

(2)资产和负债及所有者权益双方同时等额减少。

(3)资产内部有增有减,增减的金额相等。

(4)负债及所有者权益内部有增有减,增减的金额相等。

而这四种情况对会计等式的影响又可以进一步归为两大类:一类是经济业务发生,变更资金总额,使会计等式两边的会计要素项目发生相等数额的同增或同减,如上述(1)和(2)两种情况;另一类是经济业务发生,不变更资金总额,只涉及会计等式某一方(左方或右方)会计要素项目相等数额的有增有减,如上述(3)和(4)两种情况。

通过以上分析可得出这样的结论:资金运动具有其内在的规律性,即任何一项经济业务发生都会引起两个会计要素(或同一要素中两个项目)发生增减变化,同时,又不会改变会计等式的成立。因此,要如实、全面地反映这种规律性,客观上要求在记账时将经济业务发生引起的会计要素项目变动数额必须用两个或两个以上的账户相互联系地记录下来,并保持数额相等,即采用复式记账。这就是复式记账建立的理论依据。

复式记账法的理论依据是"资产=负债+所有者权益"的会计等式所反映的资金平衡关系的原理。它能真实、完整地反映经济业务所引起的各会计要素的增减变化,符合经济业务发生的实际情况,不会破坏资产总额与负债及所有者权益总额的平衡关系。

4. 复式记账法的优点

复式记账法是以会计等式为依据建立的一种记账方法,其优点是:

(1)能够全面反映经济业务内容和资金运动的来龙去脉。

对每一项经济业务,都在两个或两个以上相互联系的账户中进行记录,这样,将全部经济业务都相互联系地记入各有关账户以后,账户记录不仅可以全面、清晰地反映出经济业务的来龙去脉,还能够全面、系统地反映经济活动的过程和结果,为经济管理提供系统、全面的会计信息。

(2)能够进行试算平衡,便于查账和对账。

复式记账是相对单式记账而言的,它是对发生的每笔经济业务,都必须以相等的金额,在两个或两个以上的账户中相互联系地进行登记,因而对记录的结果可以进行试算平衡,以检查账户记录是否正确。

复式记账法是一种比较科学的记账方法。与单式记账法相比较,复式记账法具有不可比拟的优越性,被世界各国广泛采用。

任务 3.2 借贷记账法

一、借贷记账法的含义

借贷记账法,是以"借""贷"作为记账符号,对每一项经济业务,都要以相等的金额在两个或两个以上相互联系的账户中同时进行登记的一种复式记账法。

借贷记账法的理论基础就是"资产=负债+所有者权益"这一会计等式。在这一理论基础之上,无论发生何种经济业务,发生何种资金运动,会计要素发生变化,只是在原来平衡的基础上,达到新的平衡。

二、借贷记账法的记账符号

借贷记账法以"借"和"贷"作为记账符号,账户的左方为借方,右方为贷方。"借"和"贷"既不单纯代表增加,也不单纯代表减少,其确切的含义必须结合具体的账户。对于一个具体账户而言,"借"和"贷"究竟哪个代表增加、哪个代表减少,取决于账户的性质和所记录的经济业务的内容。

"借""贷"两字起源于13世纪的意大利。"借""贷"两字的含义最初是从借贷资本家的角度来解释的,即用来表示债权(应收款)和债务(应付款)的增减变动。为了记录吸收的存款和贷出的款项,分别按人名设户登记,并把账户分为两方:一方登记吸收的存款,称为贷方,表示欠人(应付款);一方登记贷出的款项,称为借方,表示人欠(应收款)。以后收回借出的钱,或偿还投资人的资本时,则各在它们账户相反的一方登记。最初的"借""贷"具有借(债权)、贷(债务)的含义。这是借贷记账法的"借""贷"二字的由来。

随着商品经济的发展,经济活动的范围日益扩大,经济活动内容日益复杂,记账内容也随之有所扩大,在账簿中不仅要登记往来结算的债权、债务,还要登记财产物资、经营损益的增减变化。为了求得账簿记录的统一,对于非货币资金借贷业务,也以"借""贷"两字记录其增减变动及其结果。这样"借""贷"两字就逐渐失去原来的字面含义,而转化为纯粹的记账符号,成为会计上的专门术语,用以标明经济业务在账户中记录的方向。

三、借贷记账法的账户结构

账户的具体结构取决于其本身的性质。按照综合会计等式"资产+费用=负债+所有者权益+收入",把账户分为两类性质不同的账户。处于等式左边的资产和费用账户为一类,反映资金的使用形式,其借方记录增加,贷方记录减少;处于等式右边的负债、所有者权益和收入账户为一类,反映资金的来源渠道,其贷方记录增加,借方记录减少。

在借贷记账法下,账户的本期发生额是指,在一定时期内记入某个账户借方或贷方的数额合计。本期发生额是反映各项资产、负债和所有者权益在一定时期内增减变动的情况(即动态)。从账户的结构来讲,可以根据每个账户的期初余额、本期借方发生额和本期贷方发生额,计算出账户的期末余额。期末余额主要是反映各项资产、负债和所有者权益在一定时期内增减变动的结果。

下面分别讲述借贷记账法下各类账户的结构。

1. 资产类账户的结构

资产类账户,借方登记资产的增加额,贷方登记资产的减少额,期末若有余额一般为借方余额,表示期末资产实有数额。每一会计期间借方记录的金额合计称为借方本期发生额,贷方记录的金额合计称为贷方本期发生额。如"原材料"账户,是资产类账户,购入原材料,应记入"原材料"账户的借方;发出原材料,应记入"原材料"账户的贷方,期末结存原材料在"原材料"账户的借方。资产类账户的期末余额可根据下列公式计算:

$$借方期末余额=借方期初余额+借方本期发生额-贷方本期发生额$$

资产类账户的结构如下所示。

借方	资产类账户		贷方
期初余额	×××		
本期增加额	×××	本期减少额	×××
	×××		×××
	×××		×××
本期发生额	×××	本期发生额	×××
期末余额	×××		

2. 负债类账户的结构

负债类账户,贷方登记负债的增加额,借方登记负债的减少额,期末若有余额一般为贷方余额,表示期末负债实有数额。如"短期借款"是负债类账户,借入款项,负债增加,记入"短期借款"账户的贷方;偿还借款,负债减少,记入"短期借款"账户的借方,期末尚未还清的欠款则反映在"短期借款"账户的贷方。负债类账户期末余额可根据下列公式计算:

贷方期末余额＝贷方期初余额＋贷方本期发生额－借方本期发生额

负债类账户的结构如下所示。

借方	负债类账户		贷方
		期初余额	×××
本期减少额	×××	本期增加额	×××
	×××		×××
	×××		×××
本期发生额	×××	本期发生额	×××
		期末余额	×××

3. 所有者权益账户的结构

所有者权益类账户,贷方登记所有者权益的增加额,借方登记所有者权益的减少额,期末余额一般为贷方余额,表示期末所有者权益的实有数额。如"实收资本"是所有者权益类账户,投资者投入资本,表示所有者权益增加,记入"实收资本"账户的贷方;按照法定程序抽回资本,表示所有者权益的减少,记入"实收资本"账户的借方,期末结存的资本反映在"实收资本"账户的贷方。所有者权益类账户期末余额可根据下列公式计算:

贷方期末余额＝贷方期初余额＋贷方本期发生额－借方本期发生额

所有者权益类账户的结构如下所示。

借方	所有者权益类账户		贷方
		期初余额	×××
本期减少额	×××	本期增加额	×××
	×××		×××
	×××		×××
本期发生额	×××	本期发生额	×××
		期末余额	×××

4. 成本费用类账户的结构

如前所述,费用的发生可以视同为所有者权益的减少。从另一角度来看,企业生产过程中所发生的费用和形成的成本,从实质上讲,是资产的消耗和转化。因此,费用、成本实质上是处于转化过程或形成过程中的资产,它们的结构与资产类账户结构相一致,即借方登记增加数,贷方登记减少数或转销数,除"生产成本"账户外,其他成本、费用、支出账户一般没有余额。"生产成本"账户如有余额则在借方,表示在产品成本。

成本费用类账户的结构如下所示。

借方	成本费用类账户		贷方
本期增加额	×××	本期减少额	×××
	×××		×××
	×××		×××
本期发生额	×××	本期发生额	×××

5. 收入类账户的结构

企业通过销售一方面要售出产品,另一方面就会获取收入,最终形成企业的利润。这些收入、利润按规定除一部分退出企业外,大部分要重新进入企业,留在企业中形成负债或所有者权益。因此,收入和利润实质上是企业内部处于转化或形成过程中的负债和所有者权益。所以,收入类账户的结构与负债类、所有者权益类账户的结构相同,即贷方登记增加数,借方登记减少数或转销数,期末一般无余额。

收入类账户的结构如下所示。

借方	收入类账户		贷方
本期减少额	×××	本期增加额	×××
	×××		×××
	×××		×××
本期发生额	×××	本期发生额	×××

为了便于了解所有账户借贷两方所反映的经济内容,现将上述各类账户的具体结构进行概括,如表 3-1 所示。

表 3-1 各类账户的具体结构

账户性质	账户借方	账户贷方	账户余额
资产类账户	增加(+)	减少(−)	在借方
成本费用类账户	增加(+)	减少(−)	一般无余额,若有余额在借方
负债类账户	减少(−)	增加(+)	在贷方
所有者权益类账户	减少(−)	增加(+)	在贷方
收入类账户	减少(−)	增加(+)	一般无余额

四、借贷记账法的记账规则

以上所述的账户结构问题,只是说明了经济业务涉及的单个的记录情况,然而,实际上每一项业务的发生都要涉及两个或两个以上的账户,如何把经济业务引起的资金的增减变动情况登记到相关的账户中去呢?记录的过程中有规律可循吗?

通过前面项目二的学习我们已经知道,企业发生的经济业务虽然繁杂,但归纳起来不外乎九种类型。以下我们根据九种类型的经济业务发生情况的账户记录,来总结在记账过程中体现出的内在规律。

[例 3-1] 企业购入材料一批,价款 50 000 元尚未支付。

该项业务涉及"原材料"和"应付账款"两个账户,且业务的发生引起企业"原材料"和"应付账款"同时增加,"原材料"属资产类账户,"应付账款"属负债类账户。根据前面所学的账户结构内容,可知资产的增加记账户借方,负债的增加记账户贷方,则该业务在账户中的记录为:

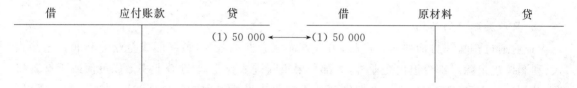

[例 3-2] 收到投资者投入的全新设备一台,价值 48 000 元。

该项业务涉及"实收资本"和"固定资产"两个账户,且业务的发生引起"实收资本"和"固定资产"同时增加,而"实收资本"属所有者权益类账户,"固定资产"属资产类账户。所有者权益增加记账户贷方,资产增加记账户借方,则该业务在账户中的记录为:

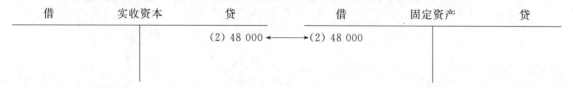

[例 3-3] 以银行存款偿还前欠货款 50 000 元。

该项业务涉及"银行存款"和"应付账款"两个账户,且业务的发生引起"银行存款"减少,"应付账款"也减少,"银行存款"属资产类账户,"应付账款"属负债类账户。资产减少记账户贷方,负债减少记账户借方,则该业务在账户中的记录为:

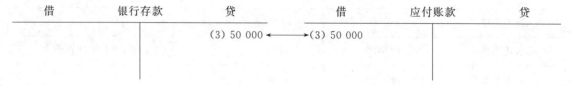

[例 3-4] 从银行提取现金 1 000 元。

该项业务涉及两个资产类账户,即"库存现金"和"银行存款",其中"库存现金"增加,"银行存款"减少,资产类账户的结构为增加记借方,减少记贷方,则该业务在账户中的记录为:

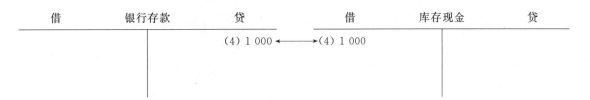

[例 3-5] 从银行借入短期贷款 70 000 元直接偿还货款。

该项业务涉及两个负债类账户,即"短期借款"和"应付账款",其中"短期借款"增加,"应付账款"减少,负债类账户的结构为增加记贷方,减少记借方,则该业务在账户中的记录为:

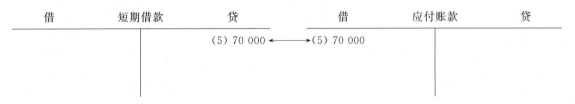

[例 3-6] 以资本公积金 80 000 元转增资本金。

该项业务涉及两个所有者权益类账户,即"资本公积"和"实收资本",其中"实收资本"增加,"资本公积"减少,所有者权益类账户的结构为贷方记增加,借方记减少,则该业务在账户中的记录为:

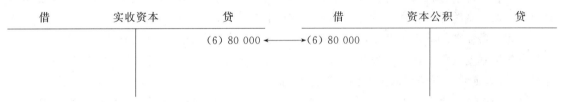

[例 3-7] 该企业委托其投资人 A 公司为其偿还应付账款 20 000 元,作为对本企业的再投资。

该项业务涉及一个负债类账户"应付账款"和一个所有者权益类账户"实收资本",其中"应付账款"减少,"实收资本"增加,根据负债类和所有者权益类账户的结构,负债减少记账户借方,所有者权益增加记账户贷方,则该业务在账户中的记录为:

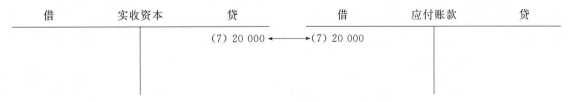

[例 3-8] 按照批准的利润分配方案,决定向投资者分配股利 100 000 元。

该项业务涉及一个负债类账户"应付股利"和一个所有者权益类账户"利润分配",其中"应付股利"增加,"利润分配——未分配利润"减少,根据负债类和所有者权益类账户的结构,负债增加记账户贷方,所有者权益减少记账户借方,则该业务在账户中的记录为:

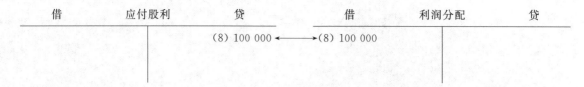

[例 3-9] 按法定程序批准，以银行存款 16 500 元退还个人投资款。

该项业务涉及一个资产类账户"银行存款"和一个所有者权益类账户"实收资本"，其中"银行存款"减少，"实收资本"也减少，根据资产类账户和所有者权益类账户的结构，资产减少记账户贷方，所有者权益减少记账户借方，则该业务在账户中的记录为：

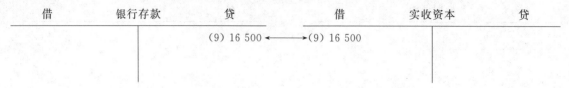

从以上例子可以看出，不论是何种类型的经济业务，采用借贷记账法记账时，总会在一个账户的借方和另一个账户的贷方同时进行登记，某一账户登记借方（或贷方），则其他账户必须登记贷方（或借方），而不是针对同一个账户。所记入的账户可以属于同一类，也可以属于不同类，这取决于经济业务的内容，而且记入借方账户的金额和记入贷方账户的金额总是相等的。由于以上九种类型的业务代表了企业经济业务的基本类型，故我们可将借贷记账法这一带有规律性的记账要求概括为借贷记账法的记账规则："有借必有贷，借贷必相等"。

上述九项业务均只涉及两个账户的增减变动，而实际工作中还经常会有涉及三个或三个以上账户的增减变动的经济业务发生。这些业务在记账时是否仍会体现"有借必有贷，借贷必相等"的记账规则呢？下面再通过举例来进行说明。

[例 3-10] 企业采购材料一批，价款共计 55 000 元，以银行存款支付 50 000 元，其余货款尚未支付。

该项业务涉及"原材料""银行存款""应付账款"三个账户，前两个账户属资产类账户，"应付账款"属负债类账户。其中，"原材料"增加，"银行存款"减少，"应付账款"增加，根据资产类账户和负债类账户的结构，资产增加记账户借方，减少记账户贷方，负债增加记账户贷方，则该业务在账户中的记录为：

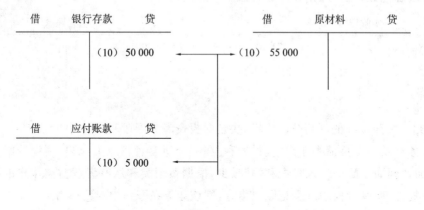

此例中"银行存款"和"应付账款"均在贷方登记,而"原材料"在借方登记,且前两个账户贷方之和与"原材料"的借方相等。

[例 3-11] 企业收到债务人开出的商业承兑汇票 32 000 元,银行转账支票 16 000 元,清偿前欠本企业货款,支票当即存入银行。

该项业务涉及"应收账款""应收票据"和"银行存款"三个账户,这三个账户都属于资产类账户,其中"应收账款"减少,"银行存款"和"应收票据"增加,根据资产类账户的结构,资产增加记账户借方,减少记账户贷方,则该项业务在账户中的记录为:

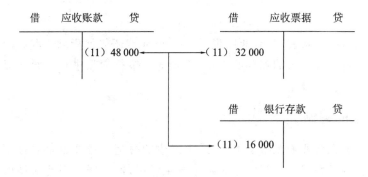

此例中"应收账款"在贷方登记,而"应收票据"和"银行存款"均在借方登记,且后两个账户借方之和与"应收账款"账户贷方金额刚好相等。

可见,不论是何种经济业务,也不论涉及的账户是一借一贷(例 3-1~例 3-9)还是一借多贷(例 3-10)抑或是一贷多借(例 3-11),在采用借贷记账法时都体现了"有借必有贷,借贷必相等"的记账规则。

五、账户的对应关系

1. 账户对应关系的含义

从上面几个例子中可以看出,在运用借贷记账法的记账规则登记经济业务时,对每一笔经济业务都必须在两个或两个以上账户的借方和贷方相互联系地进行反映,这样就在有关账户之间形成了应借应贷的相互关系(或是一个账户的借方与另一个账户的贷方;或是几个账户的借方和一个账户的贷方;或是一个账户的借方与几个账户的贷方相互发生联系)。账户之间的这种相互关系通常被称为账户对应关系,存在对应关系的账户互称为对应账户。如上述例 3-1 中"原材料"和"应付账款"之间就形成了应借、应贷的对应关系,这两个账户也就称为对应账户。

2. 账户对应关系的作用

(1)通过账户的对应关系,可以清楚地反映资金变动的来龙去脉,更好地了解经济业务的内容。例如:

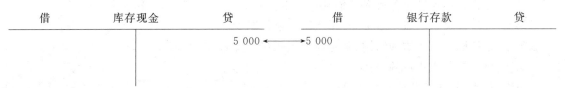

可以看出,"库存现金"的贷方和"银行存款"的借方发生了对应关系。通过这种对应关系,

可以了解到,银行存款的增加,是由于库存现金的减少,故它体现的经济业务为将现金5 000元存入银行。

(2)通过账户的对应关系,还可以检查经济业务的发生是否合理合法。

例如:

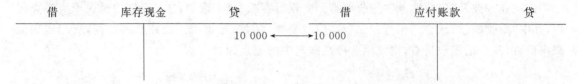

这两个账户的对应关系表明,企业以现金10 000元偿还前欠货款。我国《现金管理暂行条例》有明确规定,超过结算起点的款项的支付,必须通过银行存款进行结算。显然,该业务违反了《现金管理暂行条例》的规定。

六、会计分录的编制

企业日常发生的经济业务是很多的,如果把发生的每笔经济业务都直接记入有关账户,就很容易发生差错。为了在登记经济业务时防止发生错误,保证账户对应关系的正确性,在把经济业务记入账户以前,首先要编制会计分录。

1. 会计分录的概念

会计分录是在复式记账法的要求下,在记账凭证中明确应借应贷账户的名称和金额所做的记录,简称分录。每一会计分录必须具备账户名称、记账方向和记账金额三项要素,缺一不可。其格式为:

借:账户名称   金额
　　贷:账户名称   金额

2. 会计分录的书写格式

(1)"上借下贷"。如出现两个或两个以上的借方账户,"借"字应上下对齐,或只写一个"借"字,而将每个借方账户的第一个字对齐;然后书写的"贷"字表示贷方,应较"借"字缩后一个字格。如果出现两个或两个以上的贷方账户,则和借方账户的记录要求相同。

(2)账户的名称应书写齐全,不能自行简化。

(3)借方金额、贷方金额应分别记在相应的会计科目后,贷方金额应较借方金额缩后两位,金额后不必写单位。

3. 会计分录的编制步骤

在实际工作中,会计分录是通过记账凭证加以表现的。在借贷记账法下,会计分录的编制应遵循以下几个步骤:

第一,分析每项经济业务所涉及的会计要素。

第二,确定应登记的账户名称,分析是增加还是减少。

第三,根据账户的性质和结构,确定应记入账户的方向(借或贷)。

第四,确定应记入账户的金额。

第五,检查、复核会计分录的正确性。

据此,将前面例题中的各笔经济业务编制成会计分录如下:

[例 3-1]　　借:原材料　　　　　　　　　50 000
　　　　　　　贷:应付账款　　　　　　　　　　　50 000
[例 3-2]　　借:固定资产　　　　　　　　48 000
　　　　　　　贷:实收资本　　　　　　　　　　　48 000
[例 3-3]　　借:应付账款　　　　　　　　50 000
　　　　　　　贷:银行存款　　　　　　　　　　　50 000
[例 3-4]　　借:库存现金　　　　　　　　 1 000
　　　　　　　贷:银行存款　　　　　　　　　　　 1 000
[例 3-5]　　借:应付账款　　　　　　　　70 000
　　　　　　　贷:短期借款　　　　　　　　　　　70 000
[例 3-6]　　借:资本公积　　　　　　　　80 000
　　　　　　　贷:实收资本　　　　　　　　　　　80 000
[例 3-7]　　借:应付账款　　　　　　　　20 000
　　　　　　　贷:实收资本　　　　　　　　　　　20 000
[例 3-8]　　借:利润分配　　　　　　　 100 000
　　　　　　　贷:应付股利　　　　　　　　　　 100 000
[例 3-9]　　借:实收资本　　　　　　　　16 500
　　　　　　　贷:银行存款　　　　　　　　　　　16 500
[例 3-10]　 借:原材料　　　　　　　　　55 000
　　　　　　　贷:银行存款　　　　　　　　　　　50 000
　　　　　　　　　应付账款　　　　　　　　　　　 5 000
[例 3-11]　 借:应收票据　　　　　　　　32 000
　　　　　　　　 银行存款　　　　　　　　16 000
　　　　　　　贷:应收账款　　　　　　　　　　　48 000

4.会计分录的分类

按照所涉及会计账户的多少,会计分录分为简单会计分录和复合会计分录。

简单会计分录是指只涉及一个借方账户和一个贷方账户的会计分录,即一借一贷的会计分录。如上述例 3-1～例 3-9 笔业务所编制的会计分录就是简单会计分录。

复合会计分录是指由两个以上(不含两个)对应会计账户所组成的会计分录,由一个借方账户与两个及以上贷方账户,或由一个贷方账户与两个及以上借方账户,或由几个借方账户与几个贷方账户相对应所组成的会计分录,即一借多贷、一贷多借或多借多贷的会计分录。如上述例 3-10、例 3-11 笔业务所编制的会计分录就是复合会计分录。

复合会计分录可以全面、集中地反映经济业务的全貌,简化记账手续,提高工作效率。一般来说,复合会计分录可以分拆为多笔简单会计分录。

如例 3-10 可写成:

借:原材料　　　　　　　　　　　　　50 000
　　贷:银行存款　　　　　　　　　　　　　50 000
借:原材料　　　　　　　　　　　　　 5 000
　　贷:应付账款　　　　　　　　　　　　　 5 000

例 3-11 可写成：
借：应收票据　　　　　　　　　　　　　32 000
　　贷：应收账款　　　　　　　　　　　　　　32 000
借：银行存款　　　　　　　　　　　　　16 000
　　贷：应收账款　　　　　　　　　　　　　　16 000

需要指出的是，为了保持账户对应关系的清楚，一般不宜把不同经济业务合并在一起，编制多借多贷的会计分录。但在某些特殊情况下，为了反映经济业务的全貌，也可以编制多借多贷的会计分录。

七、试算平衡

在日常会计工作中，采用借贷记账法对发生的经济业务进行会计处理应严格遵守"有借必有贷，借贷必相等"的记账规则。因此，某一会计期间全部账户本期借、贷方发生额及其余额合计数应该分别相等，从而维护静态会计等式的平衡。但在实际会计工作中，由于经济业务复杂多样，会计工作千头万绪，出现差错有时难免，如某一经济业务发生额为 5 000 元，在一个账户中误记为 500 元，而在其对应账户中记为 5 000 元，这样就导致会计等式失去了平衡。因此，为了检验和确保一定时期内所发生的经济业务在账户中登记的正确性，需要在一定会计期末，进行账户的试算平衡。

1. 试算平衡的含义

试算平衡是指根据资产与权益的恒等关系以及借贷记账法的记账规则，按照记账规则的要求，通过对所有账户的记录进行汇总计算和比较，来检查各类账户记录是否正确的一种方法。

2. 试算平衡的分类

按其检查对象不同，试算平衡可分为发生额试算平衡法和余额试算平衡法两种方法。

（1）发生额试算平衡法。它是通过计算全部账户的借、贷方发生额是否相等来检验本期账户记录是否正确的方法。其计算公式如下：

全部账户本期借方发生额合计＝全部账户本期贷方发生额合计

发生额试算平衡的理论依据是借贷记账法记账下的记账规则，即"有借必有贷，借贷必相等"。由于每项经济业务的会计分录借贷两方的发生额是相等的，因此，无论发生多少笔经济业务，只要账务处理没有差错，所有账户借方发生额合计必然等于所有账户贷方发生额合计。如果出现不相等，必然是在记账过程中出现了差错，应及时查找并更正。

（2）余额试算平衡法。它是通过计算全部账户的借方余额合计与贷方余额合计是否相等来检验本期账户记录是否正确的方法。根据计算余额时间不同，它又分为期初余额平衡与期末余额平衡。其计算公式如下：

全部账户的期末（期初）借方余额合计＝全部账户的期末（期初）贷方余额合计

余额试算平衡的理论依据是"资产＝负债＋所有者权益"这一会计恒等式。因为资产类账户的期末余额一般都是在借方（成本费用类账户若有余额也在借方，视作资产），所有账户的借方余额合计就是资产总额；负债及所有者权益类账户的期末余额都在贷方（收入类账户若有余额也在贷方，视作权益），所有账户的贷方余额合计就是负债及所有者权益总额，所以一定时点上，全部账户的借方余额合计必然等于全部账户的贷方余额合计。如果不等，说明账户记录有错误，也应予以查找并更正。

3. 试算平衡表的编制

试算平衡是通过编制总分类账户的试算平衡表进行的。试算平衡表又称总分类账户的本期发生额及余额表，它是用来验算全部总分类账户的本期发生额和期初、期末余额是否平衡的一种试算表。该表设四大栏，即账户名称、期初余额、本期发生额和期末余额，除账户名称栏外，其他三栏又分为借方和贷方两个金额栏。它根据各总分类账户的本期发生额和期初、期末余额编制。其格式如表3-2所示。

表3-2 试算平衡表

编制单位：××公司　　　　　　　　　　年　月　日　　　　　　　　　　　　单位：元

账户名称	期初余额		本期发生额		期末余额	
	借方	贷方	借方	贷方	借方	贷方
合计						

试算平衡表可按以下步骤进行编制：

(1)将本期所发生的经济业务编制会计分录并全部登记入账；
(2)结出各账户本期借方发生额、贷方发生额和期末余额；
(3)将每一账户期初、期末余额和借、贷方发生额过入试算平衡表的对应行次并加计合计。

[例3-12] 假定长江公司2020年3月1日有关账户的期初余额如表3-3所示，3月份共发生前述例3-1～例3-11的11笔经济业务并全部登记入账，要求编制其试算平衡表。

表3-3 账户期初余额表

编制单位：长江公司　　　　　　　2020年3月1日　　　　　　　　　　　　单位：元

账户名称	借方余额	账户名称	贷方余额
库存现金	5 000	短期借款	100 000
银行存款	360 000	应付账款	178 000
应收账款	48 000	实收资本	235 000
原材料	20 000	资本公积	100 000
固定资产	300 000	利润分配	120 000
合计	733 000	合计	733 000

根据上面各账户的期初余额，将前述例3-1～例3-11的11笔经济业务的会计分录记入有关账户，并结出各账户的本期发生额和期末余额，据以编制试算平衡表(见表3-4)。

表 3-4　试算平衡表

编制单位:长江公司　　　　　　　　　2020 年 3 月 31 日　　　　　　　　　　　　　单位:元

账户名称	期初余额		本期发生额		期末余额	
	借方	贷方	借方	贷方	借方	贷方
库存现金	5 000		1 000		6 000	
银行存款	360 000		16 000	117 500	258 500	
应收票据			32 000		32 000	
应收账款	48 000			48 000		
原材料	20 000		105 000		125 000	
固定资产	300 000		48 000		348 000	
短期借款		100 000		70 000		170 000
应付账款		178 000	140 000	55 000		93 000
应付股利				100 000		100 000
实收资本		235 000	16 500	148 000		366 500
资本公积		100 000	80 000			20 000
利润分配		120 000	100 000			20 000
合计	733 000	733 000	538 500	538 500	769 500	769 500

4.运用试算平衡检查账户记录是否正确的注意事项

(1)必须保证所有账户的余额均已记入试算平衡表。

(2)如果试算平衡表借贷不平衡,可以肯定账户的记录或计算有错误,应查找原因并予以更正,直到实现平衡为止。具体地说,通过编制试算平衡表并结合已有的会计分录和账户资料,可发现一些错误,如:会计分录中一方金额记错、一方金额遗漏记载或重复记载;过入账户的一方金额过错、一方方向过错,或把分录中一方遗漏、重复记载过入账户;账户借方或贷方合计数计算错误,以及在账户借方和贷方两个合计数相减时计算错误等。

(3)即便借贷平衡,也不能肯定记账没有错误。因为有些错误并不影响借贷双方的平衡。例如:①某项经济业务在有关账户中全部被漏记或重记;②某项经济业务错记账户,或把应借应贷的账户互相颠倒;③某项经济业务记入有关账户的借贷金额出现等额多记或少记的错误。凡此种种,并不能通过试算平衡发现。这表明只根据试算平衡的结果,并不足以说明账户的记录没有错误。因此,需要对一切会计记录进行日常或定期的复核,以保证账户记录的正确性。

会计技能训练

一、单选题

1.一个企业的资产总额与权益总额(　　)。

　A.必然相等　　　　　　　　B.只有在期末时相等

　C.不会相等　　　　　　　　D.有时相等

2.存在对应关系的账户称为(　　)。

　A.联系账户　　B.对应账户　　C.明细分类账户　　D.总分类账户

3. 对某项经济业务事项标明应借应贷科目及其金额的记录称为( )。
   A. 对应关系　　　　B. 试算平衡　　　　C. 会计分录　　　　D. 对应账户

4. A公司月初短期借款余额为80万元,本月向银行借入5个月的借款20万元,归还到期的短期借款60万元,则本月末短期借款的余额为( )万元。
   A. 贷方40　　　　　B. 借方40　　　　　C. 借方120　　　　 D. 贷方120

5. 下列经济业务中,借记资产类科目,贷记负债类科目的是( )。
   A. 接受投资　　　　　　　　　　　　B. 从银行提取现金
   C. 赊购商品　　　　　　　　　　　　D. 以现金偿还债务

6. 某公司资产总额为60 000元,负债总额为30 000元,以银行存款20 000元偿还短期借款,并以银行存款15 000元购买设备,则上述业务入账后该公司的资产总额为( )元。
   A. 40 000　　　　　B. 30 000　　　　　C. 25 000　　　　　D. 15 000

7. 在借贷记账法下,科目的贷方用来登记( )。
   A. 收入的减少或费用(成本)的减少
   B. 收入的减少或费用(成本)的增加
   C. 收入的增加或费用(成本)的增加
   D. 收入的增加或费用(成本)的减少

8. 目前我国采用的复式记账法主要是( )。
   A. 来去记账法　　　B. 增减记账法　　　C. 收付记账法　　　D. 借贷记账法

9. 借贷记账法余额试算平衡的依据是( )。
   A. 资产与权益的恒等关系
   B. 账户的结构
   C. 借贷记账法的记账规则
   D. 账户的对应关系

10. 在借贷记账法下,资产类科目的期末余额一般在( )。
    A. 减少方　　　　　B. 增加方　　　　　C. 贷方　　　　　　D. 借方

11. 收入类科目的期末余额一般( )。
    A. 在借方或贷方　　　　　　　　　　B. 在贷方
    C. 无余额　　　　　　　　　　　　　D. 在借方

12. 复式记账法的基本理论依据是( )的平衡原理。
    A. 期初余额+本期增加数-本期减少数=期末余额
    B. 收入-费用=利润
    C. 资产=负债+所有者权益
    D. 借方发生额=贷方发生额

13. 最基本的会计等式是( )。
    A. 资产=负债+所有者权益+(收入-费用)
    B. 收入-费用=利润
    C. 期初余额+本期增加额-本期减少额=期末余额
    D. 资产=负债+所有者权益

14. 在借贷记账法下,科目的借方用来登记( )。

A. 资产的减少或权益的减少
B. 资产的增加或权益的减少
C. 资产的增加或权益的增加
D. 资产的减少或权益的增加

15. 复式记账法是对发生的每一笔经济业务,都要以相等的金额,在( )中进行登记的一种记账方法。
   A. 一个科目
   B. 相互联系的两个或两个以上科目
   C. 两个或两个以上的科目
   D. 两个科目

16. 下列关于"生产成本"科目的表述中,正确的是( )。
   A. "生产成本"科目期末若有余额,肯定在借方
   B. "生产成本"科目期末肯定无余额
   C. "生产成本"科目的余额表示已完工产品的成本
   D. "生产成本"科目的余额表示本期发生的生产费用总额

17. 在借贷记账法下,借方和贷方哪一方登记增加金额,哪一方登记减少金额,取决于( )。
   A. 账户性质和反映的经济内容
   B. 有借必有贷,借贷必相等
   C. 核算方法
   D. 记账形式

二、多选题

1. 下列项目中,属于借贷记账法特点的有( )。
   A. 以"借""贷"作为记账符号
   B. 以"有借必有贷,借贷必相等"作为记账规则
   C. 记账方向由账户性质和反映的经济内容来决定
   D. 可以进行发生额试算平衡和余额试算平衡

2. 在借贷记账法下,科目的贷方应登记( )。
   A. 资产、费用的增加数   B. 权益、收入的减少数
   C. 资产、费用的减少数   D. 权益、收入的增加数

3. 以下错误可以通过试算平衡发现的有( )。
   A. 借贷记账方向彼此颠倒
   B. 漏记或重记某笔经济业务
   C. 重复登记在某一科目的借方发生额上
   D. 借方发生额大于贷方发生额

4. 总分类科目发生额及余额试算平衡表中的平衡关系有( )。
   A. 期初借方余额合计=期初贷方余额合计
   B. 期初借方余额合计=期末贷方余额合计
   C. 本期借方发生额合计=本期贷方发生额合计

D. 期末借方余额合计＝期末贷方余额合计

5. 下列会计分录形式中,属复合会计分录的有(   )。
A. 一借一贷   B. 一贷多借   C. 一借多贷   D. 多借多贷

6. 下列科目的四个金额要素中,属于本期发生额的是(   )。
A. 本期增加金额   B. 期末余额
C. 本期减少金额   D. 期初余额

7. 下列经济业务中,只引起会计等式左边会计要素变动的有(   )。
A. 购买材料 8 000 元,款项尚未支付
B. 接受投资 200 万元,款项存入银行
C. 从银行提取现金 500 元
D. 购买机器一台,以存款支付 10 万元货款

8. 资产与权益的恒等关系是(   )。
A. 复式记账法的理论依据   B. 编制资产负债表的依据
C. 试算平衡的理论依据   D. 总账与明细账平行登记的理论依据

9. 损益类科目一般具有以下特点(   )。
A. 费用类科目的增加额记借方
B. 收入类科目的减少额记借方
C. 期末一般无余额
D. 年末一定要结转到"利润分配"科目

10. 下列项目中,属于试算平衡表无法发现的错误有(   )。
A. 记账方向颠倒   B. 用错账户名称
C. 漏记某项经济业务   D. 重记某项经济业务

11. 借贷记账法的试算平衡方法包括(   )。
A. 余额试算平衡法   B. 发生额试算平衡法
C. 减少额试算平衡法   D. 增加额试算平衡法

12. 会计分录的基本要素包括(   )。
A. 记账时间   B. 记账金额   C. 记账符号   D. 账户名称

三、不定项选择题

1. 损益类科目期末结账时余额应转入(   )科目。
A. 本年利润   B. 生产成本   C. 库存商品   D. 利润分配

2. 在借贷记账法下,"借""贷"记账符号表示(   )。
A. 平衡关系   B. 债权债务关系的变化
C. 记账金额   D. 记账方向

3. 某企业本期期初资产总额为 18 万元,本期期末负债总额比期初减少 1 万元,所有者权益比期初增加 3 万元。该企业期末资产总额是(   )万元。
A. 18   B. 20   C. 21   D. 19

4. 会计科目结构一般应包括的内容有(   )。
A. 余额   B. 增加方和减少方
C. 名称   D. 使用期限

5.下列各项经济活动中,资产总额不发生变化的有( )。

A.以银行存款购入原材料

B.以银行存款购入 A 公司股票

C.以银行存款预付设备定金

D.收到前欠货款存入银行

6.下列错误中,无法通过试算平衡发现的有( )。

A.一笔经济业务漏记

B.应借应贷科目的方向颠倒

C.一笔经济业务漏记贷方金额

D.借贷双方同时多记相等金额

7.下列经济业务中,权益总额不发生变化的有( )。

A.以银行存款偿还前欠货款

B.经协商,将一笔到期的短期借款转为长期借款

C.以银行存款购入 A 公司债券

D.将盈余公积 10 万元转增资本

8.损益类科目期末结账后余额( )。

A.为零

B.在贷方

C.既有可能在借方也有可能在贷方

D.在借方

9.下列各类科目中,在借方只能登记增加额的有( )。

A.损益类科目   B.所有者权益类科目

C.成本类科目   D.资产类科目

10.在借贷记账法下,科目的借方应登记( )。

A.所有者权益的减少   B.收入的增加

C.费用的增加   D.负债的减少

四、判断题

1.发生额试算平衡是根据资产与权益的恒等关系,检验本期发生额记录是否正确的方法。( )

2.在借贷记账法下,费用类科目与资产类科目的结构截然相反。( )

3.企业可以将不同类型的经济业务合并在一起,编制多借多贷的会计分录。( )

4.借贷记账法的记账规则为"有借必有贷,借贷必相等",即对于每一笔经济业务都只要在两个科目中以借方和贷方相等的金额进行登记。( )

5.收入类科目与费用类科目一般没有期末余额,但有期初余额。( )

6.资产与所有者权益在数量上始终是相等的。( )

7.会计分录包括业务涉及的科目名称、记账方向和金额三方面内容。( )

8.余额试算平衡是由"资产=负债+所有者权益"的恒等关系决定的。( )

9.复合会计分录是指多借多贷形式的会计分录。( )

10.资产来源于权益,权益与资产必然相等。( )

五、会计岗位技能训练

(一)练习运用借贷记账法编制会计分录

资料:飓风公司 2020 年 3 月 10—20 日发生下列经济业务:

(1)将现金 200 元存入银行。

(2)收到紫光公司租用包装物押金 1 000 元,存入银行存款户。

(3)以银行存款归还前欠文丰公司货款 14 000 元。

(4)开出应付票据抵付原欠蒲兴公司的账款 20 000 元。

要求:对上述经济业务进行分析,编制会计分录。

(二)了解资产、负债及所有者权益的类别及其平衡关系

资料 1:××公司 2020 年 1 月 31 日资产、负债及所有者权益相关数据情况如下(单位:元):

固定资产	450 000	原材料	26 000
应交税费	2 000	应收账款	2 900
银行存款	18 000	实收资本	450 000
本年利润	11 000	盈余公积	32 000
应付账款	4 000	库存现金	100
库存商品	10 000	短期借款	9 000
其他应收款	1 000		

要求:根据资料 1,分清资产、负债及所有者权益,填制该公司 1 月末的资产负债简表(见表 3-5)。

表 3-5 资产负债简表

编制单位:××公司　　　　2020 年 1 月 31 日　　　　单位:元

资产	期末余额	负债及所有者权益	期末余额
		负债:	
		负债合计	

续表

资产	期末余额	负债及所有者权益	期末余额
		所有者权益：	
		所有者权益合计	
资产合计		负债及所有者权益合计	

(三)运用借贷记账法核算经济业务

资料1:参见本章"会计岗位技能训练(二)"。

资料2:该公司2月份发生下列经济业务。

(1)从银行存款中提取现金300元。

(2)采购员张立暂借差旅费300元,财务科以现金付讫。

(3)以银行存款缴纳上月税费2 000元。

(4)从华丰公司购入原材料8 000元,货款尚未支付。

(5)以银行存款购入机器一台,价值2 000元,投入生产使用。

(6)向银行借入短期借款15 000元,存入银行存款户。

(7)以银行存款偿还华丰公司货款12 000元。

(8)生产车间领用原材料16 000元,全部投入产品生产。

(9)收到新乐公司还来上月所欠货款2 900元,存入银行存款户。

(10)以银行存款归还短期借款9 000元。

要求:

(1)根据资料1,开设各有关账户,并登记期初余额。

(2)根据资料2,为该公司发生的经济业务编制会计分录,并据以登记各有关账户。

(3)结出各账户的本期发生额和期末余额,并编制该公司2月末的试算平衡表(见表3-6)。

表3-6 试算平衡表

编制单位:××公司　　　　　　2020年2月29日　　　　　　　　　　　　单位:元

账户名称	期初余额		本期发生额		期末余额	
	借方	贷方	借方	贷方	借方	贷方

续表

账户名称	期初余额		本期发生额		期末余额	
	借方	贷方	借方	贷方	借方	贷方
合计						

(四)练习试算平衡表金额的计算

计算表 3-7 所示试算平衡表中各账户的期初余额、本期发生额或期末余额并计算出合计数。

表 3-7 试算平衡表

编制单位:××公司　　　　　　20××年×月×日　　　　　　　　　　单位:元

账户名称	期初余额		本期发生额		期末余额	
	借方	贷方	借方	贷方	借方	贷方
库存现金	200	—	—	—	200	
银行存款	5 000		1 250	2 450	( )	
应收票据	6 000		380	—	( )	
应收账款	( )		—	1 630	1 370	
原材料	10 000		( )	—	11 100	

续表

账户名称	期初余额		本期发生额		期末余额	
	借方	贷方	借方	贷方	借方	贷方
固定资产	( )		—	—	25 000	
短期借款		3 600	2 000	—		( )
应付票据		( )	—	500		3 900
应付账款		5 200	500	( )		5 350
实收资本		30 000	—	3 000		( )
盈余公积		( )	3 000	—		1 800
本年利润		2 200	—	—		( )
合计	( )	( )	( )	( )	( )	( )

项目四
制造业企业主要经济业务核算

KUAIJI JICHU

学习目标

1. 掌握企业资金的循环与周转过程;
2. 掌握核算企业主要经济业务的会计科目;
3. 掌握企业主要经济业务的账务处理;
4. 掌握企业净利润的计算;
5. 掌握企业净利润的分配。

任务导航

任务4.1　制造业企业主要经济业务概述
任务4.2　资金筹集业务核算
任务4.3　供应过程业务核算
任务4.4　生产过程业务核算
任务4.5　销售过程业务核算
任务4.6　利润形成与分配业务核算

企业要从事正常的生产经营活动,首先必须拥有一定量的资金。资金筹集是企业生产经营资金运动的起点。企业筹集资金的渠道主要有投资者投入的资本和向银行等金融机构借入的款项。从经营过程来看,企业依次经过供应过程、生产过程和销售过程;从资金运动角度看,企业资金的占用形态依次从货币资金转化为储备资金、生产资金、成品资金和结算资金,最后又回到货币资金,从而完成一次资金循环。周而复始的资金循环便形成资金周转。在资金循环过程中,不同的经营过程会发生不同的经济业务,需要分析并掌握材料采购成本、产品生产成本和产品销售成本的组成内容及计算方法,理解并掌握营业利润、利润总额和净利润的构成、形成步骤以及有关利润分配的政策规定。

任务4.1　制造业企业主要经济业务概述

一、制造业企业主要经济业务核算的内容

企业是指按照市场经济要求,自主经营、自负盈亏,专门从事生产、流通、运输、建筑、房地产等经济活动的部门和单位。企业包括制造业企业(亦称工业企业)、商品流通企业、金融企业、建筑企业、房地产企业、服务企业和其他企业等多种类型。在这些企业中,由于制造业企业是最原始、最完善、最典型的产品生产和经营单位,所以本项目以制造业企业的主要经济业务为例,来说明账户的设置和复式记账法这两个会计核算方法的运用。

制造业企业主要是指按照社会主义市场经济的要求独立核算、自负盈亏并从事制造产品的生产经营企业。它的基本任务是生产出一定数量、一定质量的产品以满足市场需求,同时应加强企业经营管理,降低成本费用,增加盈利能力,提高经济效益。

根据制造业企业经营管理活动的特点,可以将制造业企业的主要经济业务分为以下五类。

1. 资金筹集经济业务

任何企业为了进行生产经营活动,首先必须拥有一定的财产物资,这些财产物资的货币表现称为资金。资金的来源有两个方面:其一是投资者投入资金;其二是债权人投入资金。企业在筹集生产经营资金过程中发生的经济业务,包括吸收投资者投资和向债权人借款等经济业务。这两个方面均表现为企业的资金筹集经济业务。

资金进入制造业企业以后,随着企业生产经营活动的不断进行,资金以货币资金→储备资金→生产资金→成品资金→货币资金的形式不断运动,依次经过供应过程、生产过程和销售过程三个阶段。周而复始,形成资金的循环和周转。

2. 供应过程经济业务

在供应过程中,制造业企业用货币资金购买生产经营活动所必需的各种材料物资,包括各种原材料、机器设备、房屋建筑物等,形成必要的生产储备。这时,企业资金的形态就由货币资金转化为储备资金。该过程是制造业企业供应过程经济业务。

3. 生产过程经济业务

生产过程是制造业企业生产经营的主要阶段。在生产过程中,企业劳动者借助于劳动资料(如机器设备等工具)对劳动对象(如原材料等)进行加工,生产出各种为社会所需的产品。因此,在产品生产过程中就会发生各种材料费用、工资费用、固定资产折旧费用和其他费用等生产费用,通过对这些生产费用的归集和分配,进而计算出产品成本。这时资金就从储备资金形态转变为生产资金形态,随着产成品的完工入库,资金又从生产资金形态转变为成品资金形态。该过程是制造业企业生产过程经济业务。

4. 销售过程经济业务

销售过程是制造业企业产品价值实现的阶段。在销售过程中,企业通过产品的销售,一方面获取货币资金及其他的资产;另一方面,也会发生一些与产品销售业务相关的各种成本、费用和税金等。这时,企业的资金形态又由产成品资金转化为货币资金。销售过程的完成,标志着企业一个生产经营过程的结束,新一轮生产经营过程的开始。该过程是制造业企业销售过程经济业务。

5. 利润形成与分配经济业务

在利润的形成与分配阶段,制造业企业应将企业在一定期间内所取得的收入与各种成本、费用进行配比,及时计算出一定期间的财务成果,确定企业在该时期所实现的利润或发生的亏损,缴纳所得税,并按国家规定进行利润的分配。通过利润分配,一部分资金退出企业,一部分重新投入生产周转,开始新一轮的资金循环和周转过程。该过程是制造业企业利润形成与分配经济业务。

制造业企业除了上述主要的生产经营活动之外,还需对企业生产经营活动中发生的其他经济业务进行核算。例如,资金退出企业、对外投资业务、债权债务业务等。

制造业企业主要经济业务核算的内容如图 4-1 所示。

二、成本计算的内容

在上述的各项经济业务中贯穿了成本的计算。例如:在供应过程要计算材料的采购成本,它由材料的买价和采购费用构成;在生产过程要计算产品的生产成本,它由直接材料、直接人工

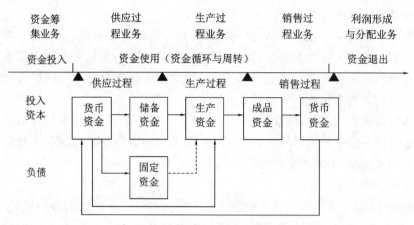

图 4-1 制造业企业主要经济业务核算的内容

和制造费用构成;在销售过程要计算产品的销售成本。因此,成本计算就是把供应、生产和销售过程中发生的各项费用,按照一定的对象和标准进行归集和分配,以计算出该对象的总成本和单位成本以及期间费用。成本计算是会计核算的专门方法之一,成本的计算可以促进企业不断提高经营管理水平,控制和降低成本。同时,成本资料也会为制定产品售价提供依据。

为了正确地归集和分配生产费用,计算各种成本,在会计上也应根据有关业务的具体内容和成本计算的具体要求,分别设置和运用不同的账户进行核算。本项目将根据会计综合恒等式原理,用会计科目和账户按照复式记账法的规则,对上述各类经济业务进行会计核算。

三、账户运用应注意的问题

在制造业企业主要经济业务核算的过程中,经常会用到相关的账户。因此,在讲述某类经济业务的核算方法时,都要首先介绍与所核算业务的内容密切相关的一些重要账户。对这些账户,应重点把握,深刻理解。对每一个账户的把握要特别注意以下五个方面。

1. 账户的经济性质

账户的经济性质是指账户所反映的会计要素基本内容的性质,即该账户反映的是哪一类会计要素的内容。例如,"实收资本"账户是用来核算所有者权益会计要素中实收资本这部分内容的,那么,"实收资本"账户的经济性质就属于所有者权益类。明确会计账户的经济性质,对于掌握账户的基本结构、正确使用账户具有重要意义。

2. 账户的核算内容

账户的核算内容即该账户所核算的具体内容。例如,"实收资本"账户就是用来核算实收资本的增减变化及其结果等内容的专门账户。企业发生的实收资本经济业务,只能在"实收资本"账户中进行核算,而不能记入其他账户。当然,与"实收资本"账户核算的业务无关的其他业务内容也不能记入"实收资本"账户。可见,只有了解了每一个账户的具体核算内容,才能将发生的有关经济业务登记到应予登记的账户中去,而不至于记错账户。

3. 账户的基本结构

账户的基本结构即发生的增加额和减少额以及余额在账户中的具体登记方法。在借贷记账法下,对每一类账户都设计了特定的结构形式,即在账户的借贷两方中,用哪一方登记增加数,用哪一方登记减少数,有余额应登记在哪一方。只有准确地把握了各类账户的基本结构,才不至于搞错记账方向,也才有可能正确地使用账户。

4.明细账户的设置

根据会计核算的要求,大多数总分类账户下需设置明细账户,进行明细分类核算,更加详细地反映会计要素的内容。当然,并不是每个总分类账户下都要设置明细账户。但根据会计核算的要求和提供会计信息的需要,某些总分类账户下设置明细账户又是必不可少的。应重点掌握在部分总分类账户下设置明细账户的基本要求,以便于正确设置明细账户,组织明细分类核算。

5.与其他账户之间的对应关系

对经济业务进行处理时,一项重要的工作是编制记账凭证上的会计分录,而编制会计分录必然要用到有关的账户,即在分录中写出业务所登记的账户的名称。编写一笔会计分录时,起码要用到存在对应关系的两个账户。在一定的经济业务中,账户的对应关系是固定的,是不可随意"拉郎配"的。因而,应注意把握所接触的每一个账户与其他账户之间可能存在的对应关系,以便于正确利用账户编制会计分录。

任务4.2 资金筹集业务核算

资金筹集是企业进行生产经营活动的前提条件,是资金运动的起点。企业的资金筹集业务按其资金来源通常分为所有者权益筹资和负债筹资。所有者权益筹资形成所有者的权益(通常称为权益资本),包括投资者的投资及其增值,这部分资本的所有者既享有企业的经营收益,也承担企业的经营风险;负债筹资形成债权人的权益(通常称为债务资本),主要包括企业向债权人借入的资金和结算形成的负债资金等,这部分资本的所有者享有按约收回本金和利息的权利。

一、所有者权益筹资业务的核算

(一)所有者投入资本的构成

所有者投入的资本主要包括实收资本(或股本)和资本公积。

实收资本(或股本)是指企业按照章程规定或合同、协议约定,接受投资者投入企业的资本。实收资本的构成比例或股东的股份比例,是确定所有者在企业所有者权益中份额的基础,也是企业进行利润或股利分配的主要依据。

资本公积是企业收到投资者投入的超出其在企业注册资本(或股本)中所占份额的投资,以及其他资本公积等。资本公积作为企业所有者权益的重要组成部分,主要用于转增资本。

投资者投入企业的资本按其投资形式不同,可分为货币资金投资、实物资产投资和无形资产投资等,其中第一种投资也称现金资产投资,其他投资形式也称非现金资产投资。按照投资主体的不同,可以分为国家资本金、法人资本金、个人资本金和外商资本金等,分别是指由国家、法人单位、个人和国外(境外)商人以投资者身份向企业的投资。资本金实行保全制度,投入企业后,投资者一般不得随意抽回。

(二)账户设置

企业通常设置以下账户对所有者权益筹资业务进行核算:

1. "实收资本"账户

账户的性质:所有者权益类账户,在股份制企业设置为"股本"账户。

账户的用途:用来核算企业接受投资者投入的资本金。经股东大会或类似机构决议,用资本公积转增资本,也在本账户核算。

账户的结构:贷方登记按投资者在企业的注册资本或股本中所占份额确定的投入企业资本和按规定由资本公积转增的资本金(增加数);借方登记企业按法定程序报经批准减少注册的资本和归还投资者的投资等(减少数)。该账户期末为贷方余额,反映企业实有资本或股本总额。

明细账的设置:可按投资者不同设置明细账户,进行明细核算。

2. "资本公积"账户

账户的性质:所有者权益类账户。

账户的用途:用来核算企业收到投资者出资额超出其在注册资本或股本中所占份额的部分,以及其他资本公积等。

账户的结构:贷方登记企业取得的资本公积数额(增加数),如资本(或股本)溢价等;借方登记资本公积的减少数,如转增资本金等。该账户期末为贷方余额,反映企业资本公积金的实际结存数。

明细账的设置:可按资本公积的来源不同,分别设置"资本溢价(或股本溢价)""其他资本公积"进行明细核算。

3. "银行存款"账户

账户的性质:资产类账户。

账户的用途:用来核算企业存入银行或其他金融机构的各种款项。

账户的结构:借方登记存入的款项,贷方登记提取或支出的存款。期末余额在借方,反映企业存在银行或其他金融机构的各种款项。

明细账的设置:可按照开户银行、存款种类等分别进行明细核算。

(三)账务处理

投入资本按照实际收到的投资额入账。对于企业收到的现金资产投资,以实际收到的货币资产金额入账;收到实物、无形资产等非现金资产投资,以投资各方确认的价值入账。实际收到的货币资金额或投资各方确认的价值超出其在企业注册资本(或股本)中所占的份额部分,记入"资本公积"。

企业接受投资者投入的资本的账务处理,应通过"实收资本""资本公积"等账户进行核算。具体账务处理如下。

1. 接受现金资产投资的账务处理

借:银行存款
　　贷:实收资本(注册资本部分)
　　　　资本公积(超过注册资本部分)

[例4-1] 企业收到国家(投资者)以货币资金投入的资本金1 000 000元,已存入在银行开立的存款户。

这项经济业务,应编制如下会计分录:

借:银行存款　　　　　　　　　　　　　　1 000 000
　　贷:实收资本　　　　　　　　　　　　　　　1 000 000

2.接受非现金资产投资的账务处理

为简化核算,此部分收到原材料、固定资产、无形资产等投资时的增值税问题暂不考虑。

借:原材料、固定资产、无形资产等
　　贷:实收资本
　　　　资本公积

现以长城有限责任公司发生的下列经济业务为例,来说明所有者权益筹资业务的会计核算。

[例 4-2]　企业收到某单位作为投资投入企业的全新设备一台,确认其价值为 150 000 元。

这项经济业务,应编制如下会计分录:

借:固定资产　　　　　　　　　　　　　　150 000
　　贷:实收资本　　　　　　　　　　　　　　　150 000

[例 4-3]　企业收到某公司一项专有技术投资,经评估确认其价值为 50 000 元。

这项经济业务,应编制如下会计分录:

借:无形资产　　　　　　　　　　　　　　50 000
　　贷:实收资本　　　　　　　　　　　　　　　50 000

[例 4-4]　企业与某外商合作经营,注册资本金为 10 000 000 元,合同规定双方投资比例各占 50%(即各为 5 000 000 元)。外商以三台设备向企业投资,经评估确认总价值为 5 100 000 元,为核算方便,暂不考虑税费等因素影响。

这项经济业务,应编制如下会计分录:

借:固定资产　　　　　　　　　　　　　　5 100 000
　　贷:实收资本　　　　　　　　　　　　　　　5 000 000
　　　　资本公积　　　　　　　　　　　　　　　100 000

说明:分录中的 100 000 元是投资者投入企业的投资超过其在企业的注册资本中按投资比例计算的所占份额部分的差额(5 100 000 元－5 000 000 元),按规定应记入"资本公积"账户。

[例 4-5]　企业根据合同规定在合作期间归还投资者投资 80 000 元,已用银行存款支付。

这项经济业务,应编制如下会计分录:

借:实收资本　　　　　　　　　　　　　　80 000
　　贷:银行存款　　　　　　　　　　　　　　　80 000

所有者权益筹资业务核算流程图,如图 4-2 所示。

图 4-2 用比较形象直观的形式描述了实收资本经济业务发生后所涉及的有关总分类账户之间的对应关系,图中的"→"是表示账户之间对应关系的连线,"×××"表示账户的余额或发生额。利用这种会计核算流程图方式描述账户的结构及其对应关系,便于对账户内容的理解和记忆。

二、负债筹资业务的核算

企业的负债业务种类繁多,包括企业借款的借入与偿还业务,企业与供应商之间的货款拖

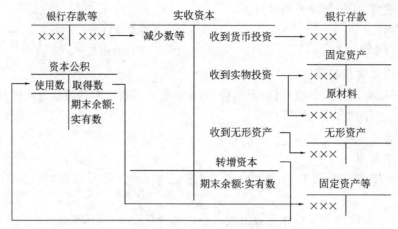

图 4-2 所有者权益筹资业务核算流程图

欠及偿还业务,企业与内部职工之间的薪酬计算与支付业务等。从企业资金筹集的角度看,负债主要体现为企业从银行或其他金融机构借入与偿还借款,企业债券的发行与偿还等。负债是企业筹集生产经营所需资金的另一条主要渠道。当债权人(银行或其他金融机构和企业发行债券的购买者)将其资金借给企业以后,就会对企业具有按期归还本金和利息的索偿权,这种权利也称债权人权益。对这部分权益,企业必须以资产和劳务等偿还,或用新的负债偿还(即用新的借款偿还原来的借款)。

(一)负债筹资的构成

企业除了从投资者处筹集资金外,还可能为了进行生产经营活动或扩大生产经营活动而借入资金。负债筹资主要包括短期借款、长期借款以及结算形成的负债等。

短期借款是指企业为了满足其生产经营对资金的临时性需要而向银行或其他金融机构等借入的偿还期限在一年以内(含一年)的各种借款。

长期借款是指企业向银行或其他金融机构等借入的偿还期限在一年以上(不含一年)的各种借款。

结算形成的负债主要有应付账款、应付职工薪酬、应交税费等。

(二)账户设置

企业通常设置以下账户对负债筹资业务进行会计核算:

1."短期借款"账户

账户的性质:负债类账户。

账户的用途:用来核算企业借入的偿还期在1年或1年以下的各种借款。

账户的结构:贷方登记企业借入的各种短期借款(增加数);借方登记企业已经归还的借款,期末为贷方余额,反映企业尚未归还的短期借款本金。

明细账的设置:可按借款种类、贷款人和币种进行明细核算。

2."长期借款"账户

账户的性质:负债类账户。

账户的用途:用来核算企业借入的偿还期在1年以上的各种借款。

账户的结构:贷方登记借入的长期借款(增加数),借方登记长期借款的偿还数(减少数),期末为贷方余额,反映企业尚未归还的长期借款数。

明细账的设置:可按贷款单位和借款的种类等进行明细核算。

对于使用长期借款发生的利息支出,也在本账户核算。

3."应付利息"账户

账户的性质:负债类账户。

账户的用途:用来核算企业按照合同约定应支付的利息,包括按月计提的短期借款利息、吸收存款、分期付息到期还本的长期借款、企业债券等应支付的利息。

账户的结构:贷方登记资产负债表日,企业按合同利率计算确定的应付未付利息;借方登记企业实际支付的利息。期末余额在贷方,反映企业应付未付的利息。

明细账的设置:可按存款人或债权人进行明细核算。

4."财务费用"账户

账户的性质:费用类账户。

账户的用途:用来核算企业为筹集生产经营所需资金而发生的费用,包括利息支出(减利息收入)、汇兑损益以及相关的手续费、企业发生的现金折扣或收到的现金折扣等。为购建或生产满足资本化条件的资产发生的应予资本化的借款费用,通过"在建工程""制造费用"等账户核算。

账户的结构:借方登记手续费、利息费用等财务费用的增加额,贷方登记应冲减财务费用的利息收入、期末转入"本年利润"账户的财务费用净额等。期末结转后,该账户无余额。

明细账的设置:可按费用项目设置明细账,进行明细核算。

(三)账务处理

负债筹资业务的账务处理,应通过"短期借款""财务费用""应付利息""长期借款"等账户进行核算。具体账务处理如下:

1.短期借款的账务处理

(1)借入短期借款:

借:银行存款

  贷:短期借款

(2)在资产负债表日,计提短期借款利息:

借:财务费用

  贷:应付利息

(3)实际支付利息:

借:应付利息(已预提的利息)

  财务费用(当期的利息)

  贷:银行存款

(4)到期偿还本金:

借:短期借款

  贷:银行存款

短期借款业务核算流程图,如图4-3所示。

[例4-6] 20××年1月1日,企业向银行借入一笔生产经营用借款共计200 000元,期限

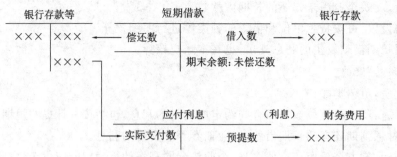

图 4-3 短期借款业务核算流程图

3 个月,年利率为 6%,该借款到期一次还本付息,利息按月预提。

(1)1 月 1 日,企业收到借款并存入银行。

会计部门根据银行的收款通知,应编制如下会计分录:

借:银行存款　　　　　　　　　　　　　200 000
　　贷:短期借款　　　　　　　　　　　　200 000

(2)1 月 31 日,企业计提本月应承担的借款利息为:

$$200\,000\,元 \times 6\% \div 12 = 1\,000\,元$$

会计部门根据预提利息计算表,应编制如下会计分录:

借:财务费用　　　　　　　　　　　　　1 000
　　贷:应付利息　　　　　　　　　　　　1 000

2 月末、3 月末企业计提当月应承担的借款利息核算同上。

(3)4 月 1 日,上述借款到期,企业一次还本付息。

会计部门根据银行的付款通知,应编制如下会计分录:

借:短期借款　　　　　　　　　　　　　200 000
　　应付利息　　　　　　　　　　　　　　3 000
　　贷:银行存款　　　　　　　　　　　　203 000

2. 长期借款的账务处理

企业借入长期借款,应按实际收到的金额借记"银行存款"科目,按借款本金贷记"长期借款——本金"科目,如存在差额,还应借记"长期借款——利息调整"科目。

资产负债表日,应按确定的长期借款的利息费用,借记"在建工程""制造费用""财务费用""研发支出"等科目,按确定的应付未付利息,贷记"应付利息"科目,按其差额,贷记"长期借款——利息调整"等科目。

说明:由于长期借款业务核算较为复杂,本教材暂不举例介绍其业务核算。

任务 4.3　供应过程业务核算

供应过程是产品生产过程的准备过程,因此也称生产准备过程。在这个过程中,制造业企业的主要经济业务是用货币资金购买各种材料物资,为生产经营进行必要的材料物资储备;用货币资金购置设备、购建房屋等,为生产经营提供动力或服务等方面的条件。供应过程业务的核算主要包括固定资产购入和材料采购两个方面,同时要计算固定资产成本和材料采购成本。

一、固定资产购入业务的核算

(一)固定资产的概念

固定资产是指同时具有以下两个特征的有形资产:

(1)为生产商品、提供劳务、出租或者经营管理而持有;

(2)使用寿命超过一个会计年度。使用寿命,是指企业使用固定资产的预计期间或者该固定资产所能生产商品或提供劳务的数量。

固定资产一般包括房屋、建筑物、机器、机械、运输工具,以及其他与生产有关的设备、工具、器具等。

(二)固定资产的成本

固定资产的成本是指企业购建某项固定资产达到预定可使用状态前所发生的一切合理、必要的支出。

企业可以通过外购、自行建造、投资者投入等方式取得固定资产。取得的方式不同,固定资产成本的具体构成内容及其确定方法也不尽相同。其中,外购固定资产的成本,主要包括购买价款、相关税费(不包括可抵扣的增值税进项税额)、使固定资产达到预定可使用状态前所发生的可归属于该项资产的运输费、装卸费、安装费和专业人员服务费等。

(三)账户设置

企业通常设置以下账户对固定资产购入业务进行会计核算:

1."在建工程"账户

账户的性质:资产类账户。

账户的用途:用以核算企业基建、更新改造等在建工程发生的支出。

账户的结构:借方登记企业各项在建工程的实际支出,贷方登记工程达到预定可使用状态时转出的成本等。期末余额在借方,反映企业期末尚未达到预定可使用状态的在建工程的成本。

明细账的设置:可按"建筑工程""安装工程""在安装设备""待摊支出"以及单项工程等进行明细核算。

2."工程物资"账户

账户的性质:资产类账户。

账户的用途:用以核算企业为在建工程准备的各种物资的成本,包括工程用材料、尚未安装的设备以及为生产准备的工器具等。

账户的结构:借方登记企业购入工程物资的成本,贷方登记领用工程物资的成本。期末余额在借方,反映企业期末为在建工程准备的各种物资的成本。

明细账的设置:可按"专用材料""专用设备""工器具"等进行明细核算。

3."固定资产"账户

账户的性质:资产类账户。

账户的用途:用以核算企业持有的固定资产原价。

账户的结构:借方登记固定资产原价的增加,贷方登记固定资产原价的减少。期末余额在借方,反映企业期末固定资产的原价。

明细账的设置:可按固定资产类别和项目进行明细核算。

4."累计折旧"账户

账户的性质:资产类账户,是"固定资产"的备抵账户。

账户的用途:用以核算企业固定资产计提的累计折旧。

账户的结构:贷方登记按月提取的折旧额,即累计折旧的增加额,借方登记因减少固定资产而转出的累计折旧。期末余额在贷方,反映期末固定资产的累计折旧额。

明细账的设置:可按固定资产的类别或项目进行明细核算。

5."应交税费"账户

账户的性质:负债类账户。

账户的用途:用以核算企业按照税法规定应缴纳的各种税费,包括增值税、消费税、企业所得税、城市维护建设税、资源税、环境保护税、土地增值税、房产税、车船税、城镇土地使用税、教育费附加、矿产资源补偿费、印花税、耕地占用税、契税、车辆购置税等。企业代扣代交的个人所得税,也通过本账户核算。

账户的结构:贷方登记应缴纳的各种税费,借方登记实际缴纳的各种税费。期末余额如在借方,表示多交或尚未抵扣的税费;期末余额如在贷方,表示企业尚未缴纳的税费。

明细账的设置:按税费的种类设置明细账。

增值税是指对我国境内销售货物,提供加工修理或修配劳务,销售应税服务、无形资产或者不动产以及进口货物的单位和个人的增值额征收的一种流转税。按照纳税人的经营规模及会计核算的健全程度,增值税纳税人分为一般纳税人和小规模纳税人。

一般纳税人采用规范的征收管理办法,即购进扣税法。一般纳税人采用的税率分为13%、9%、6%和零税率。在实际征收中,采用凭增值税专用发票或其他合法扣税凭证注明税款进行抵扣的办法计算应纳税款。在会计核算上,为了核算企业应交增值税的发生、抵扣、缴纳、退税及转出等情况,应在"应交税费"账户下设置"应交增值税"明细科目,并在"应交增值税"明细账内设置"进项税额""已交税金""销项税额""进项税额转出"等专栏。

应纳税额的计算公式如下:

$$应纳税额=当期销项税额-当期进项税额$$

小规模纳税人销售货物或者提供应税劳务,实行按照销售额和规定的增值税征收率计算应纳税额的简易办法,适用3%征收率。销售货物或提供应税劳务时只能开具普通发票,不能开具增值税专用发票,并不得抵扣进项税额。

应纳税额的计算公式如下:

$$应纳税额=销售额\times征收率$$

请注意:本教材中的企业除特别说明是小规模纳税人外,一般都作为一般纳税人企业进行核算。

"应交税费——应交增值税"账户核算企业应交和实交增值税的结算情况,借方登记增值税的进项税额,贷方登记增值税的销项税额。一般纳税人从销项税额中抵扣进项税额后向税务部门缴纳增值税。该账户的期末借方余额反映多上交或尚未抵扣的增值税,期末贷方余额反映企业尚未缴纳的增值税。

(四)账务处理

固定资产购入业务的账务处理,应通过"固定资产""在建工程""应交税费"等账户进行核算。具体账务处理如下:

1. 购入不需要安装的固定资产账务处理

企业购入的不需要安装的固定资产,按实际支付的买价、包装费、运输费、安装成本、缴纳的相关税费等,作为入账价值计入固定资产成本。

借:固定资产(价+费)
  应交税费——应交增值税(进项税额)
 贷:银行存款等

[例 4-7]　2019 年 5 月 1 日,甲公司购入一台不需要安装即可投入使用的设备,取得的增值税专用发票上注明的设备价款为 30 000 元,增值税额为 3 900 元,另支付包装费并取得增值税专用发票,注明包装费 700 元,税率 6%,增值税额 42 元,款项以银行存款支付。甲公司是增值税一般纳税人,应编制如下会计分录。

借:固定资产　　　　　　　　　　　　　30 700(30 000+700)
  应交税费——应交增值税(进项税额)　3 942(3 900+42)
 贷:银行存款　　　　　　　　　　　　　34 642

2. 购入需要安装的固定资产账务处理

企业购入需要安装的固定资产,应先通过"在建工程"账户进行核算,待在建工程达到预定使用状态时再转入"固定资产"账户。

[例 4-8]　2019 年 5 月 15 日,甲公司用银行存款购入一台需要安装的设备,取得的增值税专用发票上注明的价款为 200 000 元,增值税额为 26 000 元,支付安装费并取得增值税专用发票,注明安装费 40 000 元,税率 9%,增值税额 3 600 元。甲公司为增值税一般纳税人,应编制如下会计分录。

(1)购入进行安装时:

借:在建工程　　　　　　　　　　　　　200 000
  应交税费——应交增值税(进项税额)　26 000
 贷:银行存款　　　　　　　　　　　　　226 000

(2)支付安装费时:

借:在建工程　　　　　　　　　　　　　40 000
  应交税费——应交增值税(进项税额)　3 600
 贷:银行存款　　　　　　　　　　　　　43 600

(3)设备安装完毕交付使用时:

借:固定资产　　　　　　　　　　　　　240 000
 贷:在建工程　　　　　　　　　　　　　240 000

购入固定资产业务核算流程图,如图 4-4 所示。

3. 固定资产折旧的账务处理

企业按月计提的固定资产折旧,根据固定资产的用途,按"谁受益、谁承担"的原则,计入相关资产的成本或者当期损益。

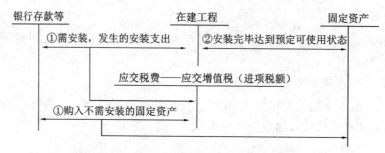

图 4-4 购入固定资产业务核算流程图

借:制造费用(用于车间固定资产折旧)
　　销售费用(用于销售部门固定资产折旧)
　　管理费用(用于行政管理部门固定资产折旧)
　贷:累计折旧

[例 4-9] 某企业采用年限平均法对固定资产计提折旧。2020 年 1 月份,根据"固定资产折旧计算表"确定各车间及厂部管理部门应分配的折旧额为一车间 150 000 元,二车间 240 000 元,三车间 300 000 元,厂部管理部门 60 000 元。

借:制造费用——一车间　　　　　　　　　150 000
　　　　　　——二车间　　　　　　　　　240 000
　　　　　　——三车间　　　　　　　　　300 000
　　管理费用　　　　　　　　　　　　　　 60 000
　贷:累计折旧　　　　　　　　　　　　　750 000

二、材料采购业务的核算

(一)材料采购成本

1. 原材料的概念

原材料是指企业生产过程中经过加工改变其性质或形态并构成产品主要实体的各种原料、主要材料和外购半成品,以及不构成产品实体但有助于产品形成的辅助材料等。原材料具体包括原料及主要材料、辅助材料、外购半成品(外购件)、修理用备件(备品备件)、包装材料、燃料等。

2. 材料采购成本的计算

材料采购成本计算,就是把企业购买材料所支付的买价和采购费用按照材料的品种归集,计算每种材料的采购总成本和单位成本。材料采购成本由买价和采购费用两部分组成,具体内容如下:

(1)买价,指进货发票所开列的货款金额。

(2)运杂费,包括运输费、装卸费、包装费、保险费、仓储费等。

(3)运输途中的合理损耗,企业与供应或运输部门所签订的合同中规定的合理损耗或必要的自然损耗。

(4)入库前的挑选整理费用,指购入的材料在入库前需要挑选整理而发生的费用,包括挑选过程中所发生的工资、费用支出和必要的损耗,但要扣除下脚残料的价值。

(5)购入材料负担的税金(如关税等)和其他费用等。

3.材料采购成本的计算公式

材料采购成本的计算就是将采购过程中所发生的材料的买价和有关采购费用,按一定种类的材料进行归集和分配,确定各种材料的实际成本。材料采购过程中发生的采购费用,有的是专为采购某种材料而发生的,有的是为了采购几种材料发生的。

(1)采购费用直接计入。凡是专门为采购某种材料而发生的采购费用,应直接计入该种材料的采购成本。材料采购成本计算公式为:

$$某种材料采购成本 = 材料的买价 + 采购费用$$

(2)采购费用分配计入。对于不能直接归属于某一种材料的采购费用,可以以购入材料的重量、体积或买价等为标准,在有关的几种材料之间进行分配,计算出各种材料各自应负担的采购费用,从而计算出每种材料的采购成本。材料采购成本的计算公式如下:

$$采购费用分配率 = \frac{采购费用总额}{各种材料的重量(或体积、买价)之和}$$

$$某种材料应负担的采购费用 = 该材料的重量(或体积、买价) \times 采购费用分配率$$

$$某种材料采购成本 = 该材料的买价 + 应负担的采购费用$$

$$材料单位成本 = 材料采购成本 \div 材料数量$$

(二)账户设置

企业通常设置以下账户对材料采购业务进行会计核算:

1."在途物资"账户

账户的性质:资产类账户。

账户的用途:用以核算企业采用实际成本(或进价)进行材料、商品等物资的日常核算、货款已付尚未验收入库的在途物资的采购成本。

账户的结构:借方登记购入材料、商品等物资的买价和采购费用(采购实际成本),贷方登记已验收入库材料、商品等物资应结转的实际采购成本。期末余额在借方,表示尚未运达企业或已运达企业但尚未入库的在途材料、商品等物资的采购成本。

明细账的设置:该账户应按照材料、商品的品种、规格进行明细核算。

2."原材料"账户

账户的性质:资产类账户。

账户的用途:用来核算企业库存的各种材料的收入、发出、结存情况。

账户的结构:借方登记已验收入库材料的成本;贷方登记发出材料的成本。期末余额一般在借方,表示库存材料的成本。

明细账的设置:该账户按材料的类别、品种、规格等进行明细核算。

3."应付账款"账户

账户的性质:负债类账户。

账户的用途:用来核算企业因购买材料、商品和接受劳务等经营活动应支付的款项。

账户的结构:贷方登记企业因购入材料、商品和接受劳务等尚未支付的款项,借方登记偿还的应付账款。期末余额一般在贷方,反映企业期末尚未支付的应付账款余额;如果在借方,反映企业期末预付账款余额。

明细账的设置:可按债权人进行明细核算。

4."应付票据"账户

账户的性质:负债类账户。

账户的用途:用来核算企业购买材料、商品和接受劳务等开出、承兑的商业汇票,包括银行承兑汇票和商业承兑汇票。

账户的结构:贷方登记企业开出、承兑的商业汇票的票面金额,借方登记企业已经支付或者到期无力支付的商业汇票。期末余额在贷方,反映企业尚未到期的商业汇票的票面金额。

企业应设置应付票据备查簿来登记每张票据的详细资料,包括签发日期、金额、收款人、付款日期等。

明细账的设置:可按债权人进行明细核算。

5."预付账款"账户

账户的性质:资产类账户。

账户的用途:用来核算企业按照合同规定预付的款项。预付款项情况不多的,也可以不设置该账户,将预付的款项直接记入"应付账款"账户。

账户的结构:借方登记企业因购货等业务预付的款项,贷方登记企业收到货物后应支付的款项等。期末余额在借方,反映企业预付的款项;期末余额在贷方,反映企业尚需补付的款项。

明细账的设置:可按供货单位进行明细核算。

(三)账务处理

材料的日常收发及结存,可以采用实际成本核算,也可以采用计划成本核算。本教材主要讲解采用实际成本核算材料采购业务。

在实际成本法下,一般通过"原材料"和"在途物资"等科目进行核算。企业外购材料时,按材料是否验收入库分为以下两种情况:

1. 材料已验收入库

购入材料已验收入库,将材料实际成本直接记入"原材料"科目;按支付方式不同,分别记入"银行存款""应付账款"或"应付票据"等科目。会计分录如下:

借:原材料

　　应交税费——应交增值税(进项税额)

　　贷:银行存款、应付账款、应付票据等

1)收料的同时支付货款

[例4-10] 2日,企业从星光公司购入甲材料200千克,每千克25元,增值税进项税额650元。全部款项以转账支票付讫,材料已到达企业并验收入库。

会计部门根据从供应单位取得的发票、转账支票存根和材料验收入库单等,应编制如下会计分录:

借:原材料——甲材料　　　　　　　　　　　　5 000

　　应交税费——应交增值税(进项税额)　　　　650

　　贷:银行存款　　　　　　　　　　　　　　　　5 650

2)先收料后付款

[例4-11] 5日,企业从三宏公司购入乙材料2 000千克,每千克5元,增值税进项税

额1 300元。三宏公司代垫运费1 000元,增值税进项税额90元。材料已收到并验收入库,款项均未支付。

会计部门根据从供应单位取得的发票、代垫运费单据、材料入库单,应编制如下会计分录:

借:原材料——乙材料 11 000
　　应交税费——应交增值税(进项税额) 1 390
　　贷:应付账款——三宏公司 12 390

[例 4-12] 承例 4-11,8日,企业开出转账支票支付上述购料款及代垫的运费共计12 390元。

会计部门根据转账支票存根,应编制如下会计分录:

借:应付账款——三宏公司 12 390
　　贷:银行存款 12 390

3)采用预付款购料

[例 4-13] 11日,企业以银行转账支票预付恒通公司采购甲材料款10 000元。

会计部门根据转账支票存根,应编制如下会计分录:

借:预付账款——恒通公司 10 000
　　贷:银行存款 10 000

[例 4-14] 承例 4-13,15日,企业收到恒通公司发来的甲材料,增值税专用发票上标明的价款为30 000元,增值税额为3 900元,甲材料已验收入库。

会计部门根据取得的发票、材料验收入库单等,应编制如下会计分录:

借:原材料——甲材料 30 000
　　应交税费——应交增值税(进项税额) 3 900
　　贷:预付账款——恒通公司 33 900

[例 4-15] 承例 4-13和例 4-14,18日,企业开出转账支票补付恒通公司的货款23 900元。

会计部门根据转账支票存根,应编制如下会计分录:

借:预付账款——恒通公司 23 900
　　贷:银行存款 23 900

2.材料尚未验收入库

购入材料尚在运输途中或虽已到货但尚未办理验收入库时,只能先将材料实际成本记入"在途物资"科目;等到验收入库以后,再从"在途物资"转入"原材料"科目。会计分录如下:

①材料尚未验收入库:

借:在途物资
　　应交税费——应交增值税(进项税额)
　　贷:银行存款、应付账款、应付票据等

②验收入库:

借:原材料
　　贷:在途物资

(1)先付款后收料。

[例 4-16] 20日,企业从宏达公司购入丙材料1 000千克,每千克20元,增值税进项税额

2 600 元。材料尚在运输途中,全部款项用银行转账支票付讫。

会计部门根据从供应单位取得的发票、转账支票的存根,应编制如下会计分录:

借:在途物资——丙材料　　　　　　　　　　20 000
　　应交税费——应交增值税(进项税额)　　　2 600
　　贷:银行存款　　　　　　　　　　　　　　22 600

[例 4-17] 承例 4-16,22 日,企业开出转账支票支付上述丙材料的运费 1 000 元,增值税进项税额 90 元。

会计部门根据转账支票的存根、收到运费单据,应编制如下会计分录:

借:在途物资——丙材料　　　　　　　　　　1 000
　　应交税费——应交增值税(进项税额)　　　90
　　贷:银行存款　　　　　　　　　　　　　　1 090

[例 4-18] 承例 4-16 和例 4-17,25 日,上述丙材料到达企业并验收入库,结转入库丙材料采购成本。

会计部门根据材料入库单,应编制如下会计分录:

借:原材料——丙材料　　　　　　　　　　　21 000
　　贷:在途物资——丙材料　　　　　　　　　21 000

(2)采购费用分配计入材料成本。

[例 4-19] 26 日,企业从三江公司购入甲、乙两种材料,发票上标明甲材料的价款为 30 000 元,乙材料的价款为 20 000 元,增值税额为 6 500 元。材料尚未入库,全部款项以商业承兑汇票付讫。

会计部门根据取得的发票,应编制如下会计分录:

借:在途物资——甲材料　　　　　　　　　　30 000
　　　　　　——乙材料　　　　　　　　　　20 000
　　应交税费——应交增值税(进项税额)　　　6 500
　　贷:应付票据　　　　　　　　　　　　　　56 500

[例 4-20] 承例 4-19,27 日,企业开出转账支票支付上述甲、乙材料的运费 1 960 元,增值税进项税额为 176.4 元。企业规定按甲、乙两种材料的买价分配采购费用。

会计部门编制的材料采购费用分配表如表 4-1 所示。

表 4-1　企业材料采购费用分配表

20××年×月 27 日

项目 材料名称	分配标准(买价)/元	分配率	分配金额/元	备注
甲材料	30 000		1 176	
乙材料	20 000		784	
合计	50 000	0.039 2	1 960	

复核(签章):××　　　　　　　　　　　　　　　　　　　　　　　　　制表(签章):××

说明:
$$分配率=\frac{1\ 960}{30\ 000+20\ 000}=0.039\ 2$$

甲材料应承担的运费＝30 000元×0.039 2＝1 176元

乙材料应承担的运费＝20 000元×0.039 2＝784元

会计部门根据转账支票存根、收到的运费单据和上述材料采购费用分配表,应编制如下会计分录:

借:在途物资——甲材料　　　　　　　　　　1 176
　　　　　　——乙材料　　　　　　　　　　784
　　应交税费——应交增值税(进项税额)　　　176.4
　　贷:银行存款　　　　　　　　　　　　　2 136.4

[例4-21]　承例4-19和例4-20,30日,月末结转上述入库原材料的采购成本。

会计部门根据材料入库单,应编制如下会计分录:

借:原材料——甲材料　　　　　　　　　　　31 176
　　　　　——乙材料　　　　　　　　　　　20 784
　　贷:在途物资——甲材料　　　　　　　　31 176
　　　　　　　　——乙材料　　　　　　　　20 784

材料采购业务核算流程图,如图4-5所示。

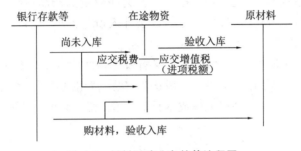

图4-5　材料采购业务核算流程图

值得注意的是,在实际工作中,已验收入库材料的采购成本结转的程序有两种:一是在每批材料验收入库并计算出材料的实际采购成本后,逐批结转其实际采购成本;二是已验收入库材料的实际成本不是逐批结转,而是到月末汇总计算出各种材料的实际采购成本后一并结转,这样只需要在月末编制一笔材料成本结转的会计分录,因而可简化材料成本的结转工作。

任务4.4　生产过程业务核算

企业产品的生产过程同时也是生产资料的耗费过程。企业在生产过程中发生的各项生产费用,是企业为获得收入而预先垫支并需要得到补偿的资金耗费。这些费用最终都要归集、分配给特定的产品,形成产品的成本。

产品成本的核算是指把一定时期内企业生产过程中所发生的费用,按其性质和发生地点,分类归集、汇总、核算,计算出该时期内生产费用发生总额,并按适当方法分别计算出各种产品的实际成本和单位成本等。

一、生产费用与生产成本的定义

(一)生产费用的定义

生产费用是企业在一定时期内为生产产品而发生的、用货币表现的生产耗费,是企业费用的一部分。生产过程是制造业企业的经营活动最具特色的过程,也是对企业资产的耗费过程。在这一过程中,企业为了取得收入而生产产品或提供劳务,必然会发生各种各样的耗费,包括原材料等劳动对象的耗费和机器设备等劳动资料和劳动力等方面的耗费。这些耗费称为生产费用,发生以后应计入产品的生产成本。

除产品生产耗费外,企业在经营活动中还会发生与产品的生产没有直接关系或关系不密切的费用,如企业为组织和管理生产经营所发生的管理费用,为进行产品销售而发生的销售费用,为进行资金筹集而发生的财务费用等。这些费用在发生以后不计入产品生产成本,直接确认所发生的会计期间的费用(计入当期损益),因而被称为期间费用。期间费用主要包括销售费用、管理费用和财务费用。

(二)生产成本的定义

生产成本又称制造成本,是生产费用按一定种类和数量的产品进行归集而形成的、对象化的费用。企业发生的生产费用,应按照一定的方法计入所生产的产品成本当中去,按照一定的对象进行归集以后,就构成了产品的生产成本。

生产费用与生产成本既存在着密切联系,又有着严格区别。生产费用是计算产品生产成本的基础,而生产成本则是对象化的费用。一般认为:生产费用总是同一定的生产期间相联系的,而生产成本却是与一定的产品对象(也称成本计算对象)相联系的。生产费用与生产成本之间的关系如图4-6所示。

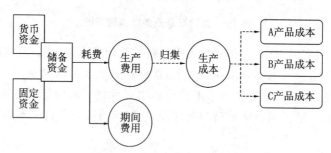

图4-6 生产费用与生产成本关系图

二、生产费用的组成内容及计入生产成本的一般程序

(一)生产费用的组成内容

企业的生产费用主要由直接材料、直接人工和制造费用三个部分组成。

1. 直接材料

直接材料是指企业在产品生产过程中消耗并构成产品实体的原料、主要材料以及有助于产品形成的辅助材料、设备配件和外购的半成品等。

2.直接人工

直接人工是指直接从事产品生产人员的工资及其他职工薪酬。

3.制造费用

制造费用是指企业各生产单位为组织和管理生产所发生的各项间接费用。它主要包括企业生产车间管理人员的工资、福利费等职工薪酬,水电费,办公费,机物料消耗,固定资产折旧费,劳动保护费,季节性和修理期间的停工损失等。

(二)生产费用计入生产成本的一般程序

直接材料、直接人工和制造费用等生产费用在发生后一般都要计入所生产产品的成本,在会计上通常将其称为成本项目。企业按成本项目将发生的有关费用计入产品生产成本的过程就是生产费用的归集和分配过程。生产费用计入生产成本的一般程序有以下两种:

1.直接计入

直接计入是指直接为生产产品所发生,并能够直接确定受益对象的各项费用。由于直接材料和直接人工是直接用于产品生产的费用,一般可以直接计入所生产产品的成本中。因此,这两项费用也被称为直接费用。

2.间接计入或分配计入

间接计入或分配计入是指为生产产品所发生的制造费用。制造费用的内容比较复杂,发生的频率也比较高。在其发生时,一般难以分清应由哪种产品承担。因而,企业对发生的制造费用一般是平时先利用"制造费用"账户归集其在当期发生的数额,待期末(一般为月末)时再按照一定的标准分配后计入各种产品成本中。可见,制造费用是以这种间接方式计入产品生产成本的,相对于直接材料和直接人工等直接费用,制造费用也被称为间接费用。

制造费用分配有关计算公式如下:

$$制造费用分配率 = \frac{制造费用总额}{生产工人工资(或工时)总额}$$

某种产品应分摊的制造费用 = 该产品生产工人工资(或工时) × 制造费用分配率

当然,如果某企业只生产一种产品,制造费用应在其发生时直接计入该产品成本,无须分配。

生产费用计入生产成本的一般程序,如图4-7所示。

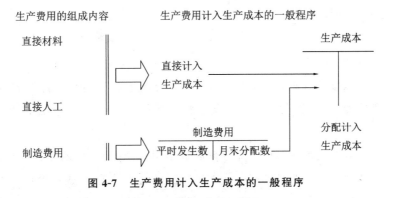

图4-7 生产费用计入生产成本的一般程序

三、账户设置

企业通常设置以下账户对生产过程业务进行会计核算：

1. "生产成本"账户

账户的性质：成本类账户，同时按照其经济内容划分它又属于资产类账户。

账户的用途：用来归集和分配产品生产过程中发生的各项费用，以正确计算产品成本。

账户的结构：借方登记应计入产品生产成本的各项费用，包括直接材料、直接人工和制造费用；贷方登记完工入库产成品应结转的生产成本。期末余额在借方，反映企业期末尚未加工完成的在产品成本。"生产成本"账户之所以属于资产类账户，就是因为该账户的期末余额表示在产品成本，而在产品属于存货，是资产的重要组成部分。

明细账的设置：可以按产品的品种设置明细账，进行明细核算。

2. "制造费用"账户

账户的性质：成本类账户。

账户的用途：用来归集和分配企业生产车间（部门）为生产产品和提供劳务而发生的各项间接费用。

账户的结构：借方登记在生产过程中实际发生的各项间接费用；贷方登记期末分配结转的应由各种产品分摊的制造费用。期末结转后，该账户一般无余额。

明细账的设置：可按不同的生产车间、部门和费用项目设置明细账，进行明细核算。

3. "应付职工薪酬"账户

账户的性质：负债类账户。

账户的用途：用来核算企业根据有关规定应付给职工的各种薪酬。

账户的结构：借方登记本期实际支付的职工薪酬；贷方登记本期计算的应付职工薪酬，包括"短期薪酬""离职后福利""辞退福利""其他长期职工薪酬"等。期末余额在贷方，表示企业应付未付的职工薪酬。

明细账的设置：该账户可按"工资、奖金、津贴和补贴""职工福利费""社会保险费""住房公积金""工会经费和职工教育经费""非货币性福利""带薪缺勤""利润分享计划""设定提存计划""辞退福利"等进行明细核算。

4. "库存商品"账户

账户的性质：资产类账户。

账户的用途：用以核算企业库存的各种商品的实际成本（或进价）或计划成本（或售价），包括库存产成品、外购商品、存放在门市部准备出售的商品、发出展览的商品以及寄存在外的商品等。

账户的结构：借方登记验收入库的库存商品成本，贷方登记发出的库存商品成本。期末余额在借方，反映企业期末库存商品的实际成本（或进价）或计划成本（或售价）。

明细账的设置：可按库存商品的种类、品种和规格等进行明细核算。

5."管理费用"账户

账户的性质:损益类(费用类)账户。

账户的用途:用以核算企业为组织和管理生产经营所发生的各种费用,包括企业在筹建期间内发生的开办费、董事会和行政管理部门在企业的经营管理中发生的以及应由企业统一负担的公司经费(包括行政管理部门职工薪酬、物料消耗、低值易耗品摊销、办公费和差旅费等)、行政管理部门负担的工会经费、董事会费(包括董事会成员津贴、会议费和差旅费等)、聘请中介机构费、咨询费(含顾问费)、诉讼费、业务招待费、技术转让费、研究费用等。企业生产车间(部门)和行政管理部门发生的固定资产修理费用等后续支出,也作为管理费用核算。

账户的结构:借方登记发生的各项管理费用,贷方登记期末转入"本年利润"账户的管理费用。期末结转后,该账户无余额。

明细账的设置:可按费用项目设置明细账户,进行明细分类核算。

四、账务处理

生产过程业务的账务处理主要是直接材料费用的归集与分配、直接人工费用的归集与分配及制造费用的归集与分配。归集这些费用通过月末相应的汇总表来完成,如材料费用的归集由成本会计在期末根据本月的所有领料单,根据"谁受益、谁承担"的原则,按照受益部门和用途进行统计,做出本月"领料凭证汇总表";然后,根据"领料凭证汇总表"分配这些费用到相应的账户。具体来说,就是生产车间生产产品耗用,记入"生产成本——××产品"账户;生产车间一般耗用,记入"制造费用"账户;行政管理部门耗用,记入"管理费用"账户;销售部门耗用,记入"销售费用"账户等。

(一)直接材料费用的归集与分配

对于企业在产品生产过程中发生的直接材料费用,可以在发生时直接计入产品生产成本;也可以在月末时,根据按用途编制的"领料凭证汇总表"的汇总结果计入产品生产成本。如果生产车间领用的材料不是用于产品的生产,而是用于车间或设备的消耗等,应先记入"制造费用"账户,期末再按照一定的标准分配计入有关产品生产成本。对于行政管理部门领用的材料费用,应记入"管理费用"科目。

直接材料费用的归集与分配业务核算如下:

借:生产成本(生产产品耗用)
　　制造费用(生产车间一般耗用)
　　管理费用(行政管理部门耗用)
　　销售费用(销售部门耗用)
　贷:原材料

[例 4-22] 汇丰公司 6 月从仓库领用甲、乙、丙材料各一批,用以生产 A、B 两种产品和其他一般耗用。会计部门根据转来的领料凭证汇总后,编制"领料凭证汇总表"(见表 4-2)。

表 4-2　汇丰公司领料凭证汇总表

20××年 6 月 30 日

项目	甲材料		乙材料		丙材料		金额合计/元
	数量/千克	金额/元	数量/千克	金额/元	数量/千克	金额/元	
生产 A 产品耗用	1 000	6 000	600	1 200	2 000	16 000	23 200
生产 B 产品耗用	1 000	6 000	300	600	1 000	8 000	14 600
小计	2 000	12 000	900	1 800	3 000	24 000	37 800
车间一般耗用	500	3 000			100	800	3 800
行政管理部门耗用			100	200			200
合计	2 500	15 000	1 000	2 000	3 100	24 800	41 800

复核(签章):××　　　　　　　　　　　　　　　　　　　　　　　　　　制表(签章):××

会计部门根据上述领料凭证汇总表,应编制如下会计分录:

借:生产成本——A 产品　　　　　　　23 200
　　　　　　　——B 产品　　　　　　　14 600
　　制造费用　　　　　　　　　　　　 3 800
　　管理费用　　　　　　　　　　　　　 200
　　贷:原材料——甲材料　　　　　　　15 000
　　　　　　——乙材料　　　　　　　 2 000
　　　　　　——丙材料　　　　　　　24 800

(二)直接人工费用的归集与分配

直接人工费用是指直接从事产品生产人员的工资及其他职工薪酬。应付职工的工资总额,一般应根据工资的不同计算方法定期进行计算,同时应根据工资的不同用途分配计入成本或有关费用,如产品生产工人的工资应直接计入产品生产成本,车间管理人员的工资应计入制造费用等。职工福利费是企业按照国家的有关规定根据工资总额的一定比例提取形成的。提取后允许计入产品的生产成本,并通过产品的销售收回资金,专门用于职工福利支出,如职工的生活困难补助等。

直接人工费用的归集与分配业务核算如下:

借:生产成本(生产产品工人薪酬)
　　制造费用(车间管理人员薪酬)
　　管理费用(行政管理部门人员薪酬)
　　销售费用(销售部门人员薪酬)
　　贷:应付职工薪酬

[例 4-23]　企业月末根据考勤记录和有关资料计算职工工资和计提职工福利费,并编制"工资及福利费分配汇总表"(见表 4-3)。

表 4-3　工资及福利费分配汇总表

20××年6月30日　　　　　　　　　　　　　　　　　　　　　　　　　　　　　　单位:元

项目	工资	职工福利费	合计
生产 A 产品工人	15 000	2 100	17 100
生产 B 产品工人	20 000	2 800	22 800
小计	35 000	4 900	39 900
车间管理人员	5 000	700	5 700
行政管理人员	10 000	1 400	11 400
合计	50 000	7 000	57 000

复核(签章):××　　　　　　　　　　　　　　　　　　　　　　　　　　　　　制表(签章):××

会计部门根据上述"工资及福利费分配汇总表",应编制如下会计分录:

借:生产成本——A 产品　　　　　　　　　　　　15 000
　　　　　——B 产品　　　　　　　　　　　　20 000
　　制造费用　　　　　　　　　　　　　　　　 5 000
　　管理费用　　　　　　　　　　　　　　　　10 000
　　贷:应付职工薪酬——工资、奖金、津贴和补贴　　50 000
借:生产成本——A 产品　　　　　　　　　　　　 2 100
　　　　　——B 产品　　　　　　　　　　　　 2 800
　　制造费用　　　　　　　　　　　　　　　　　 700
　　管理费用　　　　　　　　　　　　　　　　 1 400
　　贷:应付职工薪酬——职工福利费　　　　　　 7 000

[例 4-24]　10 日,企业开出现金支票 50 000 元从银行提取现金,准备用以发放职工工资。
会计部门根据现金支票存根,应编制如下会计分录:

借:库存现金　　　　　　　　　　　　　　　　50 000
　　贷:银行存款　　　　　　　　　　　　　　50 000

[例 4-25]　10 日,企业以现金 50 000 元发放职工工资。
会计部门根据"工资表",应编制如下会计分录:

借:应付职工薪酬——工资、奖金、津贴和补贴　　50 000
　　贷:库存现金　　　　　　　　　　　　　　50 000

(三)制造费用的归集与分配

制造费用是指企业内部各生产单位(如生产车间等)为组织和管理生产所发生的各项间接费用。这些费用在发生时一般不能直接确定受益对象。因而,企业对发生的制造费用一般是平时先利用"制造费用"账户归集其在当期发生的数额,待期末(一般为月末)时按照一定的标准分配后再计入各种产品的成本。这样,平时发生的制造费用就需要专门设置"制造费用"账户进行归集,以便于在期末时进行分配。

企业发生的制造费用,应当按照合理的分配标准按月分配计入各成本核算对象的生产成本。企业可以采取的分配标准包括机器工时、人工工时、计划分配率等。

企业发生制造费用时,借记"制造费用"科目,贷记"累计折旧""银行存款""应付职工薪酬"等科目;结转或分摊时,借记"生产成本"等科目,贷记"制造费用"科目。

制造费用归集与分配业务核算流程图,如图 4-8 所示。

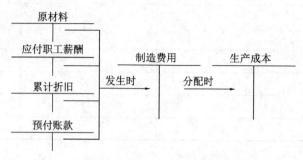

图 4-8 制造费用归集与分配业务核算流程图

[例 4-26] 30 日,企业按照规定计提本期固定资产的折旧 10 400 元,其中生产车间折旧为 6 000 元,行政管理部门折旧为 4 400 元。

会计部门根据固定资产折旧计算表,应编制如下会计分录:

借:制造费用　　　　　　　　　　　　　　　　6 000
　　管理费用　　　　　　　　　　　　　　　　4 400
　　贷:累计折旧　　　　　　　　　　　　　　　　　10 400

[例 4-27] 30 日,按生产工人工资的比例将本期发生的制造费用,分配转入"生产成本"账户。会计部门依据前例的有关资料先登记"制造费用"账户,如表 4-4 所示,以确定本期制造费用总额。

表 4-4 制造费用总分类账

20××年		凭证种类	摘要	借方	贷方	借或贷	余额
月	日						
6	略	略	耗用材料	3 800		借	3 800
			车间管理人员工资	5 000		借	8 800
			计提车间管理人员福利费	700		借	9 500
			计提车间固定资产折旧	6 000		借	15 500
			分配转出制造费用		15 500	平	0

会计部门再依据"制造费用"账户归集的金额按生产工人工资比例编制"制造费用分配表"分配制造费用,如表 4-5 所示。

表 4-5 制造费用分配表

20××年 6 月 30 日

产品名称	生产工人工资/元	分配率	分配金额/元
A 产品	15 000		6 643.5
B 产品	20 000		8 856.5
合计	35 000	0.442 9	15 500

复核(签章):　　　　　　　　　　　　　　　　　　　　　　　　　　　制表(签章):

说明： 分配率＝$\dfrac{15\,500}{15\,000+20\,000}$≈0.442 9

A产品应承担的制造费用＝15 000元×0.442 9＝6 643.50元

B产品应承担的制造费用＝15 500元－6 643.50元＝8 856.50元

会计部门根据"制造费用分配表"，应编制如下会计分录：

借：生产成本——A产品　　　　　　　　　6 643.50
　　　　　——B产品　　　　　　　　　　8 856.50
　　贷：制造费用　　　　　　　　　　　　　　　　15 500

（四）产品生产成本的归集和结转

产品的生产成本就是指产品在其生产过程中所发生的各种生产费用。直接材料、直接人工和制造费用等生产费用在发生后一般都要计入所生产产品的成本，在会计上通常将其称为成本项目。成本项目的具体内容已在前文介绍过。这里主要介绍完工产品生产成本的归集和结转。

产品生产成本计算是指将企业生产过程中为制造产品所发生的各种费用按照成本计算对象进行归集和分配，以便计算各种产品的总成本和单位成本。有关产品成本信息是进行库存商品计价和确定销售成本的依据。

企业应设置产品生产成本明细账，用来归集应计入各种产品的生产费用。通过对材料费用、职工薪酬和制造费用的归集和分配，企业各月生产产品所发生的生产费用已记入"生产成本"科目中。

如果月末某种产品全部完工，该种产品生产成本明细账所归集的费用总额，就是该种完工产品的总成本，用完工产品总成本除以该种产品的完工总产量即可计算出该种产品的单位成本。如果月末某种产品全部未完工，该种产品生产成本明细账所归集的费用总额就是该种产品在产品的总成本。

如果月末某种产品一部分完工，一部分未完工，此时归集在产品成本明细账中的费用总额还需采取适当的分配方法在完工产品和在产品之间进行分配，在此基础上计算出完工产品的总成本和单位成本。完工产品成本的基本计算公式为：

完工产品生产成本＝期初在产品成本＋本期发生的生产费用－期末在产品成本

当产品生产完成并验收入库时：

借：库存商品
　　贷：生产成本

产品成本归集和结转业务核算流程图，如图4-9所示。

现仍以前例的有关资料为例，说明产品生产成本的归集和结转。

[例4-28]　假设A产品月初在产品的总成本为5 900元，其中直接材料为3 000元，直接人工为1 700元，制造费用为1 200元。B产品无期初余额。

会计期末会计部门依据前例的有关资料分别登记A、B产品的"生产成本"账户，如表4-6、表4-7所示，以确定本期各产品的生产成本。

在期末没有在产品的情况下，"生产成本"账户归集的某产品的生产费用就是该产品本期完工产品的生产成本；在期末有在产品的情况下，即期末既有完工产成品又有在产品的情形，需要采用一定的方法将本期归集的某产品的生产费用在该产品的完工产成品和期末在产品之间分

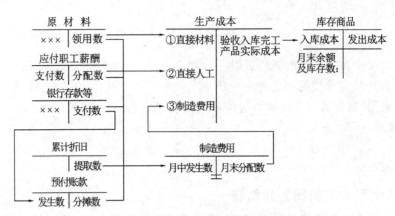

图 4-9 产品成本归集和结转业务核算流程图

配。其计算公式如下：

期初在产品成本＋本期生产费用＝本期完工产品成本＋期末在产品成本

表 4-6 生产成本明细账

产品名称：A 产品　　　　　　　　　　　　　　　　　　　　　　　　　　　　单位：元

20××年		凭证种类	摘要	成本项目			合计
月	日			直接材料	直接人工	制造费用	
6	1		期初余额	3 000	1 700	1 200	5 900
		略	略	生产领用原材料	23 200			29 100
			分配生产工人工资		15 000		44 100
			计提职工福利费		2 100		46 200
			分配结转制造费用			6 643.5	52 843.5
			本月合计	26 200	18 800	7 843.5	52 843.5
			结转完工产品成本	26 200	18 800	7 843.5	52 843.5

注：账簿中数字加"☐"，表示红字，下同。

表 4-7 生产成本明细账

产品名称：B 产品　　　　　　　　　　　　　　　　　　　　　　　　　　　　单位：元

20××年		凭证种类	摘要	成本项目			合计
月	日			直接材料	直接人工	制造费用	
6		略	略	生产领用原材料	14 600			14 600
			分配生产工人工资		20 000		34 600
			计提职工福利费		2 800		37 400
			分配结转制造费用			8 856.5	46 256.5
			本月合计	14 600	22 800	8 856.5	46 256.5
			结转完工产品成本	14 600	22 800	8 856.5	46 256.5

[例 4-29] 30 日，期末生产 A、B 产品分别为 100 件和 80 件，A、B 产品全部完工并已验收

入库,结转入库产品的生产成本。
会计部门根据完工产品入库单,应编制如下会计分录:

借:库存商品——A产品　　　　　　　　52 843.50
　　　　　　——B产品　　　　　　　　46 256.50
　贷:生产成本——A产品　　　　　　　　52 843.50
　　　　　　——B产品　　　　　　　　46 256.50

任务4.5　销售过程业务核算

制造业企业产品的销售过程是企业生产经营过程的最后阶段,也是产品价值实现的过程。销售过程的主要核算内容是企业售出产品,按照销售价格结算产品价款,确认销售收入;计算产品的销售成本,对已经销售的产品进行销售成本的结转;支付各种销售费用,如运输费、包装费、广告费等,使企业的成本和费用从销售收入中得到补偿。此外,企业还需按照国家税法规定计算和缴纳相关税费。

一、商品销售收入的确认与计量

企业销售商品收入的确认,必须同时满足以下条件:
(1)企业已将商品所有权上的主要风险和报酬转移给购货方。
(2)企业既没有保留通常与所有权相联系的继续管理权,也没有对已售出的商品实施有效控制。
(3)相关的经济利益很可能流入企业。
(4)收入的金额能够可靠地计量。
(5)相关的已发生或将发生的成本能够可靠地计量。

二、账户设置

为进行销售过程业务的核算,应设置以下总分类账户。
1."主营业务收入"账户
账户的性质:收入类(损益类)账户。
账户的用途:用以核算企业确认的销售商品、提供劳务等主营业务的收入。
账户的结构:贷方登记企业所实现的主营业务收入(增加数);借方登记期末转入"本年利润"账户的主营业务收入(按净额结转),以及发生销售退回和销售折让时应冲减本期的主营业务收入(减少数)。期末结转后,该账户无余额。
明细账的设置:可按主营业务的种类设置明细账户,进行明细分类核算。
2."应收账款"账户
账户的性质:资产类账户。
账户的用途:用以核算企业因销售商品、提供劳务等经营活动应收取的款项。
账户的结构:借方登记由于销售商品以及提供劳务等发生的应收账款,包括应收取的价款、税款和代垫款等;贷方登记已经收回的应收账款。期末余额通常在借方,反映企业尚未收回的应收账款;期末余额如果在贷方,反映企业预收的账款。

明细账的设置:应按不同的债务人进行明细分类核算。

3."应收票据"账户

账户的性质:资产类账户。

账户的用途:用以核算企业因销售商品、提供劳务等而收到的商业汇票,包括银行承兑汇票和商业承兑汇票。

账户的结构:借方登记企业收到的应收票据,贷方登记票据到期收回的应收票据;期末余额在借方,反映企业持有的商业汇票的票面金额。

明细账的设置:应按开出、承兑商业汇票的单位设置明细账户,进行明细核算。

企业还应设置"应收票据备查簿",逐笔登记商业汇票的种类,包括号数、出票日期、票面金额、交易合同号、付款人、承兑人的姓名或单位名称和到期日等内容。商业汇票到期结清票款或退票后,应在备查簿中注销。

4."预收账款"账户

账户的性质:负债类账户。

账户的用途:用以核算企业按照合同规定预收的款项。预收账款情况不多的,也可以不设置本账户,将预收的款项直接记入"应收账款"账户。

账户的结构:贷方登记企业向购货单位预收的款项等,借方登记销售实现时按实现的收入转销的预收款项等。期末余额在贷方,反映企业预收的款项;期末余额在借方,反映企业已转销但尚未收取的款项。

明细账的设置:应按购货单位的名称等设置明细账户,进行明细分类核算。

5."主营业务成本"账户

账户的性质:费用类(损益类)账户。

账户的用途:用以核算企业在确认销售商品、提供劳务等主营业务收入时应结转的成本。对于销售商品而言,所结转的就是商品的销售成本。

账户的结构:借方登记主营业务发生的实际成本(增加数);贷方登记期末转入"本年利润"账户以及发生退回的商品成本(减少数)。期末结转后,该账户应无余额。

明细账的设置:按主营业务的种类设置明细账户,进行明细分类核算。

6."其他业务收入"账户

账户的性质:收入类(损益类)账户。

账户的用途:用以核算企业确认的除主营业务活动以外的其他经营活动实现的收入,包括销售材料、出租固定资产、出租无形资产、出租包装物和商品等实现的收入。

账户的结构:贷方登记企业实现的其他业务收入(增加数);借方登记期末转入"本年利润"账户的其他业务收入(减少数)。期末结转后,该账户无余额。

明细账的设置:按其他业务的种类设置明细账户,进行明细分类核算。

7."其他业务成本"账户

账户的性质:费用类(损益类)账户。

账户的用途:用以核算企业确认的除主营业务活动以外的其他经营活动所发生的成本,包括销售材料的成本、出租固定资产的折旧额、出租无形资产的摊销额、出租包装物的成本或摊销额等。

账户的结构:借方登记企业为获得各项其他业务收入而发生的相关成本(增加数),贷方登记期末转入"本年利润"账户的已经实现的其他业务成本(减少数)。期末结转后,该账户无余额。

明细账的设置:按其他业务的种类设置明细账户,进行明细分类核算。

8."税金及附加"账户

账户的性质:费用类(损益类)账户。

账户的用途:用来核算企业经营活动应负担的相关税费,包括消费税、城市维护建设税、教育费附加、资源税、环境保护税、土地增值税、房产税、城镇土地使用税、车船税、印花税、耕地占用税、契税、车辆购置税等。

账户的结构:借方登记按规定计算确定的与经营活动相关的税费,贷方登记期末转入"本年利润"账户的与经营活动相关的税费。期末结转后,该账户无余额。

明细账的设置:按费用项目设置明细账户,进行明细分类核算。

9."销售费用"账户

账户的性质:费用类(损益类)账户。

账户的用途:用来核算企业在销售商品和材料、提供劳务过程中发生的各种费用,包括保险费、包装费、展览费和广告费、商品维修费、预计产品质量保证损失、运输费和装卸费等,以及为销售本企业商品而专设的销售机构(含销售网点、售后服务网点等)的职工薪酬、业务费、折旧费等经营费用。

账户的结构:借方登记各种销售费用的发生数(增加数);贷方登记期末转入"本年利润"账户的销售费用数(减少数)。期末结转后,该账户无余额。

明细账的设置:按费用项目设置明细账户,进行明细分类核算。

三、账务处理

(一)主营业务收入的账务处理

主营业务收入是指企业从事主要的生产、经营活动所取得的营业收入,对于制造业企业而言,就是指其在产品的销售过程中实现的收入。作为制造业企业,虽然企业在经营过程中也有可能获得其他方面的收入,如处理积压材料和不需用设备,以及对外投资等都有可能给企业带来收入,但进行产品的销售是其获取营业收入的主要渠道,产品销售收入在企业整个的收入中占有比较大的比重。

主营业务收入的账务处理,应通过"主营业务收入"等账户进行核算。具体账务处理如下:

企业销售商品或提供劳务实现收入时:

借:银行存款、应收账款、应收票据等
　　贷:主营业务收入
　　　　应交税费——应交增值税(销项税额)

[例4-30] 企业销售A产品20件,每件售价300元,按规定计算应交增值税780元,价税款合计6 780元,款项收存银行。

对这项经济业务,应编制如下会计分录:

```
借:银行存款                                           6 780
    贷:主营业务收入——A产品                          6 000
       应交税费——应交增值税(销项税额)                  780
```

[**例 4-31**] 企业采用托收承付结算方式向盛华公司销售 B 产品 40 件,每件售价 250 元,按规定计算应交增值税 1 300 元,已在银行办妥托收手续,款项暂未收到。

对这项经济业务,应编制如下会计分录:

```
借:应收账款——盛华公司                              11 300
    贷:主营业务收入——B产品                          10 000
       应交税费——应交增值税(销项税额)                1 300
```

[**例 4-32**] 企业采用商业汇票结算方式销售 A 产品 30 件,每件售价 300 元,按规定计算应交增值税 1 170 元。商品已经发出,收到购货单位开出并承兑的商业汇票一张,金额为 10 170 元。

对这项经济业务,应编制如下会计分录:

```
借:应收票据                                         10 170
    贷:主营业务收入——A产品                           9 000
       应交税费——应交增值税(销项税额)                1 170
```

[**例 4-33**] 根据合同规定,企业预收鸿达公司购买 B 产品货款 20 000 元,款项收存银行。

对这项经济业务,应编制如下会计分录:

```
借:银行存款                                         20 000
    贷:预收账款——鸿达公司                           20 000
```

[**例 4-34**] 承例 4-33,企业根据合同规定,向鸿达公司发出 B 产品 100 件,每件售价 250 元,按规定计算应交增值税 3 250 元,价税款合计 28 250 元,剩余货款已收到存入银行。

对这项经济业务,应编制如下会计分录:

```
借:预收账款——鸿达公司                             28 250
    贷:主营业务收入——B产品                          25 000
       应交税费——应交增值税(销项税额)                3 250
借:银行存款                                          8 250
    贷:预收账款——鸿达公司                            8 250
```

(二)主营业务成本的账务处理

主营业务成本是指企业确认销售商品、提供劳务等主营业务收入时应结转的成本。

本期应结转的产品销售成本=本期销售商品的数量×单位产品生产成本

主营业务成本的账务处理,应通过"主营业务成本"等账户进行核算。具体账务处理如下:

期(月)末,企业应根据本期(月)销售各种商品、提供各种劳务等实际成本,计算应结转的主营业务成本:

```
借:主营业务成本
    贷:库存商品、劳务成本等
```

[**例 4-35**] 企业结转本月确认销售的 50 件 A 产品和 140 件 B 产品成本,其中 A 产品单位成本为 250 元,B 产品单位成本为 200 元。

对这项经济业务,应编制如下会计分录:

借:主营业务成本——A产品　　　　　　　　　　　12 500
　　　　　　　　——B产品　　　　　　　　　　　28 000
　　贷:库存商品——A产品　　　　　　　　　　　　12 500
　　　　　　　　——B产品　　　　　　　　　　　　28 000

(三)其他业务收支的账务处理

其他业务收支是指企业除主营业务活动以外的其他经营活动取得的收入和发生的支出。其他业务主要包括销售材料、出租固定资产、出租无形资产、出租包装物和商品等。其他业务的发生,同样会给企业带来收入,称为其他业务收入;也会使企业产生一定的成本,称为其他业务成本。

其他业务与制造业企业在供应过程、生产过程和销售过程发生的经济业务不同。企业在供、产、销过程中发生的业务是其主要经营业务,具有经常性和连续性等特点。而其他业务并不是每个企业都可能发生的业务,即使在存在其他业务的企业,也不像主营业务那样占有主导地位。但是,不论主营业务还是其他业务,都属于企业日常的经营活动内容,这两个方面的业务统称为企业的营业业务。其他业务的发生,也能够为企业带来一定的经营成果。因此,在会计上也应加强对其他业务收支的核算。

其他业务收支的账务处理,应通过"其他业务收入""其他业务成本"等账户进行核算。具体账务处理如下:

(1)当企业发生其他业务收入时:

借:银行存款、应收账款、应收票据等
　　贷:其他业务收入
　　　　应交税费——应交增值税(销项税额)

(2)在结转其他业务收入的同一会计期间,企业应根据本期应结转的其他业务成本金额:

借:其他业务成本
　　贷:原材料、累计折旧、应付职工薪酬等

[例4-36]　企业出售甲材料一批,价款10 000元,增值税1 300元。价税款合计11 300元已收到并已存入银行。

对这项经济业务,应编制如下会计分录:

借:银行存款　　　　　　　　　　　　　　　　　11 300
　　贷:其他业务收入　　　　　　　　　　　　　　10 000
　　　　应交税费——应交增值税(销项税额)　　　　1 300

[例4-37]　承例4-36,确认并结转企业出售甲材料的成本9 000元。

对这项经济业务,应编制如下会计分录:

借:其他业务成本　　　　　　　　　　　　　　　9 000
　　贷:原材料——甲材料　　　　　　　　　　　　9 000

[例4-38]　企业出租机器设备,收到租用方支付的租金20 000元,增值税款2 600元,款项尚未收到。

对这项经济业务,应编制如下会计分录:

借:应收账款	22 600
贷:其他业务收入	20 000
应交税费——应交增值税(销项税额)	2 600

[例 4-39]　确认并结转上述出租机器设备本月应计提折旧 12 000 元。

对这项经济业务,应编制如下会计分录:

借:其他业务成本	12 000
贷:累计折旧	12 000

(四)税金及附加的账务处理

按照税法的规定,企业在日常活动中应当承担纳税义务。与企业缴纳的增值税是作为采购物资和销售商品的价外税单独处理的情况不同,企业计算应缴纳的税金及附加属于当期发生的费用,发生后直接计入当期损益。

税金及附加的账务处理,应通过"税金及附加"账户进行核算。具体账务处理如下:

企业按规定计算确定与经营活动有关的税费时:

借:税金及附加
 贷:应交税费——应交消费税、城市维护建设税、教育费附加等

[例 4-40]　企业取得应纳消费税的销售商品收入 3 000 000 元,该商品适用的消费税税率为 25％,暂未缴纳。

消费税税额＝3 000 000 元×25％＝750 000 元

借:税金及附加	750 000
贷:应交税费——应交消费税	750 000

(五)期间费用的核算

1.期间费用的含义

期间费用是指企业在生产经营过程中发生的与产品的生产没有直接关系或关系不密切的费用。期间费用在发生后不能计入有关产品等的成本,而是直接确认为发生当期的费用,即计入当期损益。

企业的费用按照其是否计入产品生产成本划分可分为两类。

一类是与产品的生产直接有关的费用,如直接材料、直接人工和制造费用,这些费用发生以后,应直接或间接计入产品的生产成本。

另一类是与产品的生产没有直接关系或关系不密切的费用,如企业为组织和管理生产经营所发生的管理费用,为进行产品销售而发生的销售费用,为进行资金筹集而发生的财务费用等,这些费用在发生以后不计入产品生产成本,而是直接计入当期损益(作为当期的费用处理)。由于这些费用发生以后是直接确认所发生的会计期间的费用,因而被称为期间费用。

2.期间费用的内容

期间费用主要包括销售费用、管理费用和财务费用。具体内容如下:

1)销售费用

销售费用是指企业在销售商品和材料、提供劳务过程中发生的各种费用,包括保险费、包装费、展览费和广告费、商品维修费、预计产品质量保证损失、运输费和装卸费等,以及为销售本企业商品而专设的销售机构(含销售网点、售后服务网点等)的职工薪酬、业务费、折旧费等经营

费用。

2）管理费用

管理费用是指企业为组织和管理生产经营所发生的各种费用,包括企业在筹建期间内发生的开办费、董事会和行政管理部门在企业的经营管理中发生的以及应由企业统一负担的公司经费(包括行政管理部门职工薪酬、物料消耗、低值易耗品摊销、办公费和差旅费等)、行政管理部门负担的工会经费、董事会费(包括董事会成员津贴、会议费和差旅费等)、聘请中介机构费、咨询费(含顾问费)、诉讼费、业务招待费、技术转让费、研究费用等。企业生产车间(部门)和行政管理部门发生的固定资产修理费用等后续支出,也作为管理费用核算。

特别注意：管理费用与制造费用的不同。管理费用与制造费用都属于企业发生的具有管理性质的费用,并且它们的组成内容也有相同之处。例如,它们都会有相关部门发生的办公费、差旅费,使用固定资产发生的折旧费,以及相关管理人员的工资和福利费等。处理这些业务时,一定要注意分清楚费用所发生的部门与这些部门在企业经营中的管理层次,这样才不至于造成混淆。概言之,管理费用一般是指企业管理部门(如公司的董事会和行政管理部门)为组织和管理企业生产经营所发生的费用;而制造费用一般是指企业的生产车间为生产产品和提供劳务而发生的各项间接费用。管理费用与制造费用在发生层次上的差别,如图4-10所示。

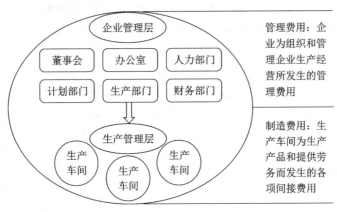

图4-10 管理费用与制造费用在发生层次上的差别

另外要注意的是：企业生产车间(部门)和行政管理部门发生的固定资产修理费用等后续支出,都作为管理费用核算。

3）财务费用

财务费用是指企业为筹集生产经营所需资金等而发生的筹资费用,包括利息支出(减利息收入)、汇兑损益以及相关的手续费、企业发生的现金折扣或收到的现金折扣等。

3. 期间费用的账务处理

1）销售费用的账务处理

企业进行商品销售,既会给企业带来一定的收入,也会发生一定的销售费用,这些费用是企业在销售商品过程中发生的必要支出。根据《企业会计准则》和有关制度的规定,企业销售商品过程中发生的费用直接计入当期损益(记入"销售费用"账户),不计入商品的销售成本。

企业在销售商品过程中发生的包装费、保险费、展览费和广告费、运输费、装卸费等费用,借记"销售费用"科目,贷记"库存现金""银行存款"等科目。

企业发生的为销售本企业商品而专设的销售机构的职工薪酬、业务费等费用,借记"销售费用"科目,贷记"应付职工薪酬""银行存款""累计折旧"等科目。

[例 4-41] 企业用银行存款支付销售产品的广告费 1 000 元,增值税 60 元。

对这项经济业务,应编制如下会计分录:

借:销售费用——广告费	1 000
应交税费——应交增值税(进项税额)	60
贷:银行存款	1 060

2)管理费用的账务处理

企业在筹建期间内发生的开办费,包括人员工资、办公费、培训费、差旅费、印刷费、注册登记费以及不计入固定资产成本的借款费用等在实际发生时,借记"管理费用"科目,贷记"应付利息""银行存款"等科目。

确认行政管理部门人员的职工薪酬,借记"管理费用"科目,贷记"应付职工薪酬"科目。

计提行政管理部门计提的固定资产折旧,借记"管理费用"科目,贷记"累计折旧"科目。

行政管理部门发生的办公费、水电费、业务招待费、聘请中介机构费、咨询费、诉讼费、技术转让费、企业研究费用,借记"管理费用"科目,贷记"银行存款"等科目。

[例 4-42] 6 月 30 日,以银行存款支付行政管理部门的办公费 1 600 元。

会计部门根据支票存根、办公费发票,应编制如下会计分录:

| 借:管理费用 | 1 600 |
| 贷:银行存款 | 1 600 |

[例 4-43] 7 月 1 日,企业开出转账支票 3 600 元支付下半年度行政管理部门报刊费。

会计部门根据支票存根、订报刊发票,应编制如下会计分录:

| 借:预付账款 | 3 600 |
| 贷:银行存款 | 3 600 |

[例 4-44] 7 月 31 日,摊销应由本期行政管理部门负担的报刊费 600 元。

| 借:管理费用 | 600 |
| 贷:预付账款 | 600 |

[例 4-45] 10 日,行政管理人员王明出差预借差旅费 800 元,以现金付讫。

会计部门根据审核批准的该管理人员填制的借款单,应编制如下会计分录:

| 借:其他应收款——王明 | 800 |
| 贷:库存现金 | 800 |

[例 4-46] 15 日,行政管理人员王明出差回来,报销差旅费 600 元,交回现金 200 元。

会计部门根据差旅费报销单和借款结算单据,应编制如下会计分录:

借:管理费用	600
库存现金	200
贷:其他应收款——王明	800

3)财务费用的账务处理

企业发生的财务费用,借记"财务费用"科目,贷记"银行存款""应付利息"等科目。发生的应冲减财务费用的利息收入、汇兑损益、现金折扣,借记"银行存款""应付账款"等科目,贷记"财务费用"科目。

[例 4-47] 20××年1月1日,企业从银行借入到期一次还本付息,偿还期限为6个月,年利率为6%的借款200 000元。企业收到借款并存入银行。

会计部门根据银行的收款通知,应编制如下会计分录:

借:银行存款　　　　　　　　　　　　　　　　200 000
　　贷:短期借款　　　　　　　　　　　　　　　　　200 000

[例 4-48] 20××年1月31日,企业计提本月应承担的上述短期借款的利息1 000元。

会计部门根据预提利息计算表,应编制如下会计分录:

借:财务费用　　　　　　　　　　　　　　　　　1 000
　　贷:应付利息　　　　　　　　　　　　　　　　　　1 000

任务 4.6　利润形成与分配业务核算

一、利润形成业务的核算

(一)利润的形成

利润是指企业在一定会计期间(月、季、年度)从事生产经营活动所取得的盈利或发生的亏损。它是反映企业工作质量的一个重要指标。利润包括收入减去费用后的净额、直接计入当期利润的利得和损失等。未计入当期利润的利得和损失扣除所得税影响后的净额计入其他综合收益项目。净利润与其他综合收益的合计金额为综合收益总额。企业在一定会计期间的经营成果应主要根据该期间实现的收入和发生的费用而定,如果收入大于费用,企业的经营成果就是利润,反之则为亏损。

利润由营业利润、利润总额和净利润三个层次构成。

1. 营业利润

营业利润主要是由企业的日常经营活动所形成,是企业利润的最主要、最稳定的来源。这一指标能够比较恰当地反映企业管理者的经营业绩,其计算公式如下:

营业利润＝营业收入－营业成本－税金及附加－销售费用－管理费用－研发费用
　　　　－财务费用＋其他收益＋投资收益＋净敞口套期收益＋公允价值变动收益
　　　　－信用减值损失－资产减值损失＋资产处置收益(－资产处置损失)

其中:　　　　营业收入＝主营业务收入＋其他业务收入
　　　　　　　营业成本＝主营业务成本＋其他业务成本

2. 利润总额

利润总额,又称税前利润,是营业利润加上营业外收入减去营业外支出后的金额,其计算公式如下:

利润总额＝营业利润＋营业外收入－营业外支出

营业外收入是指企业确认的与其日常活动无直接关系的各项利得,主要包括非流动资产毁损报废收益、与企业日常活动无关的政府补助、盘盈利得、捐赠利得、债务重组利得等。

营业外支出是指企业发生的与其日常活动无直接关系的各项损失,主要包括非流动资产毁损报废损失、捐赠支出、盘亏损失、非常损失、罚款支出、债务重组损失等。

3. 净利润

净利润,又称税后利润,是利润总额扣除所得税费用后的净额,其计算公式如下:

$$净利润＝利润总额－所得税费用$$

特别说明:在本教材中,为了简化计算,假设企业税前利润与税法计算所得税的依据应纳税所得额无差异,二者金额相等,无纳税调整事项。在这种情况下,可得出:

$$所得税费用＝应交所得税＝应纳税所得额\times 适用所得税税率$$

此时,净利润计算公式可简化为:

$$净利润＝利润总额－利润总额\times 适用所得税税率$$

[例 4-49] 30 日,长城公司本期实现的主营业务收入 106 000 元,主营业务成本 47 494 元,其他业务收入 2 800 元,其他业务成本 2 000 元,税金及附加 10 600 元,销售费用 1 000 元,管理费用 11 314 元,财务费用 300 元,投资收益 6 000 元,营业外收入 130 元,营业外支出 10 000 元。根据上述资料计算该企业的利润总额。

$$利润总额＝(106\,000-47\,494+2\,800-2\,000-10\,600-1\,000$$
$$-11\,314-300+6\,000+130-10\,000)元＝32\,222\,元$$

[例 4-50] 承例 4-49,长城公司本期实现的利润总额为 32 222 元,无纳税调整事项,适用所得税税率为 25%,根据上述资料计算该企业的净利润。

$$所得税费用＝32\,222\,元\times 25\%＝8\,055.50\,元$$
$$净利润＝32\,222\,元-8\,055.50\,元＝24\,166.50\,元$$

(二) 账户设置

1. "本年利润"账户

账户的性质:所有者权益类账户。

账户的用途:用以核算企业当期实现的净利润(或发生的净亏损)。企业期(月)末结转利润时,应将各损益类账户的金额转入本账户,结平各损益类账户。

账户的结构:贷方登记期末时从有关收入类账户结转过来的数额(增加数);借方登记期末时从有关费用类账户结转过来的数额(减少数)。上述结转完成后,该账户余额如在贷方,即为当期实现的净利润;余额如在借方,即为当期发生的净亏损。年度终了,应将本年收入和支出相抵后结出的本年实现的净利润(或发生的净亏损),转入"利润分配——未分配利润"账户贷方(或借方),结转后本账户无余额。

本账户无明细核算。

2. "投资收益"账户

账户的性质:收入类(损益类)账户。

账户的用途:用以核算企业确认的投资取得的收益或发生的损失。

账户的结构:贷方登记实现的投资收益和期末转入"本年利润"账户的投资净损失;借方登记发生的投资损失和期末转入"本年利润"账户的投资净收益。期末结转后,该账户无余额。

明细账的设置:按投资收益种类设置明细账户,进行明细分类核算。

3. "营业外收入"账户

账户的性质:收入类(损益类)账户。

账户的用途:用来核算企业确认的与其日常活动无直接关系的各项利得,主要包括非流动资产毁损报废收益、与企业日常活动无关的政府补助、盘盈利得、捐赠利得、债务重组利得等。

账户的结构:贷方登记企业发生的各种营业外收入额(增加数);借方登记期末转入"本年利润"账户的营业外收入额(减少数)。期末结转后,该账户无余额。

明细账的设置:按营业外收入项目设置明细账户,进行明细分类核算。

4."营业外支出"账户

账户的性质:费用类(损益类)账户。

账户的用途:用以核算企业发生的与其日常活动无直接关系的各项损失,主要包括非流动资产毁损报废损失、捐赠支出、盘亏损失、非常损失、罚款支出、债务重组损失等。

账户的结构:借方登记企业发生的各种营业外支出(增加数);贷方登记期末转入"本年利润"账户的营业外支出数(减少数)。期末结转后,该账户无余额。

明细账的设置:按营业外支出项目设置明细账户,进行明细分类核算。

5."所得税费用"账户

账户的性质:损益类账户。

账户的用途:用以核算企业确认的应从当期利润总额中扣除的所得税费用。

账户的结构:借方登记企业应计入当期损益的所得税(增加数);贷方登记企业期末转入"本年利润"账户的所得税(减少数)。期末结转后,该账户无余额。

本账户无明细核算。

(三)账务处理

利润形成业务的核算就是企业将一定会计期间的收入与其相关的费用进行比较,并最终确定企业经营成果的过程。在实际工作中,这个过程是企业在期末时通过将有关收入类账户和费用类账户的发生额结转到"本年利润"账户来完成的。

1.营业外收支的账务处理

营业外收支是营业外收入和营业外支出的统称。为进行营业外收支业务的核算,应通过"营业外收入"和"营业外支出"等账户进行核算。

1)营业外收入的账务处理

营业外收入是指企业确认的与其日常活动无直接关系的各项利得。营业外收入并不是企业经营资金耗费所产生的,实际上是经济利益的净流入,不需要与有关的费用进行配比。营业外收入主要包括非流动资产毁损报废收益、与企业日常活动无关的政府补助、盘盈利得、捐赠利得、债务重组利得等。

企业发生营业外收入时:

借:固定资产清理、银行存款、待处理财产损溢、库存现金等

　　贷:营业外收入

期末结转时:

借:营业外收入

　　贷:本年利润

[例 4-51] 20 日,某企业临时经营困难,收到甲公司的转账支票,向其捐款 100 000 元。对这项经济业务,应编制如下会计分录:

借：银行存款　　　　　　　　　　　　　　100 000
　　贷：营业外收入　　　　　　　　　　　　　　100 000

2)营业外支出的账务处理

营业外支出是指企业发生的与其日常活动无直接关系的各项损失，主要包括非流动资产毁损报废损失、捐赠支出、盘亏损失、非常损失、罚款支出、债务重组损失等。

企业发生营业外支出时：

借：营业外支出
　　贷：固定资产清理、银行存款、待处理财产损溢、库存现金等

期末结转时：

借：本年利润
　　贷：营业外支出

[例 4-52] 25 日，某企业用银行存款支付税款滞纳金 10 000 元。

对这项经济业务，应编制如下会计分录：

借：营业外支出　　　　　　　　　　　　　10 000
　　贷：银行存款　　　　　　　　　　　　　　10 000

2. 所得税费用的账务处理

所得税费用是指企业确认的应从当期利润中扣除的所得税费用。

特别说明，在本教材中，为了简化计算，假设企业税前利润与税法计算所得税的依据应纳税所得额无差异，二者金额相等，无纳税调整事项。在这种情况下，可得出所得税费用的计算公式：

$$\text{所得税费用} = \text{应交所得税} = \text{应纳税所得额} \times \text{适用所得税税率}$$
$$= \text{利润总额} \times \text{适用所得税税率}$$

计提所得税费用时：

借：所得税费用
　　贷：应交税费——应交所得税

期末结转时：

借：本年利润
　　贷：所得税费用

[例 4-53] 长城公司本期实现的利润总额为 32 222 元，无纳税调整事项，适用所得税税率为 25%，根据上述资料计算并计提所得税费用。

$$\text{所得税费用} = 32\ 222\ \text{元} \times 25\% = 8\ 055.50\ \text{元}$$

对这项经济业务，应编制如下会计分录：

借：所得税费用　　　　　　　　　　　　　8 055.50
　　贷：应交税费——应交所得税　　　　　　　8 055.50

3. 结转本年利润的账务处理

企业的净利润就是主要通过将有关收入类账户和费用类账户的当期发生额向"本年利润"账户进行结转，并经过配合比较而确定的。在会计期末时，能够将其发生额结转入"本年利润"账户的费用类账户和收入类账户统称为"损益类"账户。结转本年利润的账务处理如下：

(1)会计期末(月末或年末)结转各项收入时：

借：主营业务收入、其他业务收入、投资收益、营业外收入等
　　贷：本年利润
(2)会计期末(月末或年末)结转各项费用时：
借：本年利润
　　贷：主营业务成本、其他业务成本、税金及附加、销售费用、管理费用、财务费用、营业外支出、所得税费用等

结转后"本年利润"科目如为贷方余额，表示当年实现的净利润；如为借方余额，表示当年发生的净亏损。

(3)年度终了，企业还应将"本年利润"科目的本年累计余额转入"利润分配——未分配利润"科目。如"本年利润"为贷方余额，借记"本年利润"科目，贷记"利润分配——未分配利润"科目；如为借方余额，做相反的会计分录，借记"利润分配——未分配利润"科目，贷记"本年利润"科目。结转后，"本年利润"科目应无余额。

结转本年利润业务核算流程图，如图4-11所示。

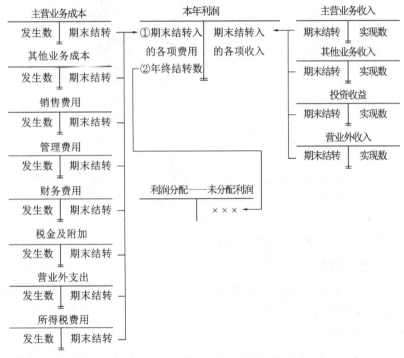

图4-11　结转本年利润业务核算流程图

有关收入类账户和费用类账户的数据结转入"本年利润"账户的方法，根据结转时间的不同可分为账结法和表结法两种。

所谓账结法就是企业在年中每个月的月末进行结转。通过结转在"本年利润"账户中确定当月实现的利润数。采用这种方法进行结转时，收入类账户和费用类账户在月末应无余额。

所谓表结法就是企业在年中每个月的月末不进行结转，而是在年末一次性进行结转。每月实现的利润是通过编制"利润表"计算出来的。采用这种方法进行结转时，收入类账户和费用类账户在每年1—11月各月的月末应有余额，年终结转后这两类账户应无余额。

[例 4-54] 30 日,本期实现的主营业务收入 106 000 元,主营业务成本 47 494 元,其他业务收入 2 800 元,其他业务成本 2 000 元,税金及附加 10 600 元,销售费用 1 000 元,管理费用 11 314 元,财务费用 300 元,投资收益 6 000 元,营业外收入 130 元,营业外支出 10 000 元,所得税费用 8 055.50 元。

对这项经济业务,应编制如下会计分录:

借:主营业务收入　　　　　　　　　　106 000
　　其他业务收入　　　　　　　　　　2 800
　　投资收益　　　　　　　　　　　　6 000
　　营业外收入　　　　　　　　　　　130
　　贷:本年利润　　　　　　　　　　114 930
借:本年利润　　　　　　　　　　　　90 763.50
　　贷:主营业务成本　　　　　　　　47 494
　　　　其他业务成本　　　　　　　　2 000
　　　　税金及附加　　　　　　　　　10 600
　　　　销售费用　　　　　　　　　　1 000
　　　　管理费用　　　　　　　　　　11 314
　　　　财务费用　　　　　　　　　　300
　　　　营业外支出　　　　　　　　　10 000
　　　　所得税费用　　　　　　　　　8 055.50

二、利润分配业务的核算

利润分配是指企业根据国家有关规定和企业章程、投资者协议等,对企业当年可供分配利润指定其特定用途和分配给投资者的行为。利润分配的过程和结果不仅关系到每个股东的合法权益是否得到保障,而且还关系到企业的未来发展。

利润分配的内容主要包括企业按规定提取盈余公积留存企业和向投资者分配股利等。

(一)利润分配的顺序

企业向投资者分配利润,应按一定的顺序进行。按照我国《公司法》的有关规定,利润分配应按下列顺序进行,如图 4-12 所示。

1. 计算可供分配的利润

企业在利润分配前,应根据本年净利润(或亏损)、年初未分配利润(或亏损)以及其他转入的金额(如盈余公积弥补的亏损)等项目,计算可供分配的利润,即:

可供分配的利润=净利润(或亏损)+年初未分配利润－弥补以前年度的亏损+其他转入的金额

如果可供分配的利润为负数(即累计亏损),则不能进行后续分配;如果可供分配利润为正数(即累计盈利),则可进行后续分配。例如,若公司年初未分配利润为 10 万元,本年实现净利润 300 万元,可供分配的利润=(10+300)万元=310 万元;若公司年初未分配利润为－10 万元,本年实现净利润 300 万元,可供分配的利润=(－10)万元+300 万元=290 万元。这两种情况下,可供分配利润为正数(累计盈利),可以进行分配。若公司年初未分配利润为－410 万元,

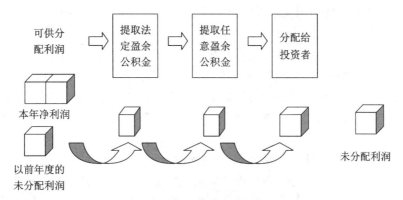

图 4-12 利润分配的顺序

本年实现净利润 300 万元,则可供分配利润为负数(即累计亏损),不进行分配。

2.提取法定盈余公积

按照《公司法》的有关规定,公司应当按照当年净利润(抵减年初累计亏损后)的 10% 提取法定盈余公积,提取的法定盈余公积累计额超过注册资本 50% 以上的,可以不再提取。例如,若公司年初未分配利润为 10 万元,本年实现净利润 300 万元,则按本年净利润 300 万元为基数进行分配;若公司年初未分配利润为 -10 万元,本年实现净利润 300 万元,则按本年净利润 300 万元减去 10 万元年初累计亏损后的金额 290 万元为基数进行分配。

3.提取任意盈余公积

公司提取法定盈余公积后,经股东会或者股东大会决议,还可以从净利润中提取任意盈余公积。

4.向投资者分配利润(或股利)

企业可供分配的利润扣除提取的盈余公积后,形成可供投资者分配的利润,即:

可供投资者分配的利润=可供分配的利润-提取的盈余公积

企业可采用现金股利、股票股利和财产股利等形式向投资者分配利润(或股利)。

未分配的利润=可供投资者分配的利润-向投资者分配利润

未分配利润是企业留待以后年度进行分配的利润或等待分配的利润,相对于所有者权益的其他部分而言,企业对于未分配利润的使用有较大的自主权。

(二)账户设置

为进行利润分配业务的核算,应设置以下账户。

1."利润分配"账户

账户的性质:所有者权益类账户。

账户的用途:用以核算企业利润的分配(或亏损的弥补)和历年分配(或弥补)后的余额。

账户的结构:借方登记实际分配的利润额,包括提取的盈余公积和分配给投资者的利润,以及年末从"本年利润"账户转入的全年发生的净亏损;贷方登记用盈余公积弥补的亏损额等其他转入数,以及年末从"本年利润"账户转入的全年实现的净利润。年末,应将"利润分配"账户下的其他明细账户的余额转入"未分配利润"明细账户,结转后,除"未分配利润"明细账户可能有余额外,其他各个明细账户均无余额。"未分配利润"明细账户的贷方余额为历年累积的未分配利润(即可供以后年度分配的利润),借方余额为历年累积的未弥补亏损(即留待以后年度弥补的亏损)。

明细账的设置:该账户应按"提取法定盈余公积""提取任意盈余公积""应付现金股利或利润""盈余公积补亏"和"未分配利润"等进行明细核算。

"利润分配"总分类账户所属的明细账户的核算内容和结构都比较复杂。为了加深对"利润分配"总分类账户的理解,还应注意掌握该总账账户所设置的几个主要明细分类账户的核算内容及结构。

(1)"利润分配——提取法定盈余公积"。该明细分类账户用以核算企业法定盈余公积金的提取与年末结转情况。借方登记年度当中按规定提取的法定盈余公积数额;贷方登记年终时结转入"利润分配——未分配利润"明细分类账户的已提取的法定盈余公积数额。该明细分类账户平时应为借方余额,反映企业已经提取的法定盈余公积金数。年终结转后,该账户应无余额。

(2)"利润分配——应付现金股利"。该明细分类账户用以核算企业应付现金股利(或利润)的分配与年末结转情况。借方登记按规定在年度当中已分配给投资者的现金股利(或利润)数额;贷方登记年终时结转入"利润分配——未分配利润"明细分类账户的已经分配给投资者的现金股利(或利润)数额。该明细分类账户平时应为借方余额,反映企业已经分配给投资者的现金股利(或利润)数。年终结转后,该账户应无余额。

(3)"利润分配——未分配利润"。该明细分类账户用以核算企业未分配利润情况。这个明细账户只是在年终时登记。贷方登记从"本年利润"账户结转来的本年实现的净利润数;借方登记从"利润分配——提取法定盈余公积"和"利润分配——应付现金股利"等明细分类账户结转过来的数额。年终结转后,该账户为贷方余额,反映企业历年积存的未分配利润。

2."盈余公积"账户

账户的性质:所有者权益类账户。

账户的用途:用以核算企业从净利润中提取的盈余公积。

账户的结构:贷方登记企业从净利润中提取的盈余公积(增加数);借方登记盈余公积的减少数,如转增资本和弥补亏损等。期末余额在贷方,反映企业结存的盈余公积。

明细账的设置:应分别设置"法定盈余公积""任意盈余公积"等进行明细核算。

3."应付股利"账户

账户的性质:负债类账户。

账户的用途:用以核算企业分配的现金股利或利润。

账户的结构:贷方登记根据股东大会或类似机构审议批准的利润分配方案,企业应付给投资者的现金股利或利润(增加数);借方登记实际支付给投资者的现金股利或利润(减少数)。期末余额在贷方,反映企业应付未付的现金股利或利润。

明细账的设置:按投资者设置明细账户,进行明细分类核算。

(三)账务处理

1.净利润转入利润分配

会计期末,企业应将当年实现的净利润转入"利润分配——未分配利润"科目,即:

借:本年利润
　　贷:利润分配——未分配利润

如为净亏损,则做相反的会计分录。

结转前,如果"利润分配——未分配利润"明细科目的余额在借方,上述结转当年所实现净利润的分录同时反映了当年实现的净利润自动弥补以前年度亏损的情况。因此,在用当年实现的净利润弥补以前年度亏损时,不需另行编制会计分录。

2. 提取盈余公积

企业提取法定盈余公积:

借:利润分配——提取法定盈余公积
　　贷:盈余公积——法定盈余公积

企业提取任意盈余公积:

借:利润分配——提取任意盈余公积
　　贷:盈余公积——任意盈余公积

3. 向投资者分配利润或股利

企业根据股东大会或类似机构审议批准的利润分配方案,按应支付的现金股利或利润:

借:利润分配——应付现金股利
　　贷:应付股利

注意:董事会或类似机构通过的利润分配方案中拟分配的现金股利或利润,不做账务处理,但应在附注中披露。

4. 企业未分配利润的形成

年度终了,企业应将"利润分配"科目所属其他明细科目的余额转入"利润分配"科目所属的"未分配利润"明细科目:

借:利润分配——未分配利润
　　贷:利润分配——提取法定盈余公积
　　　　　　　　——提取任意盈余公积
　　　　　　　　——应付现金股利

结转后,"利润分配"科目中除"未分配利润"明细科目外,所属其他明细科目无余额。"未分配利润"明细科目的贷方余额表示累积未分配的利润,该科目如果出现借方余额,则表示累积未弥补的亏损。

利润分配业务核算流程图,如图 4-13 所示。

[**例 4-55**] 年终,企业将本年实现的净利润 24 166.50 元从"本年利润"账户结转入"利润分配"账户所属的"未分配利润"明细账户。

对这项经济业务,编制的会计分录为:

借:本年利润　　　　　　　　　　　　　　24 166.50
　　贷:利润分配——未分配利润　　　　　　　　24 166.50

[**例 4-56**] 企业本年实现净利润 24 166.50 元。根据规定按净利润的 10% 提取法定盈余公积金 2 416.65 元。

对这项经济业务,编制的会计分录为:

借:利润分配——提取法定盈余公积　　　　2 416.65
　　贷:盈余公积——法定盈余公积　　　　　　2 416.65

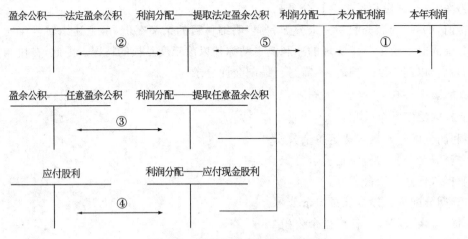

图 4-13 利润分配业务核算流程图

[例 4-57] 企业按照股东大会审议批准的利润分配方案,向投资者分配股利 5 000 元。对这项经济业务,编制的会计分录为:

借:利润分配——应付现金股利　　　　　　　5 000
　　贷:应付股利　　　　　　　　　　　　　　　　5 000

[例 4-58] 年终,企业将已经提取的法定盈余公积金 2 416.65 元、已经分配的应付股利 5 000 元,分别从"利润分配——提取法定盈余公积"和"利润分配——应付现金股利"明细账户结转入"利润分配"账户所属的"未分配利润"明细账户。

对这项经济业务,编制的会计分录为:

借:利润分配——未分配利润　　　　　　　　7 416.65
　　贷:利润分配——提取法定盈余公积　　　　　2 416.65
　　　　利润分配——应付现金股利　　　　　　　5 000

会计技能训练

一、单选题

1. "实收资本"账户一般按( )设置明细账户。
   A. 企业　　　　B. 投资人　　　　C. 捐赠者　　　　D. 受资企业
2. 为了反映企业固定资产的( ),应设置"固定资产"账户。
   A. 磨损价值　　B. 累计折旧　　　C. 原始价值　　　D. 净值
3. 短期借款的应计利息支出应记入( )账户的借方。
   A. "管理费用"　B. "制造费用"　　C. "财务费用"　　D. "销售费用"
4. "在途物资"账户是用来核算( )的账户。
   A. 库存材料的增减变动及其结果
   B. 外购材料的买价和采购费用,计算确定材料采购成本
   C. 自制材料的生产成本
   D. 购入材料时应付账款的发生和偿还情况
5. 当管理部门领用材料时,该项材料应作为( )加以确认。

A. 资产　　　　　　B. 负债　　　　　　C. 费用　　　　　　D. 收入

6. 仓库库存甲材料单位成本 10 元/千克,乙材料单位成本 20 元/千克。生产车间从仓库领用如下材料:领用甲材料 150 千克、乙材料 100 千克用于生产 A 产品;领用甲材料 120 千克、乙材料 80 千克用于生产 B 产品;用于车间共同耗用的甲材料 270 千克;销售部门耗用甲材料 50 千克。则以下说法正确的是(　　)。

　　A. 所有经济业务共耗用乙材料 3 500 元
　　B. 生产 B 产品耗用直接材料成本为 3 500 元
　　C. 生产 A 产品耗用直接材料成本 2 800 元
　　D. 销售部门耗用甲材料 500 元

7. "在途物资"账户的借方登记(　　)。
　　A. 材料的买价及采购人员的差旅费
　　B. 材料的买价和自制材料的生产成本
　　C. 材料的买价和采购费用
　　D. 材料的买价、市内运输费用、进项税金

8. 增值税一般纳税人购进生产用机器设备所支付的增值税款应记入(　　)。
　　A. 材料采购　　　B. 固定资产　　　C. 应交税费　　　D. 在建工程

9. 下列不通过制造费用核算的是(　　)。
　　A. 生产用设备的日常修理费用　　　B. 车间的折旧费
　　C. 车间的办公费　　　　　　　　　D. 车间的机物料消耗

10. 使用寿命超过(　　)会计年度的资产,才有可能作为固定资产来核算。
　　A. 一个　　　B. 两个　　　C. 三个　　　D. 四个

11. "应付职工薪酬"账户是核算应付给职工的(　　)。
　　A. 工资及福利费的账户
　　B. 工资及奖金的账户
　　C. 工资总额的账户
　　D. 根据有关规定应付给职工的各种薪酬

12. "预收账款"账户属于(　　)。
　　A. 负债类　　　B. 资产类　　　C. 收入类　　　D. 成本类

13. "预付账款"账户属于(　　)。
　　A. 资产类　　　B. 负债类　　　C. 盘存类　　　D. 收入类

14. 某企业为增值税一般纳税人,购入材料一批,增值税专用发票上标明的价款为 100 万元,增值税为 13 万元,另支付材料的保险费 2 万元。该批材料的采购成本为(　　)万元。
　　A. 100　　　B. 102　　　C. 113　　　D. 115

15. 某企业 2019 年 2 月 1 日销售商品一批,售价为 20 000 元,销售过程中发生运费 200 元、装卸费 1 200 元。则该企业应确认的收入为(　　)元。
　　A. 20 000　　　B. 21 400　　　C. 18 600　　　D. 22 600

16. "应付职工薪酬"账户期末余额在(　　)。
　　A. 借方　　　　　　　　　　　B. 贷方
　　C. 借方或贷方或无余额　　　　D. 无余额

17. "累计折旧"账户属于( )类账户。
    A. 资产　　　　　B. 负债　　　　　C. 费用　　　　　D. 成本
18. 产品生产间接耗用的费用,先在( )归集,然后计入有关产品成本中去。
    A. 间接费用　　　B. 直接费用　　　C. 制造费用　　　D. 期间费用
19. 结转已销售产品的生产成本时,应贷记( )账户。
    A. 生产成本　　　　　　　　　　　B. 本年利润
    C. 主营业务成本　　　　　　　　　D. 库存商品
20. 下面属于其他业务收入的是( )。
    A. 利息收入　　　　　　　　　　　B. 投资收益
    C. 清理固定资产净收益　　　　　　D. 出售材料收入
21. 下列应记入利润表"税金及附加"项目的是( )。
    A. 增值税、消费税　　　　　　　　B. 消费税、关税
    C. 城市维护建设税、教育费附加　　D. 资源税、个人所得税
22. 企业"应付账款"账户的借方余额反映的是( )。
    A. 应付未付供货单位的款项
    B. 预收购货单位的款项
    C. 预付供货单位的货款
    D. 应收购货单位的货款
23. 下列能在"固定资产"账户核算的有( )。
    A. 购入正在安装的设备
    B. 经营性租入的设备
    C. 融资租入的正在安装的设备
    D. 购入的不需安装的设备
24. ( )是指企业的投资者按照企业章程、合同或协议的约定,实际投入企业的资本金以及按照有关规定由资本公积、盈余公积等转增资本的资金。
    A. 实收资本　　　B. 未分配利润　　C. 资本溢价　　　D. 银行存款
25. ( )是制造业企业经营的核心,在这一过程中,通过各种生产要素的结合,制造出各种产品,产品生产过程就是生产消耗过程。
    A. 生产业务　　　B. 销售业务　　　C. 采购业务　　　D. 资金筹集业务
26. 企业根据净利润的一定比例计提盈余公积,会计分录为( )。
    A. 借:利润分配——提取法定(或任意)盈余公积
         贷:盈余公积——法定(或任意)盈余公积
    B. 借:利润分配——未分配利润
         贷:盈余公积——法定(或任意)盈余公积
    C. 借:盈余公积——法定(或任意)盈余公积
         贷:未分配利润
    D. 借:盈余公积——法定(或任意)盈余公积
         贷:本年利润
27. 下列各项中,不会引起利润总额增减变化的是( )。

A. 销售费用　　　　B. 管理费用　　　　C. 所得税费用　　　D. 营业外支出

28. "利润分配"账户的年末余额如果在借方,其借方余额表示( )。

A. 历年积存未分配利润　　　　　　B. 本年未分配利润

C. 历年积存未弥补亏损　　　　　　D. 本年未弥补亏损

二、多选题

1. 材料采购成本包括( )。

A. 采购人员的差旅费用和活动经费

B. 仓库保管费

C. 材料的买价

D. 材料采购费用

2. 企业日常经营活动中,账务处理的主要内容有( )。

A. 资金筹集业务的账务处理

B. 生产过程业务的账务处理

C. 销售过程业务的账务处理

D. 利润形成与分配业务的账务处理

3. 下列项目属于产品成本项目的有( )。

A. 直接材料　　　B. 直接人工　　　C. 管理费用　　　D. 制造费用

4. 财务费用账户属于损益类账户,用以核算企业为筹集生产经营所需资金等而发生的筹资费用,包括( )。

A. 利息支出　　　　　　　　　　B. 汇兑损益

C. 相关的手续费　　　　　　　　D. 企业发生的现金折扣

5. 下列费用应计入管理费用的有( )。

A. 厂部管理人员的工资　　　　　B. 车间管理人员的工资

C. 厂部房屋的折旧费　　　　　　D. 厂部的办公费

6. 核算期间费用的账户有( )。

A. 制造费用　　　B. 管理费用　　　C. 财务费用　　　D. 销售费用

7. 企业从银行借入的期限为1个月的借款到期,偿还该借款本息时所编制会计分录可能涉及的账户有( )。

A. 管理费用　　　B. 财务费用　　　C. 短期借款　　　D. 银行存款

8. 下列费用应记入"管理费用"账户的有( )。

A. 企业生产车间管理人员的工资

B. 企业生产车间固定资产的修理费

C. 企业行政管理部门的办公费

D. 企业行政管理部门固定资产的修理费

9. 下列各项中,应计入一般纳税企业材料采购成本的有( )。

A. 购买材料支付的买价

B. 支付的材料运费

C. 购买材料发生的增值税

D. 采购过程中的保险费

10. 企业根据职工提供服务的受益对象进行职工薪酬分配时,可能涉及的会计科目有(　　)。
　　A. 生产成本　　　B. 制造费用　　　C. 销售费用　　　D. 管理费用

11. 下列账户中,月末应无余额的有(　　)。
　　A. 生产成本账户　　　　　　　　B. 管理费用账户
　　C. 财务费用账户　　　　　　　　D. 制造费用账户

12. 下列项目中,应记入"营业外支出"账户的有(　　)。
　　A. 产品广告费　　　　　　　　　B. 借款利息
　　C. 罚款支出　　　　　　　　　　D. 捐赠支出

13. 下列科目属于损益类科目的有(　　)。
　　A. 管理费用　　　B. 销售费用　　　C. 制造费用　　　D. 财务费用

14. 甲公司主营业务是生产并销售产品,该公司某月销售一批原材料,共500千克,单位成本每千克30元(未计提减值),单价为每千克40元,不考虑增值税,款项已经收到。应编制会计分录(　　)。
　　A. 借:银行存款　　　　　　　　　　　　20 000
　　　　　贷:主营业务收入　　　　　　　　　　　　20 000
　　B. 借:银行存款　　　　　　　　　　　　20 000
　　　　　贷:其他业务收入　　　　　　　　　　　　20 000
　　C. 借:其他业务成本　　　　　　　　　　15 000
　　　　　贷:原材料　　　　　　　　　　　　　　　15 000
　　D. 借:主营业务成本　　　　　　　　　　15 000
　　　　　贷:原材料　　　　　　　　　　　　　　　15 000

15. 某公司2019年2月1日取得应纳消费税的销售商品收入100万元,该产品适用的消费税税率为5%。下列说法正确的有(　　)。
　　A. 计算应交消费税时,应借记"税金及附加"科目,贷记"应交税费——应交消费税"科目,金额为5万元
　　B. 计算应交消费税时,应借记"应交税费——应交消费税"科目,贷记"银行存款",金额为5万元
　　C. 缴纳消费税时,应借记"应交税费——应交消费税"科目,贷记"银行存款",金额为5万元
　　D. 期末应将"税金及附加"科目的余额从贷方结转至"本年利润"科目

16. 下列说法正确的有(　　)。
　　A. 企业向购货单位预收的款项,记入"预收账款"的贷方
　　B. 企业实现的其他业务收入,记入"其他业务收入"的贷方
　　C. 企业收到的应收票据的面值,记入"应收票据"的贷方
　　D. 期末转入"本年利润"账户的主营业务成本,记入"主营业务成本"的贷方

17. 所有者投入的资本主要包括(　　)。
　　A. 实收资本　　　B. 资本公积　　　C. 盈余公积　　　D. 未分配利润

18. 投资者可以以(　　)投资。

A.货币资金　　　　B.存货　　　　　　C.固定资产　　　　D.非现金资产

19.以下项目中,会影响营业利润计算的有(　　)。

A.营业外收入　　　B.税金及附加　　　C.主营业务成本　　D.销售费用

20.企业结转生产完工验收入库产品的生产成本时,编制会计分录可能涉及的账户有(　　)。

A.生产成本　　　　B.制造费用　　　　C.主营业务成本　　D.库存商品

三、判断题

1.企业可设置"实收资本"账户来核算实际收到投资投入的资本。(　　)

2.增值税一般纳税人购入材料时支付的增值税不计入材料的采购成本。(　　)

3.对于直接用于某种产品生产的材料费用,要先通过"制造费用"科目进行归集,期末再同其他间接费用一起按照一定的标准分配计入有关产品成本。(　　)

4."盈余公积"账户属于所有者权益类账户,该账户借方登记提取的盈余公积,贷方登记实际使用的盈余公积。期末借方余额反映结余的盈余公积。(　　)

5.企业计算所得税费用时应以净利润为基础,根据适用税率计算确定。(　　)

6."累计折旧"账户的贷方登记折旧额的增加,借方登记折旧额的减少,因此,属于负债类账户。(　　)

7.产品生产成本既包括为生产产品所发生的各种直接费用,也应该包括为生产产品所发生的各种间接费用。(　　)

8."税金及附加"账户在期末结转时,借记"税金及附加"科目,贷记"本年利润"科目。(　　)

9.销售商品取得的收入属于"主营业务收入",而提供劳务取得的收入则属于"其他业务收入"。(　　)

10.对于负债筹资形成债权人的权益(通常称为债务资本),这部分资本的所有者享有按约收回本金和利息的权利。(　　)

11.期间费用包括管理费用、财务费用、销售费用。(　　)

12."税金及附加"科目主要核算企业经营活动发生的增值税、消费税、所得税等相关税费。(　　)

13.年度终了,结转后,利润分配中除了"未分配利润"明细科目外,所属其他明细科目无余额。(　　)

14.制造费用只能按照生产工人工资标准在各种产品之间进行分配。(　　)

15.处在生产过程中尚未制造完成的产品即为半成品。(　　)

16.本月完工产品成本=月初在产品成本+本月生产费用的发生额。(　　)

17.短期借款的利息不可以预提,均应在实际支付时直接计入当期损益。(　　)

18.预付账款核算企业按照合同规定预付的款项,属于企业的一项负债。(　　)

19.销售费用是因销售产品而发生的费用。因此,如果本期没有取得主营业务收入,自然就不会有销售费用发生。(　　)

20.实收资本账户贷方登记所有者投入企业资本金的减少额,借方登记所有者投入企业资本金的增加额。期末余额在借方,表示企业期末实收资本(或股本)总额。(　　)

21. 企业审议批准向投资者分配现金股利不影响所有者权益总额。（　　）
22. 企业本期发生的各项制造费用都应分配转入"生产成本"科目，"制造费用"科目期末应无余额。（　　）
23. 期末，企业应将"本年利润"科目余额结转记入"利润分配"科目的贷方。（　　）

四、会计岗位技能训练

（一）练习资金筹集的核算

资料：某企业2020年4月发生以下经济业务。

(1)5日，接受公司投入现款100 000元存入银行。

(2)6日，接受春兰公司投入设备一台，价值100 000元。

(3)10日，接受M工厂投入一项非专利技术，双方确认价值5 000元。

(4)18日，经决定用资本公积金60 000转增企业资本。

要求：根据以上资料编制会计分录，不考虑税费问题。

（二）练习供应过程的核算（按实际成本核算）

资料：某企业为增值税一般纳税人，2020年3月份发生如下材料采购业务。

(1)2日，采购甲材料5 000千克，单价1元，增值税税率13%，材料未到，货款已开出转账支票支付。

(2)3日，上述甲材料已运到并验收入库，按实际成本入账。

(3)5日，购入乙材料3 000千克，单价1.2元，增值税税率13%；对方代垫运费200元，增值税额18元，货款及运费均通过银行存款支付，材料已验收入库。

(4)8日，向W企业购入甲材料5 500千克，单价1元；购入乙材料4 500千克，单价1.2元，增值税税率13%，货款未付，材料未到。

(5)12日，8日购入的甲、乙材料运到并验收入库，按实际成本入账。

(6)13日，以银行存款支付8日购进的甲、乙材料所欠的款项。

(7)15日，向W企业购入乙材料8 000千克，单价1.2元；丙材料5 000千克，单价2元，增值税税率13%；对方代垫运费390元，增值税额35.1元，款已付，材料未到。（运费按材料的重量比例分配）

(8)18日，收到15日购入的乙材料8 000千克，丙材料5 000千克，并已验收入库。

要求：根据以上资料编制会计分录，并标明必要的明细科目。

（三）练习生产过程的核算

资料：某企业2020年4月在生产过程中发生如下部分经济业务。

(1)4月4日，经批准从银行借入为期6个月的短期借款100 000元。

(2)4月9日，以银行存款支付本月份水电费10 000元，增值税进项税额1 300元。

(3)4月11日，以银行存款支付银行承兑手续费300元。

(4)4月12日，从银行提取现金40 000元，备发本月工资。

(5)4月13日，以现金发放本月职工工资40 000元。

(6)4月15日，采购员李光借支差旅费500元，以现金支付。

(7)4月20日，采购员李光回厂报销差旅费460元，退回现金40元。

(8)4月30日，汇总本月仓库发出材料，如表4-8所示。

表 4-8 本月仓库发出材料

用途	A 材料		B 材料		合计
	数量/千克	金额/元	数量/千克	金额/元	
生产甲产品领用	48 000	96 000	4 000	64 000	160 000
生产乙产品领用	5 000	10 000	2 000	32 000	42 000
车间一般耗用			200	3 200	3 200
行政部门耗用	1 000	2 000			2 000
合计	54 000	108 000	6 200	99 200	207 200

(9)4 月 30 日,计提本月固定资产折旧费共 24 000 元,其中生产车间固定资产折旧共 16 000 元,企业行政管理部门固定资产折旧 8 000 元。

(10)4 月 30 日,预提本月份应负担的短期借款利息 500 元。

(11)4 月 30 日,以银行存款支付车间劳动保护费 2 000 元。

(12)4 月 30 日,结转本月份应付职工工资 40 000 元,其中:甲产品生产工人工资 22 000 元,乙产品生产工人工资 10 000 元,车间管理人员工资 5 000 元,企业行政管理人员工资 3 000 元。

(13)4 月 30 日,按甲、乙产品生产工时比例,分配结转本月制造费用,其中甲产品生产工时为 6 000 小时,乙产品生产工时为 4 000 小时。

(14)根据成本计算表,结转本月完工入库产品制造成本:甲产品 800 台全部完工;乙产品全部未完工。

要求:根据以上资料编制会计分录,并标明必要的明细科目。

(四)练习销售过程的核算

资料:某企业为增值税一般纳税人,2020 年 6 月份发生下列经济业务。

(1)2 日,销售给中原公司 A 产品 200 件,单位不含增值税售价 400 元;B 产品 150 件,单位不含增值税售价 450 元,增值税税率 13%。款项已收到,存入银行。

(2)5 日,根据销货合同预收大发公司购货款 60 000 元,存入银行。

(3)7 日,以现金支付销售产品的宣传费 500 元。

(4)9 日,向大发公司发出 A 产品 300 件,单位不含增值税售价为 400 元。增值税专用发票上注明的货款为 120 000 元,增值税税率 13%。扣除预收款后,向购货方收取余款,存入银行。

(5)12 日,出售一批不需用的原材料 10 000 元,增值税税率 13%,款项尚未收到。

(6)13 日,结转已售原材料的成本 6 500 元。

(7)25 日,结转本月销售 A、B 产品销售成本。A 产品单位成本为 285 元,B 产品单位成本为 270 元。

(8)30 日,计算应交城市维护建设税 2 500 元。

要求:根据以上资料编制会计分录,并标明必要的明细科目。

(五)练习利润形成与分配的核算

资料:某公司为增值税一般纳税人,销售单价均为不含增值税价格,适用增值税税率为 13%,2019 年 7 月份发生下列经济业务:

(1)3日,销售A产品300件,销售单价200元,款项已收存银行。

(2)8日,销售B产品600件,销售单价500元,款项尚未收到。

(3)10日,以银行存款支付业务招待费3 900元。

(4)15日,用转账支票向希望工程捐款20 000元。

(5)31日,一次结转本月已销售产品的成本,A产品的单位成本120元,B产品单位成本450元。

(6)31日,计提本月短期借款利息1 500元。

(7)31日,收到罚款收入30 000元,存入银行。

(8)31日,计算本月应交城市维护建设税2 800元。

(9)31日,将收入、费用类科目余额转入"本年利润"科目。

(10)31日,按本月利润总额的25%计算应交所得税,并将所得税费用转入"本年利润"科目(假定无纳税调整项目)。

(11)年终将本年实现的净利润转入"利润分配——未分配利润"科目。

(12)公司按照董事会的决议,提取10%法定盈余公积。

(13)公司按照董事会的决议,将利润的40%分配给股东。但尚未支付。

(14)将已分配的净利润转入"利润分配——未分配利润"科目。

要求:

(1)根据以上资料编制会计分录,并标明必要的明细科目。

(2)根据上述资料,分别计算该公司本月的营业利润、利润总额和净利润。

项目五
填制和审核会计凭证

KUAIJI JICHU

学习目标

1. 了解会计凭证的概念与作用;
2. 了解会计凭证的传递;
3. 熟悉原始凭证与记账凭证的种类;
4. 熟悉会计凭证的保管;
5. 掌握原始凭证的填制;
6. 掌握记账凭证的填制;
7. 掌握原始凭证与记账凭证的审核。

任务导航

任务 5.1　会计凭证概述
任务 5.2　填制和审核原始凭证
任务 5.3　填制和审核记账凭证
任务 5.4　传递与保管会计凭证

会计凭证是记录经济业务事项发生或完成情况,明确经济责任的书面证明,也是登记账簿的依据。企业办理任何一项经济业务,都必须填制或取得会计凭证。填制或取得会计凭证是会计工作的初始阶段和基本环节,也是会计核算的专门方法之一。会计凭证的种类多种多样,按其填制程序和用途的不同,可以分为原始凭证和记账凭证两大类。

在会计实际工作中,记账必须以合法的凭证为依据,所以在经济业务发生时都必须取得或填制相应的会计凭证,并由有关经办人员签名或盖章,以示负责。填制和审核会计凭证,可以提供及时、客观的经济信息,可以明确经济责任,强化经济管理责任制,可以监督各项经济业务的合理性、合法性,还是登记账簿的依据。

为了从源头上保证会计记录的真实性和客观性,必须明确会计凭证的基本内容、填制要求,掌握会计凭证的填制方法,理解会计凭证的审核要求。不同的企业由于经济业务和涉及的部门不同,会计凭证传递的程序和时间也不完全相同。期末,会计凭证应进行装订并作为重要的会计档案归档保管。

任务 5.1　会计凭证概述

一、会计凭证的含义

在会计实际工作中,记账必须以合法的凭证为依据,所以在经济业务发生时都必须取得或填制相应的会计凭证,并由有关经办人员签名或盖章,以示负责。会计凭证是用来记录经济业务事项发生或完成情况,明确经济责任的书面证明,也是登记账簿的依据。

填制或取得会计凭证是会计工作的初始阶段和基本环节。会计主体办理任何一项经济业务，都必须填制或取得会计凭证，如货币资金的收付、原材料的收发、往来款项的结算等，经办业务的有关人员必须按照规定的程序和要求，认真填制会计凭证，记录经济业务发生或完成的日期、经济业务的内容，并在会计凭证上签名盖章，以对凭证的真实性和合法性负完全责任。一切会计凭证都必须经有关人员的审核。只有经过审核无误的会计凭证，才能作为登记账簿的依据。

二、会计凭证的作用

认真填制和审核会计凭证，对于完成会计工作任务、发挥会计在经济管理中的重要作用有很大帮助。会计凭证的作用主要体现在以下几个方面：

1. 提供经济业务活动的原始资料、传导经济信息

会计主体发生的任何经济业务都必须由完成该项经济业务的有关人员填制或取得会计凭证，以详细记录该项经济业务的发生日期、具体内容、数量和金额等经济业务发生时的原始资料。这些原始资料是进行会计核算的基础，也是日后会计检查的依据。同时，通过会计凭证的加工、整理和传递，可传递新的信息并传导经济信息，协调会计主题各个部门之间的经济活动，保证生产经营的正常运转。

2. 登记账簿的必要依据

经济业务一旦发生，就必须取得和填制会计凭证。随着经济业务的执行与完成，记载业务执行情况的会计凭证就逐渐按照规定的程序最终汇集到财务会计部门，成为登记账簿的依据。对发生的每一笔经济业务，都必须取得和填制会计凭证，并且要经过严格的审核，才能登记入账；没有凭证，不能入账。

3. 明确经济责任，严格会计主体内部经济责任制

每一项经济业务发生时，都要取得和填制会计凭证，有关经手人员都要在凭证上签字，以示负责，这就促使经办人员对经济业务的真实性、合法性承担责任，增强了责任感；同时会计凭证的传递，可以形成各个经办人员之间的互相监督和牵制，实施基本的内部控制，及时发现问题，解决问题。

4. 实行会计监督

通过对会计凭证的审核，可以确认经济业务是否真实、正确、合法、合理，查明各项经济业务有无违反相应的会计法律制度，从而促进各单位和经办人员树立正确的会计职业道德，促使各单位健全规章制度，健全相应的内部控制制度，从而起到会计监督和财产安全的保护作用。

三、会计凭证的种类

会计凭证的种类多种多样，按其填制程序和用途的不同可以分为原始凭证和记账凭证两大类。

原始凭证和记账凭证的具体内容在任务5.2和任务5.3做详细介绍。

任务 5.2 填制和审核原始凭证

一、原始凭证的概念

原始凭证又称单据,是在经济业务发生或完成时取得或填制的,用以记录或证明经济业务的发生或完成情况,明确经济责任的一种原始书面证明。原始凭证的作用主要是记载经济业务的发生过程和具体内容。它是进行会计核算的原始资料和重要依据。常用的原始凭证有现金收据、发货票、增值税专用(或普通)发票、差旅费报销单、产品入库单、领料单等。

原始凭证主要起一种证明作用,凡是不能证明经济业务已发生或完成的各种文件和单据,如购货合同、材料请购单等,均不能作为原始凭证,只能作为原始凭证的附件。

二、原始凭证的种类

原始凭证可以按照取得来源、填制手续及内容、格式进行分类。

(一)按取得来源分类

原始凭证按取得来源不同,可以分为外来原始凭证和自制原始凭证。

1. 外来原始凭证

外来原始凭证,是指在经济业务发生或完成时,从其他单位或个人直接取得的原始凭证。如购买材料从供货企业取得的购货发票、托运货物从运输部门取得的运单、对外支付款项时取得的收据、银行转来的结算凭证等。增值税普通发票、增值税专用发票、收据的一般格式,如图 5-1、图 5-2、图 5-3 所示。

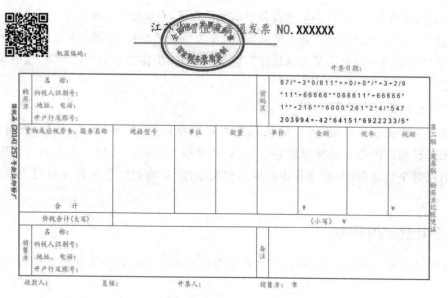

图 5-1 增值税普通发票

图 5-2 增值税专用发票

注：增值税专用发票只限于增值税的一般纳税人领购使用，增值税的小规模纳税人和非增值税纳税人不得领购使用。专用发票一式四联，分别为存根联、抵扣联、发票联和记账联。

```
                    收    据
              年      月      日            No.

付款单位_____      收款方式_____
人民币（大写）_____ ¥_____
收款事由：


收款单位：        会计主管：          出纳：
```

图 5-3 收据

2. 自制原始凭证

自制原始凭证，是指由本单位有关部门和人员，在执行或完成某项经济业务时填制的，仅供本单位内部使用的原始凭证。如企业仓库报关人员在材料验收入库时填制的收料单、领用材料时由领料人员填制的领料单、企业对外销售商品开给其他单位或个人的发货票、产品完工入库时填制的产品入库单、结算职工工资时填制的工资结算单等。发货票的一般格式，如表 5-1 所示。

表 5-1　发货票

购买单位：
结算方式：　　　　　　　　　　　　　年　　月　　日　　　　　　　　　编号：

品名规格	单位	数量	单价	金额

会计：　　　　　　　　　　　复核：　　　　　　　　　　　制单：

(二)按填制手续及内容分类

原始凭证按照填制手续及内容不同，可分为一次凭证、累计凭证和汇总凭证。

1. 一次凭证

一次凭证，是指一次填制完成，只记录一笔经济业务且仅一次有效的原始凭证，如收据、发货票、收料单、领料单等。一切外来凭证都是一次凭证。领料单的一般格式，如表 5-2 所示。

表 5-2　领料单

领用部门：　　　　　　　　　　　　　　　　　　　　　　　　编号：
用途：　　　　　　　　　　　年　　月　　日　　　　　　　　材料仓库：

材料类别	材料名称	计量单位	数量		金额	
			请领	实发	单位成本	总成本
备注					合计	

仓库保管员：　　　　　　　　　领料部门主管：　　　　　　　　　领料人：

2. 累计凭证

累计凭证，是指在一定时期内多次记录发生的同类型经济业务且多次有效的原始凭证，如限额领料单。累计凭证的特点是填制手续多次进行，在一张凭证内可以连续登记相同性质的经济业务，随时结出累计数和结余数，并按照费用限额进行费用控制，期末按实际发生额记账。限额领料单是一种比较典型的累计凭证，格式如表 5-3 所示。

表 5-3　限额领料单

领料部门：　　　　　　　　　　　　　　　　　　　　　　　　　发料仓库：
用途：　　　　　　　　　　　　　年　　月　　日　　　　　　　　编号：

材料编号	材料名称	规格	计量单位	计划单价	领用限额	全月实额	
						数量	金额

领用日期	请领数量	实发数量	领料人签章	发料人签章	限额结余数量

供应部门负责人：　　　　　　　领料部门负责人：　　　　　　　仓库负责人：

3.汇总凭证

汇总凭证是指对一定时期内反映经济业务内容相同的若干张原始凭证，按照一定标准综合填制的原始凭证，如收料凭证汇总表、发料凭证汇总表、工资汇总表等。汇总凭证合并了同类经济业务，简化了凭证编制和记账工作。发料凭证汇总表是一种常用的汇总凭证，格式如表5-4所示。

表 5-4　发料凭证汇总表

年　　月

借方科目 材料	生产成本	制造费用	管理费用	销售费用	合计
合计					

会计主管：　　　　　　记账：　　　　　　审核：　　　　　　填制：

（三）按照格式分类

原始凭证按照格式的不同，可分为通用凭证和专用凭证。

1.通用凭证

通用凭证是指由有关部门统一印制、在一定范围内使用的具有统一格式和使用方法的原始凭证。通用凭证的使用范围因制作部门的不同而有所差异，可以是分地区、分行业使用，也可以全国通用，如某省（市）印制的在该省（市）通用的发票、收据等，由中国人民银行制作的在全国通用的银行转账结算凭证，由国家税务总局统一印制的全国通用的增值税专用发票等。

2.专用凭证

专用凭证是指由单位自行印制、仅在本单位内部使用的原始凭证，如领料单、差旅费报销单、折旧计算表、工资费用分配表等。

原始凭证分类示意图，如图5-4所示。

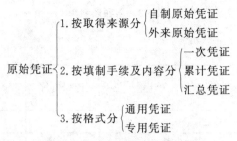

图 5-4 原始凭证分类示意图

三、原始凭证的基本内容

由于经济业务和经营管理的不同,各种原始凭证的内容和格式也会有所差异。一般来讲,为了能够客观反映经济业务的发生或完成情况,表明经济业务的性质,明确有关单位和个人的经济责任等,原始凭证应具备以下基本内容(亦称原始凭证要素,见图 5-5):

(1)原始凭证的名称;
(2)填制凭证的日期;
(3)填制凭证单位名称或者填制人姓名;
(4)经办人员的签名或者盖章;
(5)接受凭证单位的名称;
(6)经济业务的内容、数量、单价和金额。

有些原始凭证除了包括上述基本内容外,为了满足计划、统计等其他业务工作的需要,还要列入一些补充内容。例如,在有些原始凭证上,还要注明与该笔经济业务有关的计划指标、预算项目、合同号码等。

四、原始凭证的填制

(一)原始凭证的填制要求

为了保证原始凭证真实、正确、及时地反映经济业务,有关部门人员在填制原始凭证时,必须将原始凭证要素按规定的方法填写齐全,办妥签章手续,明确经济责任。原始凭证在填制时必须符合以下要求:

1. 记录真实

凭证记载的经济业务,必须与实际情况完全相符,不能弄虚作假、歪曲事实。实物的数量、金额,都要经过严格审核,做到内容真实准确,数字计算正确,不能凭估算填列。

2. 内容完整

经济业务的完成情况要按规定的凭证格式和内容,逐项填写齐全,不能有遗漏或省略,而且凭证填写的手续必须齐备,有关人员的签章必须齐全。

3. 填制及时

必须按照经济业务的执行和完成情况,及时填制原始凭证,并按规定程序及时将凭证送交会计部门,这对于保证会计资料的时效性非常重要。这也是会计信息质量要求中及时性的要求。

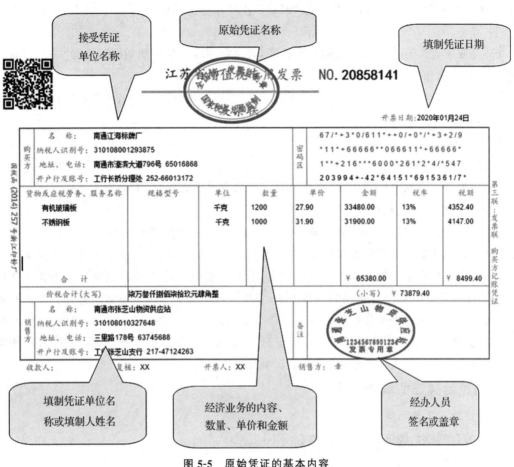

图 5-5 原始凭证的基本内容

4. 书写规范

原始凭证的填制,文字要简明,字迹要工整,填写要用蓝色或黑色填写,数字的书写要符合会计上的技术规范要求。

(1)阿拉伯数字应当一个一个地写,不得连笔写。阿拉伯数字的前面应当书写货币币种的符号或者货币名称简写和币种符号,如人民币符号"￥",美元符号"$"。币种符号与阿拉伯金额数字之间不得留有空白。凡阿拉伯数字前写有币种符号的,数字后面就不再写货币单位。

(2)所有以元为单位的(其他货币种类为货币基本单位)的阿拉伯数字,除表示单价等情况外,一律填写到角分;无角分的,角位和分位可写"00",或者符号"—";有角无分的,分位应当填写"0",不得用符号"—"代替。

(3)汉字大写数字金额如零、壹、贰、叁、肆、伍、陆、柒、捌、玖、拾、佰、仟、万、亿等,一律用正楷或者行书体书写,不得用另、一、二、三、四、五、六、七、八、九、十等简化字代替,不得任意自造简化字。大写金额数字到元或角为止的,在"元"或"角"字后应当写"整"字;大写金额数字有分的,分字后面不再写"整"字。

(4)阿拉伯金额数字中间有"0"字时,汉字大写金额要写"零"字;阿拉伯数字金额中间连续有几个"0"时,汉字大写金额中可以只写一个"零"字;阿拉伯金额数字元位是"0",或数字中间连续有几个"0"、元位也是"0"但角位不是"0",汉字大写金额可以只写一个"零"字,也可以不写"零"字。

(5)凡规定有大写或小写金额的原始凭证,必须在填写小写金额的同时填写大写金额,大写与小写金额必须相符。

(6)大写金额数字前未印有货币名称的,应当加填货币名称,货币名称与金额数字之间不得留有空白。

5. 编号要连续

一式几联的发票和收据,必须用双面复写纸(发票和收据本身具备复写纸功能的除外)套写,并连续编号。作废时应当加盖"作废"戳记,连同存根一起保存,不得撕毁。

6. 不得涂改、刮擦、挖补

原始凭证书写错误,应当由开出单位重开或更正,更正处加盖开出单位公章,不得涂改、刮擦、挖补。原始凭证记载内容有错误的,应当由开具单位重开或更正,更正工作必须由原始凭证出具单位进行,并在更正处加盖出具单位印章;重新开具原始凭证当然也应由原始凭证开具单位进行。原始凭证金额出现错误的不得更正,只能由原始凭证开出单位重新开具。因为原始凭证上的金额,是反映经济业务事项情况的重要数据,如果允许随意更改,容易产生舞弊,不利于保证原始凭证的质量。对于重要的原始凭证,如支票以及各种结算凭证,一律不得涂改,如果书写错误,应加盖"作废"戳记注销、留存并重新填写。

(二)原始凭证的填制方法

1. 自制原始凭证的填制

不同的自制原始凭证,填制要求也有所不同。

1)一次凭证的填制

一次凭证应在经济业务发生或完成时,由相关业务人员一次填制完成。该凭证往往只能反映一项经济业务,或者同时反映若干项同一性质的经济业务。例如领料单的填制(范例见表5-5),是由相关业务人员根据一次实际领用的材料名称和数量填制完成的。

表5-5 领料单

领用部门:第一车间　　　　　　　　　　　　　　　　　　　　　编号:006 003
用途:生产 A 产品　　　　2020 年 01 月 05 日　　　　　　　　　发料仓库:2 号库

材料类别	材料名称	计量单位	数量		金额	
			请领	实发	单位成本	总成本
主要材料	无缝钢管	千克	200	200	8	1 600
备注				合计		¥1 600.00

仓库保管员:×××　　　　　　领料部门主管:×××　　　　　　领料人:×××

2)累计凭证的填制

累计凭证应在每次经济业务完成后,由相关人员在同一张凭证上重复填制完成。该凭证能在一定时期内不断重复地反映同类经济业务的完成情况。例如限额领料单的填制(范例见表 5-6),相关人员在每次领用材料时,都要在限额领料单中进行逐笔登记,并随时结出累计领用量,到期末再计算出本期实际领用的数量和金额,送交企业有关部门和会计部门作为核算的依据。

表 5-6 限额领料单

领料部门:生产车间　　　　　　　　　　　　　　　　　　　　发料仓库:2 号
用　途:B 产品生产　　　　　20××年2月　　　　　　　　编　　号:008

材料类别	材料编号	材料名称及规格	计量单位	领料限额	实际领用	单价	金额	备注
型钢	0348	圆钢 φ10 mm	千克	500	480	4.40	2112	

日期	请领		实发			限额结余	退库	
	数量	签章	数量	发料人	领料人		数量	退库单
2.3	200		200	姜同	王立	300		
2.12	100		100	姜同	王立	200		
2.20	180		180	姜同	王立	20		
合计	480		480			20		

供应部门负责人 |李微|　　生产计划部门负责人 |佟伟|　　仓库负责人签章 |刘俊|

3)汇总凭证的填制

汇总凭证应由相关人员在汇总一定时期内反映同类经济业务的原始凭证后填制完成。该凭证只能将类型相同的经济业务进行汇总,不能汇总两类或两类以上的经济业务。例如领料凭证汇总表(范例见表 5-7),由相关人员在期末根据本期的领料单和限额领料单进行汇总编制,作为会计部门核算的依据。

表 5-7 领料凭证汇总表
20××年 6 月 30 日

项目	甲材料		乙材料		丙材料		金额合计/元
	数量/千克	金额/元	数量/千克	金额/元	数量/千克	金额/元	
生产 A 产品耗用	1 000	6 000	600	1 200	2 000	16 000	23 200
生产 B 产品耗用	1 000	6 000	300	600	1 000	8 000	14 600
小计	2 000	12 000	900	1 800	3 000	24 000	37 800
车间一般耗用	500	3 000			100	800	3 800
行政管理部门耗用			100	200			200
合计	2 500	15 000	1 000	2 000	3 100	24 800	41 800

复核(签章):××　　　　　　　　　　　　　　　　　　　　　　　　制表(签章):××

2.外来原始凭证的填制

外来原始凭证,应在企业同外单位发生经济业务时,由外单位的相关人员填制完成。外来原始凭证一般由税务局等部门统一印制,或经税务部门批准由经营单位印制,在填制时加盖出具凭证单位公章方为有效。对于一式多联的原始凭证必须用复写纸套写或打印机套打。

五、原始凭证的审核

各种原始凭证,要由经办业务的部门审核后,交由财会部门审核。为了如实反映经济业务的发生和完成情况,充分发挥会计的监督职能,保证会计信息的真实、合法、完整和准确,会计人员必须对原始凭证进行严格审核。只有经过审核无误的原始凭证,才能作为编制记账凭证和登记账簿的依据。

(一)原始凭证审核的主要内容

原始凭证的审核,可以从原始凭证的真实性、合法性、合理性、完整性、正确性和及时性等六个方面进行。

1. 审核原始凭证的真实性

原始凭证作为会计信息的基本信息源,其真实性对会计信息的质量具有至关重要的影响。其真实性的审核包括凭证日期是否真实、业务内容是否真实、数据是否真实等内容的审查。对外来原始凭证,必须有填制单位公章和填制人员签章;对自制原始凭证,必须有经办部门和经办人员的签名或盖章。

2. 审核原始凭证的合法性

审核原始凭证所记录经济业务是否符合国家政策、法令和制度的规定,是否符合本单位有关的各种具体规定,如果经过审核发现有多计或少计收入、费用,擅自扩大开支范围,提高开支标准,则不能作为合法的原始凭证。

3. 审核原始凭证的合理性

审核原始凭证所记录经济业务是否符合企业生产经营活动的需要、是否符合有关的计划和预算等。

4. 审核原始凭证的完整性

审核原始凭证应填写的内容是否填写齐全,手续是否完备,书写是否清楚,有关单位和人员是否已签字盖章等。

5. 审核原始凭证的正确性

审核原始各项计算及其相关部分是否正确,大写金额与小写金额要相符;凭证中有书写错误的,应采用规定方法更正,不能采用任意涂改、刮擦、挖补等不正确方法。

6. 审核原始凭证的及时性

及时性是会计信息质量的要求,为此,要求在经济业务发生或完成时应及时填制有关原始凭证,及时进行凭证的传递。审核原始凭证的及时性是保证会计信息及时性的基础。

(二)原始凭证审核结果的处理

经审核的原始凭证,应根据不同情况分别处理:

(1)对于符合要求的原始凭证,应及时据以编制记账凭证入账;

(2)对于真实、合法、合理,但内容不够完整、填写有错误的原始凭证,应退回给有关经办人

员,由其负责将有关凭证补充完整、更正错误或重开后,再办理正式会计手续;

(3)对于不真实、不合法的原始凭证,会计机构、会计人员有权不予接受,并向单位负责人报告。

原始凭证的审核,是一项十分细致严肃的工作,经济工作中的许多问题往往也会通过原始凭证的审核被发现。而要做好原始凭证的审核工作,就要求会计人员必须熟悉有关国家的财经法纪、本单位的规章制度、合同、预算、计划等的规定,全面了解本单位业务经营状况,才能及时确定原始凭证的内容是否准确、完整、真实、合法、合理、及时,从而更好更充分地发挥会计的监督职能。

任务5.3 填制和审核记账凭证

一、记账凭证的概念

记账凭证,又称记账凭单,是指会计人员根据审核无误的原始凭证,按照经济业务的内容加以归类,并据以确定会计分录后所填制的会计凭证,作为登记账簿的直接依据。记账凭证的作用主要是确定会计分录,进行账簿登记,反映经济业务的发生或完成情况,监督企业经济活动,明确相关人员的责任。

二、记账凭证的种类

(一)按凭证的用途分类

记账凭证按其用途不同,可分为专用记账凭证和通用记账凭证。

1. 专用记账凭证

专用记账凭证是指分类反映经济业务的记账凭证,按其反映的经济业务内容不同,可分为收款凭证、付款凭证和转账凭证。

1)收款凭证

收款凭证是指用于记录现金和银行存款收款业务的记账凭证。它是根据有关现金和银行存款收款业务的原始凭证填制的,既是出纳收款的依据,也是企业登记库存现金、银行存款日记账和其他有关账簿的依据。

收款凭证的借方科目,分别为"库存现金"或"银行存款",因此收款凭证又可进一步分为现金收款凭证和银行存款收款凭证。

现金收款凭证,是用来记录库存现金收款(增加)业务的收款凭证。如根据用现金收款的发票记账联编制的现金收款凭证。

银行存款收款凭证,是用来记录银行存款收款(增加)业务的收款凭证。如根据银行进账通知单编制的银行存款收款凭证。

收款凭证的格式见图5-6。

收　款　凭　证

借方科目：　　　　　　　　年　　月　　日　　　　　　字第　　号

摘要	贷方科目		金额											记账
	总账科目	明细科目	亿	千	百	十	万	千	百	十	元	角	分	
人民币（大写）														

附单据　　张

会计主管：　　记账：　　复核：　　出纳：　　制单：

图 5-6　收款凭证

2)付款凭证

付款凭证是指用于记录现金和银行存款付款业务的记账凭证。它是根据有关现金和银行存款付出业务的原始凭证填制的,既是出纳付款的依据,也是企业登记库存现金、银行存款日记账和其他有关账簿的依据。

付款凭证的贷方科目,分别为“库存现金”或“银行存款”,因此付款凭证又可进一步分为现金付款凭证和银行存款付款凭证。

现金付款凭证,是用来记录库存现金付款(减少)业务的付款凭证。如根据用现金付款的发票联编制的现金付款凭证。

银行存款付款凭证,是用来记录银行存款付款(减少)业务的付款凭证。如根据现金支票、转账支票存根联编制的银行存款付款凭证。

付款凭证的格式见图 5-7。

付　款　凭　证

贷方科目：　　　　　　　　年　　月　　日　　　　　　字第　　号

摘要	借方科目		金额											记账
	总账科目	明细科目	亿	千	百	十	万	千	百	十	元	角	分	
人民币（大写）														

附单据　　张

会计主管：　　记账：　　复核：　　出纳：　　制单：

图 5-7　付款凭证

3)转账凭证

转账凭证是指用于记录不涉及现金和银行存款业务的记账凭证。它是根据有关转账业务(即在经济业务发生时,不需要收付现金或银行存款的各项业务)的原始凭证填制的记账凭证。如根据企业内部的领料单、出库单等编制的转账凭证。

转账凭证的格式见图 5-8。

转　账　凭　证

年　月　日　　　　字第　　号

摘要	科目		借方金额											贷方金额											
	总账科目	明细科目	亿	千	百	十	万	千	百	十	元	角	分	亿	千	百	十	万	千	百	十	元	角	分	
合　计																									

附单据　张

会计主管：　　记账：　　出纳：　　复核：　　制单：

图 5-8　转账凭证

2.通用记账凭证

通用记账凭证是指用来反映所有经济业务的记账凭证,为各类经济业务所共同使用。采用通用记账凭证的单位,不再根据业务的内容分别填制收款凭证、付款凭证和转账凭证。企业所有的经济业务发生后,均根据审核无误的原始凭证填制通用记账凭证。通用记账凭证通常适合于规模不大、款项收付不多的企业。通用记账凭证的格式与转账凭证的基本相同,见图 5-9。

通 用 记 账 凭 证

年　月　日　　　　字第　　号

摘要	科目		借方金额											贷方金额											记账
	总账科目	明细科目	亿	千	百	十	万	千	百	十	元	角	分	亿	千	百	十	万	千	百	十	元	角	分	
合　计																									

附单据　张

会计主管：　　记账：　　出纳：　　复核：　　制单：

图 5-9　通用记账凭证

(二)按填列方式分类

记账凭证按其填列方式不同,可以分为复式记账凭证和单式记账凭证。

1.复式记账凭证

复式记账凭证,是指将每一笔经济业务所涉及的全部会计科目及其金额,均填制在同一张记账凭证上的一种记账凭证。前述收款凭证、付款凭证、转账凭证和通用记账凭证等都是复式记账凭证。

采用复式记账凭证的优点是:在一张凭证上就可以完整反映一项经济业务的全貌,即该项经济业务所涉及的全部账户及其对应关系,便于凭证的分析和审核,且填写方便,附件集中。其缺点是:不便于分工记账和科目汇总。在实际工作中,复式记账凭证是应用最为普遍的记账凭证。

2.单式记账凭证

单式记账凭证,是指每一张记账凭证只填列经济业务所涉及的一个会计科目及其金额的记账凭证。每张单式记账凭证只登记一个会计科目,其对方科目只供参考,不凭以记账。因此,一项经济业务的会计分录涉及几个会计科目,就要填制几张单式记账凭证。填制借方科目的记账凭证,称为借项记账凭证(见图 5-10);填制贷方科目的记账凭证,称为贷项记账凭证(见图 5-11)。

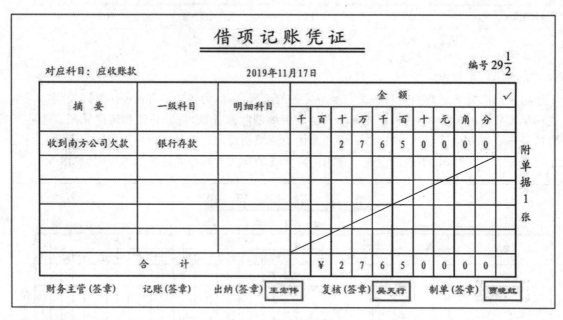

图 5-10 借项记账凭证

采用单式记账凭证格式的优点是:凭证中的内容单一,便于分工记账,也便于按科目汇总当期的发生额。缺点是:凭证张数多,内容分散,不能在一张凭证中完整反映一项经济业务的全貌,不便于查账。

(三)按包括内容分类

记账凭证按其包括的内容,可以分为单一记账凭证、汇总记账凭证和科目汇总表。

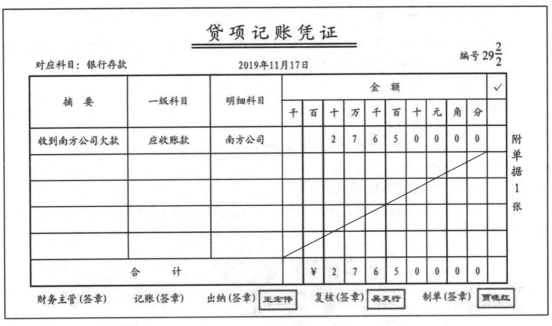

图 5-11　贷项记账凭证

(1)单一记账凭证是指只包括一笔会计分录的记账凭证。上述的专用记账凭证和通用记账凭证均为单一记账凭证。

(2)汇总记账凭证是指根据一定时期内同类单一记账凭证定期加以汇总而重新编制的记账凭证。其目的是简化总分类账的登记手续。汇总记账凭证又可进一步分为汇总收款凭证、汇总付款凭证和汇总转账凭证。

(3)科目汇总表亦称为记账凭证汇总表,是根据一定时期内所有的记账凭证定期加以汇总而重新编制的记账凭证。其目的也是简化总分类账的登记手续。

记账凭证分类示意图,如图 5-12 所示。

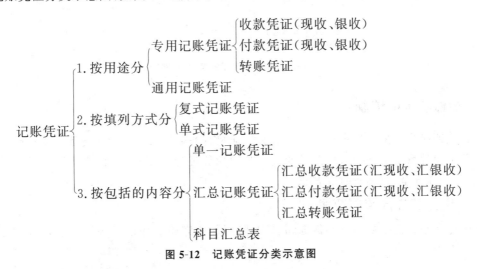

图 5-12　记账凭证分类示意图

三、记账凭证的基本内容

为了便于系统地登记账簿,保证账簿记录的正确性,会计主体所使用的记账凭证无论反映何类经济业务,都必须具备以下内容(见图5-13):

(1)记账凭证的名称;

(2)填制凭证的日期;

(3)经济业务的内容摘要;

(4)会计科目(包括一级、二级或明细账户)名称、记账方向和金额;

(5)记账凭证编号;

(6)所附原始凭证张数和其他有关资料;

(7)填制人员、复核人员、记账人员、会计主管或其他指定人员审核签章,收款凭证和付款凭证,还要有出纳人员的签名或盖章。

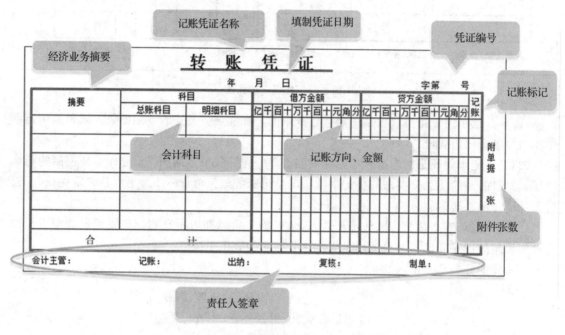

图 5-13　记账凭证的基本内容

四、记账凭证的填制

记账凭证应当根据经过审核无误的原始凭证及有关资料编制。记账凭证填制正确与否,直接影响整个会计系统最终提供信息的质量。与原始凭证的填制相同,记账凭证也有记录真实、内容完整、手续齐全、填制及时等要求。

(一)记账凭证的填制要求

记账凭证是登记账簿的直接依据,其填制除了要遵守原始凭证的一般要求外,还必须注意以下几个方面:

1. 摘要简明

记账凭证的摘要应简明扼要,概括出经济业务的主要内容,既要防止简而不明,又要防止过于烦琐。

2. 科目运用准确

记账凭证必须按会计制度统一规定的会计科目填写,不得任意简化或改动,不得只写科目编号,不写科目名称,同时,明细科目也要填写齐全。记账方向和账户对应关系必须清楚,编制复合会计分录,应是一借多贷或一贷多借,一般不编多借多贷的会计分录。

3. 附件齐全

记账凭证应附有原始凭证,并注明张数。要注意以下几点:

(1)除结账和更正错账可以不附原始凭证外,其他记账凭证必须附原始凭证。

(2)如果一张原始凭证涉及几张记账凭证,可以把原始凭证附在一张主要的记账凭证后面,并在其他记账凭证上注明附有原始凭证的记账凭证的编号或者附原始凭证的复印件。

(3)如果一张原始凭证所列支出需要几个单位共同负担的,应当由保留原始凭证的单位向其他单位开具原始凭证分割单,进行结算。原始凭证分割单必须具备原始凭证的基本内容,包括凭证的名称、填制凭证的日期、填制凭证单位的名称或填制人的姓名、经办人员的签名或盖章、接受凭证单位的名称、经济业务的内容、数量、单价、金额和费用的分担情况等。

4. 连续编号

填制记账凭证时,应由主管该项业务的会计人员,按业务发生的顺序并按不同种类的记账凭证采用"字号编号法"连续编号,即每月都要从第1号编起,按顺序一直编到月末,不允许出现漏号、重号和错号。

凭证的编号根据会计主体采用的凭证格式而有不同的编号方法。如果采用通用记账凭证,则采用按月按顺序统一连续编号,记字×号。如果采用收款、付款、转账格式的记账凭证,则将不同类型的记账凭证用字号加以区别,分别为收字×号、付字×号、转字×号。不论采用哪种编号方法,都应当对记账凭证进行连续编号,并应在每月最后一张记账凭证的编号旁加注"全"字,以便检查凭证有无散失。

如果一笔经济业务需要填制两张以上(含两张)记账凭证的,可以采用"分数编号法"编号。例如,某项经济业务需编三张转账凭证,凭证的顺序为6号,这三张凭证的编号分别为转字第 $6\frac{1}{3}$ 号、$6\frac{2}{3}$ 号、$6\frac{3}{3}$ 号。每月最后一张凭证编号旁边应加注"全"字,以避免凭证散失。

5. 空行注销

填制记账凭证时,应按行次逐行填写,不得跳行或留有空行。记账凭证填制完成后,如有空行,应当自金额栏最后一笔金额数字下的空行处至合计数上的空行处划斜线或"~"线注销。

6. 填错更正

填制记账凭证时若发生错误,应当重新填制。不能在记账凭证上做任何更改。

(二)记账凭证的填制方法

1. 收款凭证的填制

收款凭证是根据审核无误的有关现金和银行存款的收款业务的原始凭证填制的。收款凭证的左上方的"借方科目"按收款的性质填写"库存现金"或"银行存款";日期填写的是编制本凭证的日期;右上方填写编制收款凭证的顺序号;"摘要"填写对所记录的经济业务的简要说明;"贷方科目"填写与收入现金或银行存款相对应的会计科目;"金额"是指该项经济业务事项的发生额;该凭证右边的"附单据×张"是指本记账凭证所附原始凭证的张数;最下边分别由有关人员签章,以明确经济责任。

[例 5-1] 2018 年 6 月 5 日,甲企业从工商银行借入短期借款 100 000 元,存入银行。附原始凭证 1 张,为甲企业 6 月第 1 笔收款业务。收款凭证的填制,如图 5-14 所示。

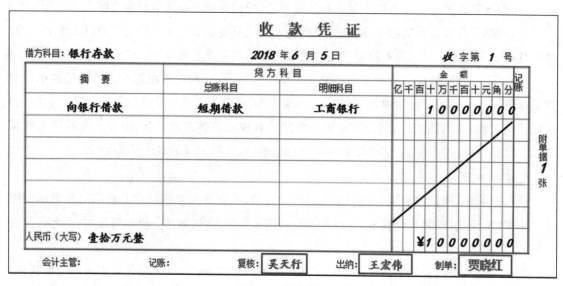

图 5-14 收款凭证

2. 付款凭证的填制

付款凭证是根据审核无误的有关库存现金和银行存款的付款业务的原始凭证填制的。付款凭证的填制方法与收款凭证的基本相同。不同的只是"借方科目"同"贷方科目"互换了位置,即在付款凭证的左上角应填列贷方科目,即"库存现金"或"银行存款"科目,"借方科目"栏应填写与"库存现金"或"银行存款"相应的一级科目和明细科目。

对于涉及"库存现金"和"银行存款"之间的相互划转业务,为了避免重复记账,一般只填制付款凭证,不再填制收款凭证。如当发生从银行提取现金的业务时,只填制银行存款付款凭证;当发生把现金存入银行的业务时,只填制现金付款凭证。

由于收款凭证和付款凭证是出纳人员收入或付出款项的依据,因此出纳人员在办理收款或付款业务后,应在原始凭证上加盖"收讫"或"付讫"的戳记,以免重收重付。

[例 5-2] 2018 年 6 月 20 日,甲企业用银行存款支付广告费 30 000 元。附原始凭证 2 张,为甲企业第 1 笔付款业务。付款凭证的填制,如图 5-15 所示。

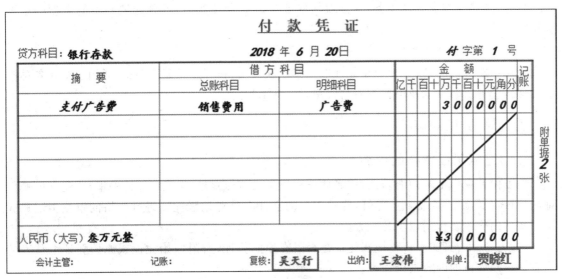

图 5-15 付款凭证

3. 转账凭证的填制

转账凭证通常是根据有关转账业务的原始凭证填制的。转账凭证中"总账科目"和"明细科目"栏应填写应借、应贷的总账科目和明细科目,借方科目应记金额应在同一行的"借方金额"栏填列,贷方科目应记金额应在同一行的"贷方金额"栏填列,"借方金额"栏合计数与"贷方金额"栏合计数应相等。

[例 5-3] 2019 年 8 月 28 日,甲企业生产车间计提固定资产折旧 1 000 元。附原始凭证 1 张,为甲企业 8 月第 37 笔转款业务。转款凭证的填制,如图 5-16 所示。

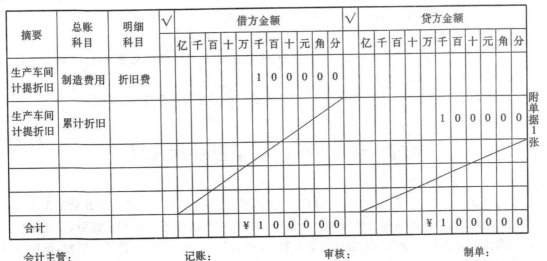

图 5-16 转账凭证

此外，某些既涉及收款业务，又涉及转账业务的综合性业务，可分开填制不同类型的记账凭证。

4.通用记账凭证的填制

通用记账凭证的名称为"记账凭证"，它集收款、付款和转账凭证于一身，通用于企业各种类型的经济业务。其格式及填制方法与转账凭证基本相同。

五、记账凭证的审核

（一）记账凭证审核的内容

为了保证账簿记录的准确性，记账凭证在记账之前，必须加强记账凭证的审核，建立记账凭证的审核责任制度，配备业务熟练、经验丰富的会计人员对记账凭证进行严格的审核。记账凭证审核的内容主要包括以下几个方面：

(1)内容是否真实。审核记账凭证是否附有原始凭证，所附原始凭证或原始凭证汇总表的内容与记账凭证的内容是否一致。

(2)项目是否齐全。审核记账凭证的日期、凭证编号、摘要、会计科目、金额、所附原始凭证张数及有关人员签章等是否齐全。

(3)科目是否正确。审核记账凭证中应借、应贷的会计科目是否正确，账户对应关系是否清晰，所使用的会计科目是否符合会计制度的规定等。

(4)金额是否准确。审核记账凭证所记的金额与原始凭证的有关金额是否一致，计算是否正确。

(5)书写是否规范。审核记账凭证中的记录文字是否工整、数字是否清晰，是否按规定进行更正等。

(6)出纳人员在办理收款或付款业务后，是否已在原始凭证上加盖"收讫"或"付讫"的戳记。

（二）记账凭证审核结果的处理

只有经过审核无误的记账凭证，才能作为记账依据。在审核过程中，如发现记账凭证有错误，应查明原因，应根据具体情况按正确的方法进行更正。

(1)在填制记账凭证时，或尚未记账前发现错误：重新填制。

(2)已经登记入账的记账凭证，当年内发现：采用红字更正法或补充登记法。（详见项目六"登记账簿"的任务 6.4"错账的更正方法"。）

(3)发现以前年度记账凭证错误：采用蓝字填制一张更正的记账凭证进行更正。

任务 5.4　传递与保管会计凭证

会计凭证的保管，是指会计凭证记账后的整理、装订、归档和存查工作。会计凭证作为记账的依据，是重要的会计档案和经济资料。任何单位在完成经济业务手续和记账后，必须将会计凭证按规定的立卷归档制度形成会计档案资料，妥善保管，防止丢失，不得任意销毁，以便日后随时查阅。

一、会计凭证的传递

会计凭证的传递,是指从会计凭证的取得或填制起至归档保管过程中,在单位内部有关部门和人员之间的传送程序,如图 5-17 所示。

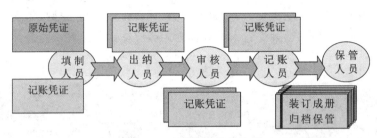

图 5-17 会计凭证传递路线

正确、合理地组织会计凭证的传递,对于及时地反映和监督经济业务的发生和完成情况,合理地组织经济活动,有效地落实经济管理责任制,提高经营管理水平,具有重要意义。

不同单位生产经营组织不同,经济业务内容不同,经营管理要求也不尽相同。因此,在会计凭证传递中,应根据本单位具体情况,制定凭证传递程序。合理组织会计凭证的传递应注意以下三个问题:

1. 有序的凭证传递路线

关于凭证的传递路线,应根据经济业务的特点、内部机构组织和人员分工情况,结合经营管理的需要,合理地规定会计凭证填制的联数和流经的环节,尽量避免不必要的环节,以提高工作效率。

2. 合理的凭证传递时间

关于凭证的传递时间,应考虑各部门和有关人员的工作内容和工作量在正常情况下完成的时间。明确规定各种凭证在各个环节上停留的最长时间,不能拖延和积压会计凭证,以免影响会计工作的正常秩序。一切会计凭证的传递和处理,都应在报告期内完成,不允许跨期;否则,将会影响会计核算的准确性和及时性。

3. 严密的凭证传递手续

关于凭证的传递手续,应根据本单位的内部经济责任制,确定会计凭证的签收、交接制度,做到既完备严密,又简便易行,以保证会计凭证的安全和完整。

在确定好会计凭证的传递程序、传递时间和传递手续后,分别绘制各主要业务会计凭证流程图或流程表,以供有关部门和人员遵照执行。如果在执行中遇到不协调或不合理的地方,可随时根据实际情况进行修改。

二、会计凭证的保管

会计凭证是一个单位重要的经济档案,必须妥善保管,以备日后查找。会计凭证的保管是指会计凭证记账后整理、装订、归档和存查工作。对会计凭证的保管,既要做到会计凭证的安全与完整,又要便于会计凭证的日后查阅。

会计凭证归档保管的主要方法和要求是:

1. 会计凭证的整理装订

会计部门在依据会计凭证记账以后，应定期(一般为每月)对各种会计凭证进行分类整理，即记账凭证应当连同所附的原始凭证或者原始凭证汇总表，按照编号顺序，折叠整齐，并具封面和封底，装订成册，并在装订线上加贴封签，由装订人员在装订线封签处签名或盖章。

在会计凭证封面上，要注明单位名称、凭证种类、凭证张数、起止号数、年度、月份、会计主管人员和装订人员等有关事项，会计主管人员和保管人员应在封面上签章。会计凭证封面的格式如图 5-18 所示。

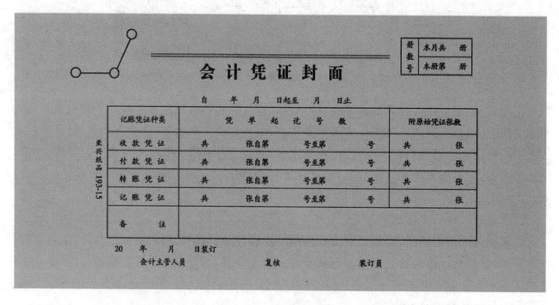

图 5-18　会计凭证封面

原始凭证较多时，可单独装订，但应在凭证封面注明所属记账凭证的日期、编号和种类，同时在所属的记账凭证上应注明"附件另订"及原始凭证的名称和编号，以便查阅。

对各种重要的原始凭证，如押金收据、提货单等，以及各种需要随时查阅和退回的单据，应另编目录，单独保管，并在有关的记账凭证和原始凭证上分别注明日期和编号。

从外单位取得的原始凭证遗失时，应取得原签发单位盖有公章的证明，并注明原始凭证的号码、金额、内容等，由经办单位会计机构负责人(会计主管人员)和单位负责人批准后，才能代作原始凭证。若确实无法取得证明的，如车票丢失，则应由当事人写明详细情况，由经办单位会计机构负责人(会计主管人员)和单位负责人批准后，代作原始凭证。

2. 会计凭证的归档

每年装订成册的会计凭证，在会计年度终了时可暂由会计机构保管一年，期满之后，应当由会计机构编制移交清册，移交本单位档案机构统一保管；未设立档案机构的，应当在会计机构内部指定专人保管。出纳人员不得兼管会计凭证。

3. 会计凭证的借阅

原始凭证不得外借，其他单位如因特殊原因需要使用原始凭证时，经本单位会计机构负责人、会计主管人员批准，可以复制。向外单位提供的原始凭证复印件，应当在专设的登记簿上登记，并由提供人员和收取人员共同签名或盖章。

4. 会计档案的销毁

会计档案的保管期限和销毁手续,必须严格执行《会计档案保管办法》的规定,详见表5-8企业和其他组织会计档案保管期限表。如企业的原始凭证、记账凭证保管期限为30年;涉及外事和重要业务资料,必须长期保存。严格遵守会计凭证的保管期限要求,期满前不得任意销毁。对保管期满需要销毁的会计凭证,必须开列清单,经本单位领导审核,报经上级主管部门批准,才能销毁。

表5-8 企业和其他组织会计档案保管期限表

序号	档案名称	保管期限	备注
一	会计凭证		
1	原始凭证	30年	
2	记账凭证	30年	
二	会计账簿		
3	总账	30年	
4	明细账	30年	
5	日记账	30年	
6	固定资产卡片		固定资产报废清理后保管5年
7	其他辅助性账簿	30年	
三	财务会计报告		
8	月度、季度、半年度财务会计报告	10年	
9	年度财务会计报告	永久	
四	其他会计资料		
10	银行存款余额调节表	10年	
11	银行对账单	10年	
12	纳税申报表	10年	
13	会计档案移交清册	30年	
14	会计档案保管清册	永久	
15	会计档案销毁清册	永久	
16	会计档案鉴定意见书	永久	

会计技能训练

一、单选题

1. 职工出差的借款单,按其填制手续属于( )。
   A. 累计凭证　　　　　　　　B. 一次凭证
   C. 外来原始凭证　　　　　　D. 自制原始凭证

2. 会计核算工作的基础环节是( )。
   A. 进行财产清查
   B. 登记会计账簿
   C. 编制财务报表
   D. 合法地取得、正确地填制和审核会计凭证

3. 在一定时期内连续记录若干项同类经济业务的会计凭证是( )。
   A. 记账凭证　　B. 一次凭证　　C. 原始凭证　　D. 累计凭证

4. 记账凭证的填制是由( )完成的。
   A. 主管人员　　B. 出纳人员　　C. 会计人员　　D. 经办人员

5. 仓库保管人员填制的收料单,属于企业的( )。
   A. 汇总原始凭证　　　　　　B. 累计原始凭证
   C. 外来原始凭证　　　　　　D. 自制原始凭证

6. 登记账簿的直接依据是( )。
   A. 记账凭证　　B. 原始凭证　　C. 经济业务　　D. 会计报表

7. 会计机构和会计人员对真实、合法、合理但内容不准确、不完整的原始凭证,应当( )。
   A. 不予受理　　　　　　　　B. 予以纠正
   C. 予以受理　　　　　　　　D. 予以退回,要求更正或补充

8. 企业出售产品一批,售价 5 000 元,收到一张转账支票送存银行。这笔业务应编制的记账凭证为( )。
   A. 付款凭证　　B. 转账凭证　　C. 收款凭证　　D. 以上均可

9. 审核原始凭证所记录的经济业务是否符合企业生产经营活动的需要、是否符合有关的计划和预算,属于( )审核。
   A. 合理性　　　B. 完整性　　　C. 合法性　　　D. 真实性

10. 以下凭证中,属于外来原始凭证的有( )。
    A. 出库单　　　B. 购货发票　　C. 入库单　　　D. 领料汇总表

11. 以下项目中,属于一次凭证和累计凭证的主要区别的是( )。
    A. 累计凭证是自制原始凭证,一次凭证是外来原始凭证
    B. 累计凭证填制的手续是多次完成的,一次凭证填制的手续是一次完成的
    C. 一次凭证是记载一笔经济业务,累计凭证是记载多笔经济业务
    D. 累计凭证是汇总凭证,一次凭证是单式凭证

12. 除了结账和更正错账以外,填制记账凭证的依据只能是( )。
    A. 审核无误的原始凭证　　　B. 原始凭证
    C. 会计账簿　　　　　　　　D. 会计报表

13. 华达公司于 2003 年 10 月 12 日开出一张现金支票,对出票日期正确的填写方法是( )。
   A. 贰零零叁年拾月壹拾贰日
   B. 贰零零叁年壹拾月壹拾贰日
   C. 贰零零叁年零壹拾月壹拾贰日
   D. 贰零零叁年零拾月壹拾贰日
14. 将记账凭证分为收款凭证、付款凭证和转账凭证的依据是( )。
   A. 记载经济业务内容的不同
   B. 凭证用途的不同
   C. 凭证填制手续的不同
   D. 所包括的会计科目是否单一
15. 原始凭证金额有错误的,应当( )。
   A. 由出具单位重开,不得在原始凭证上更正
   B. 由出具单位更正并且加盖公章
   C. 在原始凭证上更正
   D. 由经办人更正
16. 4 月 15 日行政管理人员王明将标明日期为 3 月 26 日的发票拿来报销,经审核后会计人员依据该发票编制记账凭证时,记账凭证的日期应为( )。
   A. 3 月 26 日   B. 4 月 1 日   C. 3 月 31 日   D. 4 月 15 日
17. 会计凭证的传递,是指( ),在单位内部有关部门及人员之间的传递程序。
   A. 会计凭证的填制或取得时起到归档保管过程中
   B. 会计凭证的填制到登记账簿止
   C. 会计凭证审核后到归档止
   D. 会计凭证的填制或取得到汇总登记账簿止

二、多选题
1. 收款凭证的借方科目可能是( )。
   A. 库存现金   B. 应收账款   C. 银行存款   D. 应付账款
2. 收款凭证和付款凭证是用来记录货币资金收付业务的凭证,它们是( )。
   A. 出纳人员收付款项的依据
   B. 根据库存现金和银行存款收付业务的原始凭证填制的
   C. 登记明细账和总账等有关账簿的依据
   D. 登记库存现金日记账、银行存款日记账的依据
3. 下列凭证属于外来原始凭证的有( )。
   A. 购货发货票   B. 施工单   C. 付款收据   D. 出差人员车票
4. 涉及现金与银行存款之间的划款业务时,可以编制的记账凭证有( )。
   A. 银行存款付款凭证   B. 现金收款凭证
   C. 银行存款收款凭证   D. 现金付款凭证
5. 下列原始凭证中,属于单位自制原始凭证的有( )。
   A. 购料收到的增值税专用发票

B. 收料单

C. 领料单

D. 限额领料单

6. 按照规定,除( )的记账凭证可以不附原始凭证,其他记账凭证必须附有原始凭证。

A. 更正错账　　　　　　　　B. 提取现金

C. 现金存入银行　　　　　　D. 结账

7. 下列项目中符合填制会计凭证要求的是( )。

A. 阿拉伯数字前面的人民币符号写为"￥"

B. 汉字大小写金额必须相符且填写规范

C. 大写金额有分的,分字后面不写"整"或"正"字

D. 阿拉伯数字连笔书写

8. 关于原始凭证的填制,下列说法中正确的是( )。

A. 自制原始凭证必须有经办部门负责人或其指定的人员签名或盖章

B. 购买实物的原始凭证,必须有验收证明

C. 不得以虚假的交易或事项为依据填制原始凭证

D. 原始凭证应在交易或事项发生或完成后及时填制

9. 下列项目中,属于原始凭证和记账凭证共同具备的基本内容的是( )。

A. 凭证的名称及编号

B. 填制凭证的日期

C. 填制及接受单位的名称

D. 有关人员的签章

10. 专用记账凭证按其所反映的经济业务是否与现金和银行存款有关,通常可以分为( )。

A. 转账凭证　　B. 收款凭证　　C. 付款凭证　　D. 结算凭证

11. 在填制记账凭证时,下列做法中错误的有( )。

A. 更正错账的记账凭证可以不附原始凭证

B. 一个月内的记账凭证连续编号

C. 将不同类型业务的原始凭证合并编制一份记账凭证

D. 从银行提取库存现金时只填制库存现金收款凭证

12. 记账凭证审核的主要内容有( )。

A. 数量是否正确　　　　　　B. 科目是否正确

C. 项目是否齐全　　　　　　D. 内容是否真实

13. 以下有关会计凭证的表述中正确的是( )。

A. 会计凭证是登记账簿的依据

B. 会计凭证是明确经济责任的书面文件

C. 会计凭证是记录经济业务的书面证明

D. 会计凭证是编制报表的依据

14. 以下项目中,属于原始凭证的填制要求的有( )。

A. 书写清楚　　B. 记录真实　　C. 填制及时　　D. 内容完整

15. 下列人员中,应在记账凭证上签名或盖章的有( )。
 A. 记账人员　　　B. 审核人员　　　C. 制单人员　　　D. 会计主管人员

三、不定项选择题

1. 下列属于外来原始凭证的有( )。
 A. 仓库保管人员填制的收料单
 B. 供货方发票
 C. 职工出差取得的车票和住宿发票
 D. 销售发票

2. 人民币叁仟壹佰贰拾元伍角整在填写原始凭证小写金额时,正确的是( )。
 A. 3 120.5　　B. ¥3 120　　C. ¥3 120.50　　D. ¥3 120.5

3. 在合理组织会计凭证传递时,主要应考虑( )两方面的问题。
 A. 确定传递线路　　　　　　B. 确定传递日期
 C. 确定传递人员　　　　　　D. 确定传递时间

4. 下列属于复式记账凭证的是( )。
 A. 转账凭证　　B. 收款凭证　　C. 汇总凭证　　D. 付款凭证

5. 下列属于原始凭证基本内容的是( )。
 A. 接受单位名称　　　　　　B. 填制日期
 C. 凭证附件　　　　　　　　D. 凭证名称

6. 原始凭证不得外借,其他单位如确实需要使用,经本单位( )批准,可以复印。
 A. 会计人员　　　　　　　　B. 单位负责人
 C. 会计机构负责人　　　　　D. 会计主管人员

7. 在一定时期内多次记录同类经济业务的原始凭证是( )。
 A. 复式凭证　　B. 汇总凭证　　C. 一次凭证　　D. 累计凭证

8. 销售产品 50 000 元,收到一张期限 6 个月的商业承兑汇票,应填制的记账凭证是( )。
 A. 汇总凭证　　B. 转账凭证　　C. 付款凭证　　D. 收款凭证

9. 只有审核无误的( ),才能作为登记账簿的依据。
 A. 一切文字凭证　　　　　　B. 记账凭证
 C. 会计凭证　　　　　　　　D. 原始凭证

10. 下列属于原始凭证的是( )。
 A. 生产计划　　　　　　　　B. 发料凭证汇总表
 C. 产品入库单　　　　　　　D. 收款收据

四、判断题

1. 会计部门应于记账之后,定期对各种会计凭证进行分类整理,并将各种记账凭证按编号顺序排列,连同所附的原始凭证一起加具封面,装订成册。( )

2. 由于自制原始凭证的名称、用途、内容、格式不同,因而不需要对其真实性、合法性审核。( )

3. 外来原始凭证一般都是一次凭证。( )

4. 累计凭证是在一定期间内根据多张相同的原始凭证累计而成的。( )

5. 从外部取得的原始凭证,必须盖有填制单位的公章;从个人取得的原始凭证,不需签名盖章。											( )
6. 审核无误的原始凭证是登记账簿的直接依据。											( )
7. 付款凭证只有在银行存款减少时才填制。											( )
8. 填制和审核会计凭证是一种会计核算的专门方法。											( )
9. 在编制记账凭证时,原始凭证就是记账凭证的附件。											( )
10. 现金存入银行时,为避免重复记账只编制银行存款收款凭证,不编制现金付款凭证。											( )

项目六
登记账簿

KUAIJI JICHU

学习目标

1. 了解会计账簿的概念与分类;
2. 了解会计账簿的更换与保管;
3. 熟悉会计账簿的登记要求;
4. 熟悉总分类账与明细分类账平行登记的要点;
5. 掌握日记账、总账及有关明细账的登记方法;
6. 掌握对账与结账的方法;
7. 掌握错账查找与更正的方法。

任务导航

任务6.1　会计账簿概述
任务6.2　会计账簿的启用和登记要求
任务6.3　会计账簿的格式和登记方法
任务6.4　错账的更正方法
任务6.5　对账与结账
任务6.6　会计账簿的更换与保管

　　会计账簿是记录会计信息的载体,是积累和储存经济活动情况的数据库。会计账簿的设置,包括账簿的种类、内容、格式和登记方法。会计账簿按其用途不同,分为序时账簿、分类账簿和备查账簿;按其账页格式不同,分为两栏式账簿、三栏式账簿、多栏式账簿和数量金额式账簿;按其外表形式不同,分为订本式账簿、活页式账簿和卡片式账簿。各种账簿的基本内容一般由封面、扉页、账页和封底组成。会计账簿的启用和记账必须遵守相应的规则和要求。日记账的格式主要有三栏式和多栏式两种;总分类账的格式一般采用借、贷、余三栏式;明细分类账的格式主要有三栏式、多栏式、数量金额式和横线登记式。为了保证账簿记录的正确性,应当建立定期对账制度,并定期办理结账工作。在记账过程中,如发生错账,应采用正确的方法予以更正。年度终了,大多数账簿都要结束旧账,启用新账。会计账簿作为重要的会计档案,应妥善保管。

任务6.1　会计账簿概述

一、会计账簿的概念及作用

1. 会计账簿的概念

　　会计账簿是指由一定格式账页组成的,以经过审核的会计凭证为依据,全面、系统、连续地记录各项经济业务的簿籍。各单位应当按照国家统一的会计制度的规定和会计业务的需要设置会计账簿。

2. 设置和登记会计账簿的作用

　　设置和登记会计账簿,既是填制和审核会计凭证的延伸,也是编制财务报表的基础,是连接会计凭证和财务报表的中间环节。设置和登记会计账簿,对于全面、系统、连续地反映各项经济业务,充分发挥会计在经济管理中的作用,具有重要意义。

设置和登记会计账簿的作用主要有:

(1)记载和储存会计信息;

(2)分类和汇总会计信息;

(3)检查和校正会计信息;

(4)编报和输出会计信息。

3.会计账簿与账户的关系

账簿与账户的关系是形式和内容的关系。账户存在于账簿之中,账簿中的每一账页就是账户的存在形式和载体,没有账簿,账户就无法存在;账簿序时、分类地记载经济业务,是在个别账户中完成的。因此,账簿只是一个外在形式,账户才是它的真实内容。

二、会计账簿的基本内容

各种账簿记载的经济业务不同,格式也多种多样,但各种账簿一般应包括以下三部分内容(见图6-1)。

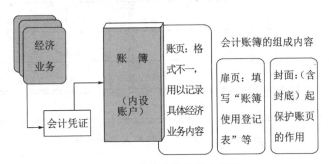

图6-1 会计账簿的基本内容

(1)封面。封面主要标明账簿的名称和记账单位的名称。

(2)扉页。扉页主要列明科目索引、账簿启用和经管人员一览表。内容包括:单位名称、账簿名称、起止页数、册次;启用日期和截止日期;经管账簿单位会计机构负责人(会计主管人员)、经管人员、移交人和移交日期、接管人和接管日期;账户目录等。账簿启用和经管人员一览表如图6-2所示。

(3)账页。账页是账簿用来记录经济业务事项的载体,反映不同经济业务内容的账簿,其账页格式也有所不同,但基本内容主要包括:账户的名称,包括一级会计科目、二级或明细科目名称;登记账户的日期栏,包括年、月、日;凭证种类和号数栏;摘要栏,即所记录的经济业务内容的简要说明;金额栏,记录本账户发生增、减变化的金额及相应余额;总页次、分户页次等。

三、会计账簿的分类

1.按用途分类

(1)序时账簿。序时账簿也称日记账,是按照经济业务发生或完成时间的先后顺序逐日逐笔进行登记的账簿。在我国,大多数单位一般只设库存现金日记账和银行存款日记账。

(2)分类账簿。分类账簿是对全部经济业务事项按照会计要素的具体类别而设置的分类账

单位名称							印　鉴	
账簿名称		（第　册）						
账簿编号								
账簿页数		本账簿共计　页　本账簿页数　检点人盖章						
启用日期		公元　年　月　日						
经管人员	负责人		主办会计		复核		记账	
	姓名	盖章	姓名	盖章	姓名	盖章	姓名	盖章
接交记录	经管人员			接管		交出		
	职别		姓名	年 月 日	盖章	年 月 日	盖章	
备注								

图 6-2　账簿启用及经管人员一览表

户进行登记的账簿，按照总分类账户分类登记经济业务事项的是总分类账簿，简称总账；按照明细分类账户分类登记经济业务事项的是明细分类账簿，简称明细账。分类账簿的组成参考图 6-3。

分类账簿提供的核算信息是编制会计报表的主要依据。

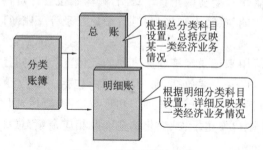

图 6-3　分类账簿的组成

(3) 备查账簿。备查账簿也称辅助账簿或备查簿。它是对序时账簿和分类账簿未能记载或记载不全的与经济业务有关的情况进行补充登记的账簿，或者说是对有些备忘事项进行登记的账簿，如"租入固定资产登记簿"。备查账簿不是根据会计科目设置的，与其他账户之间不存在严密的依存关系；另外，在登记过程中也不必遵循复式记账原则。

2.按外表形式分类

会计账簿的外表形式即账簿的外观形式。会计账簿从外表形式看,并不全是前面所看到的那种已经装订成册的账簿,还有一些其他外表形式。

会计账簿按其外表形式可分为订本式账簿、活页式账簿和卡片式账簿三种,如图6-4所示。

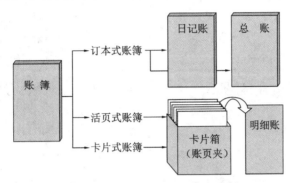

图6-4 会计账簿按外表形式分类的组成内容

(1)订本式账簿,简称订本账。订本式账簿是在启用前就把许多账页按顺序编号装订成册的账簿。其优点是可以防止账页的散失,防止人为抽换账页,保证账簿的安全完整;缺点是使用起来不够灵活,因为订本式账簿账页固定,不能增减,特别是在一个账簿中设立多个账户时,究竟为每个账户预留多少账页难以确定,留多了会造成浪费,留少了又不能保证账户记录的连续性。另外,采用这种账簿也不便于会计人员分工记账。总分类账、现金日记账和银行存款日记账等一般采用订本式账簿。

(2)活页式账簿,简称活页账。它是一种在账簿使用前,既不进行账页装订,也不按其顺序连续编号的账簿。这种账簿的账页放置在活动的账夹中,可根据需要取用,账页在使用时才连续编号。登记完毕的账页应装订成册,以便于保管。其优点是账页使用灵活方便,根据记账需要可灵活选择账页用量的多少,可避免账页的浪费;缺点是账页容易被人抽换,难以保证账簿的安全、完整。各类明细分类账一般采用活页账形式。

(3)卡片式账簿,简称卡片账。它是一种为了长期用于某一方面经济业务的核算,由若干具有专门格式的卡片账页排列在卡片箱中所组成的账簿。卡片式账簿实际上也是一种活页式账簿,只是用于登记那些在企业的经营过程中长期存续,但又不需要经常登记的经济业务。为使账页长期使用,防止账页破损,应使用硬卡片式账页。卡片式账簿可以跨年度使用,但适用范围较窄。在我国,企业一般只对固定资产明细账采用卡片账形式,少数企业在材料核算中也使用材料卡片。

3.按账页格式分类

(1)两栏式账簿。两栏式账簿是指只有借方和贷方两个基本金额栏目的账簿。普通日记账和转账日记账一般采用两栏式。

(2)三栏式账簿。三栏式账簿是设有借方、贷方和余额三个基本栏目的账簿。各种日记账,总分类账,以及资本、债权、债务明细账都可采用三栏式账簿。三栏式账簿又分为设对方科目和不设对方科目两种,区别是在摘要栏和借方科目栏之间是否有一栏"对方科目"。有"对方科目"栏的,称为设对方科目的三栏式账簿;不设"对方科目"栏的,称为不设对方科目的三栏式账簿。三栏式账簿格式如图6-5所示。

总分类账

会计科目 管理费用

2019年 月	日	凭证号数	摘要	页数	借方	贷方	借或贷	余额
6	9	银付2	购办公用品		120000		借	120000

图 6-5　三栏式账簿格式

(3)多栏式账簿。多栏式账簿是在账簿的两个基本栏目借方和贷方按需要分设若干专栏的账簿。收入、费用类明细账一般采用这种格式的账簿。多栏式账簿格式如图 6-6 所示。

管理费用　明细账

2019年 月	日	凭证号数	摘要	发生额合计	办公费	差旅费	职工薪酬	折旧费	其他
6	9	银付26	采购办公用品	120000	120000				
	10	转78	分配行政管理人员工资	1000000			1000000		
	30	转219	计提固定资产折旧	100000				100000	
	30	转226	结转管理费用	1220000	120000		1000000	100000	

图 6-6　多栏式账簿格式

(4)数量金额式账簿。数量金额式账簿的借方(收入)、贷方(发出)和余额(结存)三个栏目内,都分设数量、单价和金额三小栏,借以反映财产物资的实物数量和价值量。原材料、库存商品、产成品等明细账一般都采用数量金额式账簿。数量金额式账簿格式如图 6-7 所示。

账号　　总页次
页次

原材料

货名 A材料　货号　类别　规格　计量单位　储存地点

2007年 月	日	凭证 种类	号数	摘要	收入 数量	单价	金额	发出 数量	单价	金额	结存 数量	单价	金额
7	1			期初余额							18880.00	1.00	1888000

图 6-7　数量金额式账簿格式

任务 6.2　会计账簿的启用和登记要求

一、会计账簿的启用

启用会计账簿时,应当在账簿封面上写明单位名称和账簿名称,并在账簿扉页上附启用表。"账簿启用及经管人员一览表"的格式如图 6-2 所示。

启用订本式账簿应当从第一页到最后一页顺序编定页数,不得跳页、缺号。

使用活页式账簿应当按账户顺序编号,并须定期装订成册;装订后再按实际使用的账页顺序编定页码,另在第一页前面加账户目录(见表 6-1),以便于记明每个账户的名称和页次。

表 6-1　账户目录

账户名称	页数	账户名称	页数	账户名称	页数

账户目录是由记账人员在账簿中开设账页后,按顺序将每个账户的名称和页数登记的,作用是便于查阅账簿中登记的内容。对于活页账,可以先把账户名称填好,等年度终了装订归档的时候再把页数填上。

二、会计账簿的登记要求

会计账簿是储存数据资料的重要会计档案,为了保证账簿记录的正确性,必须根据审核无误的会计凭证登记会计账簿,并符合有关法律、行政法规和国家统一的会计准则制度的规定。登记账簿时应严格遵照下列登记要求。

(1)登记会计账簿时,应当将会计凭证日期、编号、业务内容摘要、金额和其他有关资料逐项记入账内,做到数字准确、摘要清楚、登记及时、字迹工整。对于每天发生的各种各样的经济业务都要登记入账,确保账簿记录的完整性。

(2)登记完毕后,要在记账凭证上签名或者盖章,并注明已经登账的符号"√"表示已经记账,以避免重记或者漏记。

在账簿中登记完毕后,在记账凭证上签名或盖章并做标记(见表6-2)。

表6-2 转账凭证

20××年2月15日　　　　　　　　　　　　　　　　　转字第8号

摘要	一级科目	二级或明细科目	借方金额	贷方金额	记账	
生产用料	生产成本	甲产品	10 000		√	附件壹张
	原材料	钢材		10 000	√	
合计			10 000	10 000		

会计主管 李鸣　　记账 张清　　稽核 沈严　　填制 方新

(记账人员签名或盖章;已经登记记账的符号)

(3)账簿中书写的文字和数字上面要留有适当空格,不要写满格,一般应占格距的1/2,便于发生错账时进行更正。账簿要保持清晰、整洁,记账的文字和数字要端正,文字和数字书写要符合规范。

在账簿中数字和文字的书写方法要求如图6-8所示。

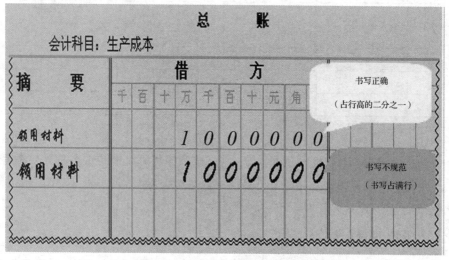

图6-8 账簿中数字和文字的书写方法要求

(4)登记账簿要用蓝黑墨水或者碳素墨水书写,不得使用圆珠笔(银行的复写账簿除外)或者铅笔书写。这是因为按照会计档案管理办法,各种账簿的保管期限一般都在十年以上,一些重要的账簿资料甚至可能要永久保存,所以必须保证账簿记录保持长久,字迹清晰,以便查阅、使用。

(5)在账簿记录中,红字表示对蓝色数字的冲销、减少或者表示负数,所以要慎用红字。下列情况,可以用红色墨水记账:按照红字冲账的记账凭证,冲销错误记录;在不设借贷等栏的多栏式账页中,登记减少数(见图6-9);在三栏式账户的余额栏前,如未印明余额方向的,在余额栏内登记负数余额；根据国家统一的会计制度的规定可以用红字登记的其他会计记录。

生产成本明细账

科目名称 基本生产成本
产品名称 B产品

2018年		凭证		摘要	借方发生额	成本项目					
月	日	种类	号数		百十万千百十元角分	直接材料 百十万千百十元角分	直接人工 百十万千百十元角分	制造费用 百十万千百十元角分	百十万千百十元角分	百十万千百十元角分	百十万千百十元角分
5	5	略		领用材料	11780000	11780000					
	31			分配工资	4200000		4200000				
	31			分配制造费用	1722000			1722000			
5	31			本月合计	17702000	11780000	4200000	1722000			
5	31			结转完工产品成本	17702000	11780000	4200000	1722000			

此行为红字

图 6-9　用红字登记减少数

（6）各种账簿应按页次顺序连续登记，不得跳行、隔页。如果发生跳行、隔页，应当将空行、空页划线注销，或者注明“此行空白”“此页空白”字样，并由记账人员签名或者盖章。表 6-3 为登记账户过程中发生“跳行”时的处理方法；表 6-4 为登记账户过程中发生“隔页”时的处理方法。

表 6-3　总账

会计科目：原材料

20××年		凭证		摘要	借方	贷方	借或贷	余额
月	日	种类	号数					
2	1			月初余额			借	20 000
	5	转	25	入库	10 000		借	30 000
				此行空白 张清				
	7	转	30	出库		5 000	借	25 000

此为红线

表 6-4　总账

会计科目：原材料

年		凭证		摘要	借方	贷方	借或贷	余额
月	日	种类	号数					
				此页空白 张清				

此为红线

（7）凡需要结出余额的账户，结出余额后，应当在“借或贷”等栏内写明“借”或者“贷”等字样，表明余额的方向。没有余额的账户，应在“借或贷”栏内写“平”字，并在“余额”栏用“θ”表示（见图 6-10）。

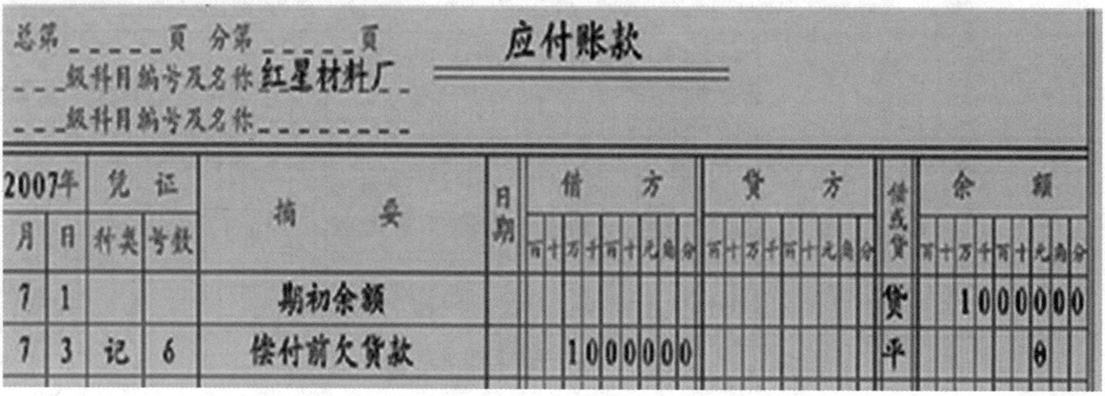
总第_____页 分第_____页

应付账款

___级科目编号及名称 红星材料厂

___级科目编号及名称________

2007年		凭证		摘要	日期	借方	贷方	借或贷	余额
月	日	种类	号数			百十万千百十元角分	百十万千百十元角分		百十万千百十元角分
7	1			期初余额				贷	1000000
7	3	记	6	偿付前欠货款		1000000		平	θ

图 6-10 “余额”栏的处理

（8）每一账页登记完毕结转下页时，应当结出本页合计数及余额，写在本页最后一行和下页第一行有关栏内，并在摘要栏内注明“过次页”和“承前页”字样（见表 6-5 和表 6-6）。也可以将本页合计数及金额只写在下页第一行有关栏内，并在摘要栏内注明“承前页”字样，以保证账簿记录的连续性。

表 6-5 总账

会计科目：原材料

20××年		凭证		摘要	借方	贷方	借或贷	余额
月	日	种类	号数					
2	5			承前页			借	20 000
	5	转	25	入库	10 000		借	30 000
	7	转	30	出库		5 000	借	25 000
	8			过次页	10 000	5 000	借	25 000

账页的最后一行

表 6-6 总账

会计科目：原材料

20××年		凭证		摘要	借方	贷方	借或贷	余额
月	日	种类	号数					
2	8			承前页	10 000	5 000	借	25 000

新账页的第一行

对需要结计本月发生额的账户,结计"过次页"的本页合计数应当为自本月初起至本页末止的发生额合计数;对需要结计本年累计发生额的账户,结计"过次页"的本页合计数应当为自年初起至本页末止的累计数;对既不需要结计本月发生额,也不需要结计本年累计发生额的账户,可以只将每页末的余额结转次页。

(9)账簿记录发生错误,严禁刮擦、挖补、用修正液修改,也不得重抄,应按照规定的方法进行更正。

实行会计电算化的单位,用电子计算机打印的会计账簿必须连续编号,经审核无误后装订成册,并由记账人员和会计机构负责人、会计主管人员签字或者盖章,总账和明细账应当定期打印。发生收款和付款业务的,在输入收款凭证和付款凭证的当天应该打印出现金日记账和银行存款日记账。

任务 6.3　会计账簿的格式和登记方法

一、日记账的格式和登记方法

日记账是按照经济业务发生或完成的时间先后顺序逐日逐笔进行登记的账簿。设置日记账的目的是使经济业务的时间顺序清晰地反映在账簿记录中。日记账按其所核算和监督经济业务的范围,可分为特种日记账和普通日记账。在我国,大多数企业一般只设库存现金日记账和银行存款日记账。

企业设置库存现金日记账和银行存款日记账,用来序时核算库存现金和银行存款的收入、支出和结存情况,据以加强对货币资金的日常管理。下面介绍有关库存现金日记账和银行存款日记账的格式和登记方法。

(一)库存现金日记账的格式和登记方法

1. 库存现金日记账的格式

库存现金日记账是用来核算和监督库存现金日常收、付和结存情况的序时账簿。库存现金日记账的格式主要有三栏式和多栏式两种。无论采用三栏式还是多栏式库存现金日记账,库存现金日记账必须使用订本账。

1)三栏式库存现金日记账的格式

三栏式库存现金日记账是用来登记库存现金的增减变动及其结果的日记账。设借方、贷方和余额三个金额栏目,一般将其分别称为收入、支出(或付出、发出)和结余三个基本栏目。三栏式库存现金日记账的账页格式,如表6-7所示。

表6-7　三栏式库存现金日记账

第×页

20××年		凭证		摘要	对应账户	过账	借方（收入）	贷方（支出）	结余
月	日	种类	号数						
～	～	～	～	～	～	～	～	～	～

2)多栏式库存现金日记账的格式

多栏式库存现金日记账是将账页划分为收入、支出和结存三大栏,然后将收入栏进一步划分若干栏目,分别按其对应科目设置专栏,月末汇总各栏目发生额(见表6-8)。这样做的优点是所有的现金收付业务集中在一张账页上,便于集中查阅,能反映科目对应关系,有利于分析现金的流量;缺点是若对应的科目太多,则易造成账页篇幅太长,反而不便于记账、查账。因此,可将多栏式库存现金日记账分为多栏式库存现金收入日记账(见表6-9)和多栏式库存现金支出日记账(见表6-10)。

表6-8　多栏式库存现金日记账

第×页

20××年		凭证		摘要	收入		支出		结余
月	日	种类	号数		应贷科目	合计	应借科目	合计	

表6-9　多栏式库存现金收入日记账

第×页

20××年		凭证号数	摘要	贷方科目					收入合计	支出合计	结余
月	日			银行存款①	其他应收款	主营业务收入	…	…			

表6-10　多栏式库存现金支出日记账

第×页

20××年		凭证号数	摘要	借方科目					支出合计
月	日			管理费用	物资采购	银行存款①	…	…	

2.库存现金日记账的登记方法

库存现金日记账由出纳人员根据同现金收付有关的记账凭证,按时间顺序逐日逐笔进行登记,并根据"上日余额+本日收入-本日支出=本日余额"的公式,逐日结出现金余额,与库存现金实存数核对,以检查每日现金收付是否有误。

三栏式库存现金日记账是由出纳人员根据库存现金收款凭证、库存现金付款凭证以及银行存款的付款凭证,按照库存现金收、付款业务和银行存款付款业务发生时间的先后顺序逐日逐笔登记。三栏式库存现金日记账登记方法见表6-11。

表 6-11　现金日记账(三栏式)

20××年		凭证		摘要	对方科目	收入	支出	结余
月	日	收款	付款					
3	1			月初余额				200
	1		银付1	从银行提现金	银行存款	1 000		1 200
	1		现付2	于方借款	其他应收款		1 000	200
	1	现收1		于方交回余款	其他应收款	250		450

库存现金日记账的具体登记方法如下。

(1)日期栏:记账凭证的日期,一般应与现金实际收付时间一致。

(2)凭证栏:用来登记入账的收、付款凭证的种类、编号,如"现金收(付)款凭证",简写为"现收(付)","银行存款收(付)款凭证",简写为"银收(付)",登记记账凭证的编号是为了便于查账和核对。

(3)摘要栏:简要说明登记入账的经济业务的内容,文字要简明扼要但能说明问题。

(4)对方科目栏:现金收入的来源科目或者现金开支的用途科目。例如,用现金购买行政部门办公用品的业务,其对方科目栏应填列"管理费用",对方科目栏的作用在于了解经济业务的来龙去脉。

(5)收入、支出栏:现金实际收付的金额。每日终了,应分别计算现金收入和支出的合计数,结算出余额,并将余额与出纳保管的库存现金核对,即日常所说的"日清",如果账实不符,应查明原因,并记录在案,按规定报批处理;月末也要计算现金收入、支出和结存合计数,称作"月结"。对于从银行提取现金的现金收入业务,为避免重复登账,习惯上不编收款凭证,只编付款凭证,所以这时的现金收入数应根据银行存款付款凭证登记。

(6)对于借、贷方分设的多栏式现金日记账,应先根据有关现金收入业务的记账凭证登记现金收入日记账,根据有关现金支出业务的记账凭证登记现金支出日记账,每日营业终了,根据现金支出日记账结计的支出合计数,一笔转入现金收入日记账的"支出合计"栏中,以便结算出当日的现金账面结余数,并结出当日余额。

(二)银行存款日记账的格式和登记方法

银行存款日记账是用来核算和监督银行存款每日的收入、支出和结余情况的账簿。银行存款日记账应按企业在银行开立的账户和币种分别设置,每个银行账户设置一本日记账。

1.银行存款日记账的格式

银行存款日记账的格式与库存现金日记账的格式基本相同,其账页格式通常也是采用借、贷、余三栏式,并应按开户银行和其他金融机构分别设置(见表6-12)。

表 6-12 银行存款日记账(三栏式)

20××年		凭证	摘要	结算凭证		对方科目	收入	支出	结余
月	日			种类	号数				
3	1		月初余额						200 000
	1	银付1	提取现金	现金支票	0356	现金		5 000	195 000
	1	银收1	销售收入	转账支票	2375	主营业务收入	35 100		230 100
	1	银付2	付材料款	转账支票	0431	物资采购		46 800	183 300

（登记方法与现金日记账相同；登记结算凭证种类和编号；登记分录中银行存款的对方科目；登记方法与现金日记账相同）

与库存现金日记账相似，如果一个单位的收付款凭证数量较多，为减少登账工作量，银行存款日记账可采用多栏式日记账的格式，其登记方法与多栏式库存现金日记账相同。若银行存款的对应科目过多，会使登记不便，而且容易发生串行或错栏，为避免这种情形，可分设多栏式银行存款收入日记账和多栏式银行存款支出日记账，其格式和登记方法均可比照多栏式库存现金收入日记账和多栏式库存现金支出日记账，这里不再赘述。

2.银行存款日记账的登记方法

银行存款日记账的登记方法与库存现金日记账的登记方法基本相同。银行存款日记账由出纳人员根据与银行存款收付业务有关的记账凭证，按时间先后顺序逐日逐笔进行登记。根据银行存款收款凭证和有关的库存现金付款凭证登记银行存款收入栏，根据银行存款付款凭证登记其支出栏，每日结出存款余额，并定期（一般每月一次）与银行对账单核对。

值得注意的是，银行存款日记账中的现金支票号数栏、转账支票号数栏是指：如果所记录的经济业务是以支票付款结算的，应在这两栏中填写相应的支票号数，以便与开户银行对账（见表6-12）。

由于日记账是按照经济业务的先后顺序登记的，各账户相互交替记录，无法反映某一个账户在一定时期内的增减变化及其结果，所以各单位除了设置现金日记账、银行存款日记账以外，还应设置分类账，用来总括、详细地分类核算单位各项经济业务，为编制会计报表提供必要的资料。分类账和日记账一样，是随着经济发展、经济业务的日益复杂而不断发展、完善的。为了满足管理需要，适应会计分工要求，它从单一的分类账发展为总分类账和明细分类账。

二、总分类账的格式和登记方法

总分类账是按照总分类账户分类登记以提供总括会计信息的账簿。

(一)总分类账的格式

在总分类账中，应按总分类会计科目的编码和顺序分别设置账户。总分类账一般采用订本式账簿，所以要为每个账户事先预留好账页。由于总分类账可以全面、概括地反映一个单位的经济活动情况,而且能够为编制会计报表提供资料,所以每个单位都要设置总分类账。

总分类账的格式取决于所采用的记账方法和会计核算程序。总分类账最常用的格式为三栏式,设有借方、贷方和余额三个金额栏目,也可以根据需要采用增设对应科目的三栏式账页格式,还可以采用多栏式,比如日记总账的格式。无论采用哪一种格式,会计人员每月都要将全月已发生的经济业务全部登记入账,并于月末结出各个总分类账户的本期发生额和期末余额,作为编制会计报表的依据。

1. 三栏式总分类账的格式

1)不设对应科目的三栏式总分类账

不设对应科目的三栏式总分类账,在账页中设有借方、贷方和余额三个金额栏。不设对应科目的三栏式总分类账的格式如表 6-13 所示。

表 6-13 不设对应科目的三栏式总分类账

会计科目: 　　　　　　　　　　　　　　　　　　　　　　　　　　　　　　　　　　第　　页

年		凭证		摘要	借方	贷方	借或贷	余额
月	日	字	号					

2)增设对应科目的三栏式总分类账

增设对应科目的三栏式总分类账,除了在账页中设有借方、贷方和余额三个金额栏以外,还分别在借方和贷方的金额栏中设置了对方科目栏,以便直接从总分类账中了解经济业务的来龙去脉。增设对应科目的三栏式总分类账的格式如表 6-14 所示。

表 6-14 增设对应科目的三栏式总分类账

会计科目: 　　　　　　　　　　　　　　　　　　　　　　　　　　　　　　　　　　第　　页

年		凭证		摘要	借方		贷方		借或贷	余额
月	日	字	号		金额	对方科目	金额	对方科目		

2. 多栏式总分类账的格式

多栏式总分类账是把序时账簿和总分类账簿结合在一起的联合账簿,通常称为日记总账。采用这种总分类账簿,可以减少登记总分类账的工作量,提高工作效率,比较全面地反映经济业务的来龙去脉,利于分析各单位的经济活动情况。多栏式总分类账的格式如表 6-15 所示。

表 6-15　日记总账

年		凭证		摘要	发生额	××科目		××科目		××科目		××科目	
月	日	种类	号数			借方	贷方	借方	贷方	借方	贷方	借方	贷方

(二)总分类账的登记方法

总分类账的登记方法因登记的依据不同而有所不同。经济业务少的小型单位的总分类账可以根据记账凭证逐笔登记;经济业务多的大中型单位的总分类账可以根据记账凭证汇总表(又称科目汇总表)或汇总记账凭证等定期登记。至于到底采用何种方法则取决于企业所选用的账务处理程序。

三、明细分类账的格式和登记方法

为了详细反映经济活动情况,各单位在设置总分类账的基础上,还应设置必要的明细分类账。明细分类账是根据二级账户或明细账户开设账页,分类、连续地登记经济业务以提供明细核算资料的账簿。明细账提供详细、具体的核算资料,是对总账的必要补充。

明细分类账一般采用活页式账簿,也可以采用卡片式账簿。明细分类账的格式应根据其反映经济业务内容的特点及实物管理的不同要求来设计。明细分类账的常用格式主要有三栏式、多栏式、数量金额式和横线登记式(或称平行式)等四种账页格式。

(一)明细分类账的格式

1.三栏式明细分类账

三栏式明细分类账是设有借方、贷方和余额三个栏目,用以分类核算各项经济业务,提供详细核算资料的账簿。其格式与三栏式总账格式相同,即账页上设有“借、贷、余”三个金额栏,没有数量栏。它适用于只进行金额核算而不需要进行数量核算的资本、债权、债务账户的明细分类核算,如“应收账款”“应付账款”“短期借款”“应付职工薪酬”等明细分类账。三栏式明细分类账的格式如图 6-11 所示。

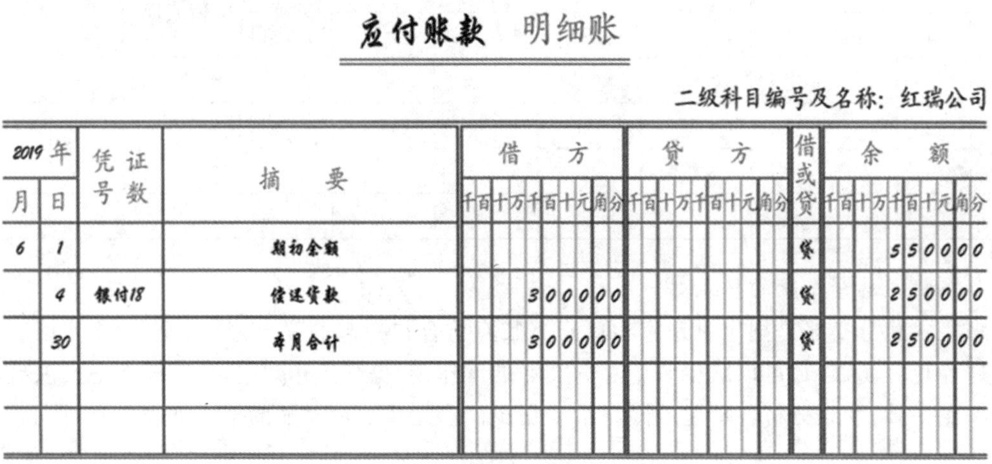
应付账款　明细账

二级科目编号及名称:红瑞公司

2019 年		凭证号数	摘要	借方(千百十万千百十元角分)	贷方(千百十万千百十元角分)	借或贷	余额(千百十万千百十元角分)
月	日						
6	1		期初余额			贷	550000
	4	银付18	偿还货款	300000		贷	250000
	30		本月合计	300000		贷	250000

图 6-11　三栏式明细分类账的格式

2. 多栏式明细分类账

多栏式明细分类账是将属于同一个总账科目的各个明细科目合并在一张账页上进行登记。多栏式明细分类账的格式不是按照每一个明细科目单设一张账页来登记，而是在一张账页中将属于同一总账科目的所有相关明细科目或项目集中起来，分设若干专栏予以登记和反映。这种格式适用于收入、成本、费用类科目的明细核算。

按照明细分类账登记的经济业务的不同，多栏式明细分类账的账页又可分为借方多栏式、贷方多栏式和借方贷方多栏式三种常用的格式。

1)借方多栏式明细分类账

借方多栏式明细分类账指按照借方科目设置若干专栏，用蓝字登记，贷方发生额则用红字在有关专栏内登记的明细分类账，适用于借方需要设多个明细科目或明细项目的账户，如“生产成本”“管理费用”“制造费用”“财务费用”“其他业务成本”“营业外支出”等科目的明细分类核算。借方多栏式明细分类账账页的格式和内容如图 6-12 所示。

管理费用　明细账

2019年 月	日	凭证号数	摘要	发生额合计（千百十万千百十元角分）	办公费（千百十万千百十元角分）	差旅费（千百十万千百十元角分）	职工薪酬（千百十万千百十元角分）	折旧费（千百十万千百十元角分）	其他（千百十万千百十元角分）
6	9	银付26	采购办公用品	120000	120000				
	10	转78	分配行政管理人员工资	1000000			1000000		
	30	转219	计提固定资产折旧	100000				100000	
	30	转226	结转管理费用	1220000	120000		1000000	100000	

此行为红字

图 6-12　借方多栏式明细分类账账页的格式和内容

2)贷方多栏式明细分类账

贷方多栏式明细分类账指按照贷方科目设置若干专栏，用蓝字登记，借方发生额则用红字在有关专栏内登记的明细分类账，适用于贷方需要设多个明细科目或多个明细项目的账户，如“主营业务收入”“其他业务收入”“营业外收入”等科目的明细分类核算。贷方多栏式明细分类账账页的格式和内容如图 6-13 所示。

主营业务收入　明细账

2019年 月	日	凭证号数	摘要	合计（千百十万千百十元角分）	贷方 A产品（百十万千百十元角分）	贷方 B产品（百十万千百十元角分）	贷方 C产品（百十万千百十元角分）	贷方 D产品（百十万千百十元角分）	贷方 ……（百十万千百十元角分）
12	1		销售A产品	1000000	1000000				
	3		销售B产品	2800000		2800000			

图 6-13　贷方多栏式明细分类账账页的格式和内容

3）借方贷方多栏式明细分类账

借方贷方多栏式明细分类账指按照借方和贷方科目分别设置若干专栏进行登记的明细分类账,适用于借方和贷方都需要设多个明细科目或多个明细项目的账户,如"本年利润""应交税费——应交增值税"科目的明细分类核算。借方贷方多栏式明细分类账账页的格式和内容如图6-14所示。

应交税费——应交增值税 明细账

2019年		凭证号数	摘要	借方			贷方				余额
月	日			进项税额	已交税金	合计	销项税额	进项税额转出	出口退税	合计	
12	2		购货	6500 00							
	3		销售				10200 00				

图6-14 借方贷方多栏式明细分类账账页的格式和内容

3.数量金额式明细分类账

数量金额式明细分类账账页适用于既要进行金额核算又要进行数量核算的账户,如原材料、库存商品等存货账户,其借方(收入)、贷方(发出)和余额(结存)都分别设有数量、单价和金额三个专栏。单位还可以根据需要在账页上方增设一些必要的项目,如材料或商品的类别、品种、规格、计量单位、存放地点等。数量金额式明细分类账账页提供了企业有关财产物资数量和金额收、发、存的详细资料,从而能加强财产物资的实物管理和使用监督,保证这些财产物资的安全、完整。"原材料""库存商品""委托加工物资"等存货账户一般采用数量金额式明细分类账账页。数量金额式明细分类账的账页格式如图6-15所示。

最高储存量_____ **原材料 明细账** 本账页数_____
最低储存量_____ 本户页数_____
编号 1008 规格_____ 单位 千克 名称 面粉

2018年		凭证		摘要	借方			贷方			结存		
月	日	种类	号数		数量	单价	金额	数量	单价	金额	数量	单价	金额
6	1			月初余额							300	200	60000 00
	10	转	87	领料				200	200	40000 00	100	200	20000 00

图6-15 数量金额式明细分类账的账页格式

4.横线登记式明细分类账

横线登记式明细分类账又称平行式明细分类账,是采用横线登记的方法,即将每一相关的业务登记在一行,从而可依据每一行各个栏目的登记是否齐全来判断该项业务的进展情况。横线登记式明细账的基本结构是将前后密切相关的经济业务在同一横行内进行详细登记,以检查每笔经济业务完成及变动情况。该明细分类账适用于登记材料采购、在途物资、应收票据和一次性备用金等业务。横线登记式明细分类账的账页格式与内容如图 6-16 所示。

其他应收款——备用金 明细账

2019年		凭证号数	摘要	借方			2019年		凭证号数	摘要	贷方			余额
月	日			原借	补付	合计	月	日			报销	退	合计	
3	5	6	李明	50000		50000								
3	7	10	张军	60000		60000	3	12	90	报销	58000	2000	60000	

图 6-16 横线登记式明细分类账的账页格式与内容

明细分类账除以上四种常见的格式外,还可根据不同的管理需要采用不同的格式。如对固定资产的核算,由于其价值较大,使用期限较长,可采用卡片式明细账。

(二)明细分类账的登记方法

不同类型经济业务的明细分类账可根据管理需要,依据记账凭证、原始凭证或汇总原始凭证逐日逐笔或定期汇总登记。

(1)通常情况下,有关财产物资和债权债务结算的明细账应逐笔登记。

(2)种类多、收发频繁的库存商品、原材料收发明细账可以逐笔登记,也可定期汇总登记。

(3)有关收入、费用、成本等明细账既可以逐日汇总登记,也可以定期汇总登记。

对于只设有借方的多栏式明细分类账,平时在借方登记"制造费用""管理费用""主营业务成本"等账户的发生额,贷方登记月末将借方发生额一次转出的数额。所以平时如果发生贷方发生额,应该用红色数字在多栏式账页的借方栏中登记表示冲减。对于只设有贷方的多栏式明细分类账,平时在贷方登记"主营业务收入""营业外收入"等账户的发生额,贷方登记月末将贷方发生额一次转出的数额,所以平时如果发生借方发生额,应该用红色数字在多栏式账页的贷方栏中登记表示冲减。

明细分类账一般应于会计期末结算出当期发生额及期末余额。

关于备查账簿,由于它仅仅是对企业日记账、分类账的补充,因此,其种类、格式及登记方法均无特殊规定,一般可依照企业具体需要确定,因此本教材不做详细介绍。

四、总分类账和明细分类账的平行登记

总分类账和明细分类账都是分类账簿,两者之间既存在明显的区别又有紧密的联系。

(一)总分类账户与明细分类账户的关系

1.两者的联系

(1)反映的经济业务内容相同。如前所述,总分类账是对所有总账科目(一级科目)反映的经济内容开设的账户,而明细分类账则是对某一总账科目所属的明细科目和项目开设专门账户,对其逐一进行明细分类核算。可见,依据总账科目及其所属的明细科目所开设的总账和明细账,所记录和反映的经济业务是相同的。

(2)登记账簿的原始依据相同。登记总分类账户与其所属明细分类账户的记账凭证或者原始凭证是相同的。

2.两者的区别

(1)提供核算资料的详细程度不同。总分类账是反映总账科目所核算的经济内容的增减变化的综合资料,提供资产、负债、所有者权益、收入、费用、利润等方面总括的情况;明细分类账户核算经济业务内容增减变化的详细情况,提供的是某一资产、负债、所有者权益、成本、费用、利润等的具体核算资料。

(2)作用不同。总分类账户提供的经济指标是对明细分类账资料的综合,对明细分类账户具有统驭控制作用;明细分类账户提供的具体资料是对总分类账户的补充,具有详细说明的作用。

一般情况下,企业对发生的经济业务,既要通过总分类账户进行核算(简称总分类核算),又要通过明细分类账进行核算(简称明细分类核算)。不过在会计核算中,并不是所有的总分类账户都需要开设明细分类账户的,如累计折旧就不需开设明细账。根据总分类账户和明细分类账户的相互关系,在会计核算工作中,必须按照平行登记的方法组织总分类核算和明细分类核算。

(二)平行登记

总分类账户与其所属明细分类账户记录的经济业务内容是相同的,所不同的只是提供核算资料详细程度的差别。在实际工作中,为了便于对账,满足各单位经济管理对综括会计信息和详细会计信息的需要,保证核算资料的真实、完整,总分类账户与其所属明细分类账户必须采用平行登记的方法。

平行登记是指对所发生的每项经济业务事项都要以会计凭证为依据,一方面记入有关总分类账户,另一方面记入有关总分类账户所属明细分类账户的方法。

具体地说,平行登记的要点如下:

(1)依据相同。对于每一项经济业务,应根据审核无误后的同一会计凭证,一方面登记到有关的总分类账户,另一方面记入该总分类账户所属的有关明细分类账户。

(2)时期相同。对发生的经济业务,必须根据会计凭证,在同一会计期间记入有关总分类账户及其所属明细分类账户。明细分类账一般根据记账凭证或者原始凭证逐笔登记,而总分类账因账务处理程序不同,可能在平时逐笔登记,也可能定期汇总登记,但是总账与所属明细账的登记必须在同一会计期间完成。

(3)方向相同。这里的方向是指涉及会计要素的增减变化的变动方向。对每一项经济业务,记入有关总分类账户的方向,与记入该总分类账户所属明细分类账户的方向应该相同。一般情况下,如果记入有关总账的借方,则在其所属明细分类账中也应当记入借方,反之亦然。

(4)金额相等。发生的经济业务,记入有关总分类账户的金额,应与记入其所属明细分类账户的金额之和相等。

综上所述,总分类账户与所属的明细分类账户,按平行登记的规则进行登记时要求做到:所依据会计凭证相同、所属会计期间相同、借贷方向相同、计入总分类账户的金额与计入其所属明细分类账户的合计金额相等。可以简单概括为同依据、同时期、同方向、等金额,即"三同一等"。

(三)平行登记举例

下面以"原材料"和"应付账款"两个账户为例,说明总分类账户与明细分类账户的平行登记。

[例 6-1] 宏达公司 2019 年 3 月 1 日"原材料"账户月初余额为 255 000 元,明细分类账户月初余额为:甲材料 700 千克,单价 150 元,计 105 000 元;乙材料 1 500 千克,单价 100 元,计 150 000 元。"应付账款"账户月初余额为 95 000 元,其明细分类账户月初余额为:A 公司 60 000 元;B 公司 35 000 元。宏达公司 2019 年 3 月份发生下列经济业务(为了简化,本部分业务暂不考虑有关税费因素,同时对购进材料已验收入库的,通过"原材料"科目核算)。

(1)3 月 5 日,从 A 公司购进甲材料 200 千克,每千克 150 元,材料已验收入库,货款尚未支付。编制会计分录如下:

  借:原材料——甲材料   30 000
    贷:应付账款——A 公司   30 000

(2)3 月 10 日,企业为生产产品从仓库领用甲材料 500 千克,单价 150 元,计 75 000 元;领用乙材料 1 200 千克,单价 100 元,计 120 000 元。编制会计分录如下:

  借:生产成本   195 000
    贷:原材料——甲材料   75 000
        ——乙材料   120 000

(3)3 月 12 日,向 B 公司购进乙材料 1 000 千克,单价 100 元,材料已验收入库,货款尚未支付。编制会计分录如下:

  借:原材料——乙材料   100 000
    贷:应付账款——B 公司   100 000

(4)3 月 25 日,以银行存款偿还 A 公司货款 80 000 元,偿还 B 公司货款 120 000 元。编制会计分录如下:

  借:应付账款——A 公司   80 000
       ——B 公司   120 000
    贷:银行存款   200 000

根据上述经济业务,对"原材料"和"应付账款"两个总分类账户及其所属明细分类账户进行平行登记(见表 6-16~表 6-21)。

表 6-16 总分类账户

账户名称:原材料   单位:元

2019 年		凭证号数	摘要	借方	贷方	借或贷	余额
月	日						
3	1		月初余额			借	255 000
	5	略	购入	30 000		借	285 000
	10		生产领用		195 000	借	90 000
	12		购入	100 000		借	190 000
3	31		本月合计	130 000	195 000	借	190 000

表 6-17 原材料明细分类账户

账户名称:甲材料　　　　　　　　　　　　　　　　　　　　　　　　　单位:元

2019年		凭证号数	摘要	收入			发出			结余		
月	日			数量	单价	金额	数量	单价	金额	数量	单价	金额
3	1	略	月初余额							700	150	105 000
	5		购入	200	150	30 000				900	150	135 000
	10		生产领用				500	150	75 000	400	150	60 000
3	31		本月合计	200		30 000	500		75 000	400	150	60 000

表 6-18 原材料明细分类账户

账户名称:乙材料　　　　　　　　　　　　　　　　　　　　　　　　　单位:元

2019年		凭证号数	摘要	收入			发出			结余		
月	日			数量	单价	金额	数量	单价	金额	数量	单价	金额
3	1	略	月初余额							1 500	100	150 000
	10		生产领用				1 200	100	120 000	300	100	30 000
	12		购入	1 000	100	100 000				1 300	100	130 000
3	31		本月合计	1 000		100 000	1 200		120 000	1 300	100	130 000

表 6-19 总分类账户

账户名称:应付账款　　　　　　　　　　　　　　　　　　　　　　　　单位:元

2019年		凭证号数	摘要	借方	贷方	借或贷	余额
月	日						
3	1	略	月初余额			贷	95 000
	5		购料欠款		30 000	贷	125 000
	12		购料欠款		100 000	贷	225 000
	25		偿还欠款	200 000		贷	25 000
3	31		本月合计	200 000	130 000	贷	25 000

表 6-20 应付账款明细分类账户

账户名称:A公司　　　　　　　　　　　　　　　　　　　　　　　　　单位:元

2019年		凭证号数	摘要	借方	贷方	借或贷	余额
月	日						
3	1	略	月初余额			贷	60 000
	5		购料欠款		30 000	贷	90 000
	25		偿还欠款	80 000		贷	10 000
3	31		本月合计	80 000	30 000	贷	10 000

表 6-21　应付账款明细分类账户

账户名称：B 公司　　　　　　　　　　　　　　　　　　　　　　　　　　　　单位：元

2019年		凭证号数	摘要	借方	贷方	借或贷	余额
月	日						
3	1	略	月初余额			贷	35 000
	12		购料欠款		100 000	贷	135 000
	25		偿还欠款	120 000		贷	15 000
3	31		本月合计	120 000	100 000	贷	15 000

为了检查总分类账户与明细分类账户是否正确平行登记，还必须将总分类账户与明细分类账户的记录进行相互核对。核对通常是通过编制"总账与明细账发生额及余额对照表"进行的。其格式和内容如表 6-22 所示。

表 6-22　总账与明细账发生额及余额对照表

　　　　　　　　　　　　　　　　　　　　　　　　　　　　　　　　　　　　单位：元

总账账户	明细账户	期初余额	借方发生额	贷方发生额	期末余额
原材料	甲材料	105 000	30 000	75 000	60 000
	乙材料	150 000	100 000	120 000	130 000
	合计	255 000	130 000	195 000	190 000
应付账款	A 公司	60 000	80 000	30 000	10 000
	B 公司	35 000	120 000	100 000	15 000
	合计	95 000	200 000	130 000	25 000

需要注意的是，总分类账户与明细分类账户通过核对后，如果期初余额、本期发生额和期末余额的有关金额不相符，则说明记账一定有错误；如果相符，通常情况下说明记账是正确的。

任务 6.4　错账的更正方法

一、错账的查找

在日常的会计核算中，可能发生各种各样的差错，产生错账，如重记、漏记、数字颠倒、数字错位、科目记错、借贷方向记反等，从而影响会计信息的准确性，应及时找出差错，并予以更正。

错账的查找主要有全面检查和局部抽查两种方法。

(一)全面检查

全面检查就是对一定时期内的账目逐笔核对的方法。按照查找的顺序是否与记账程序的方向相同，又可以分为顺查法和逆查法。

1. 顺查法

顺查法就是按照记账的顺序，从原始凭证到记账凭证，再到账簿顺序查找的方法。顺查法按照记账的先后顺序查找,有利于全面检查账簿记录的正确性,查找的工作量大,适用于错账较多、难以确定查找方向与重点范围的情况。

2. 逆查法

逆查法就是与记账顺序相反,从错账的位置开始,逆向查找错误的原因的方法。这种方法能减少查找的工作量,实际工作中使用较多。

(二)局部抽查

局部抽查就是对错误的数字抽查账目的方法。局部抽查包括差数法、尾数法、除2法、除9法等具体方法。

1. 差数法

差数法是按照错账的差数查找错账的方法。这种方法主要用以查明是否有重记或漏记。例如,在记账过程中只登记了会计分录的借方或贷方,漏记了一方,从而形成试算平衡中借方合计与贷方合计不等。其表现形式是:借方金额遗漏,会使该金额在借方超出。对于这样的差错,可由会计人员通过回忆和相关金额的记账核对来检查。

2. 尾数法

尾数法适用于查找属于"角、分"小数差错发生的错误。检查时只查找"角、分"部分,可提高查错的效率。

3. 除2法

除2法是指以差异数除以2来查找错账的方法,可用于查找因数字记反方向而发生的错误。例如,应记入"原材料——A材料"科目借方的4 000元误记入贷方,则该明细科目的期末余额将小于其总分类科目期末余额8 000元,差异数8 000元除以2的商4 000元即为记反方向的数字。同理,如果借方合计数大于贷方合计数600元,即可查找有无300元的贷方金额误记入借方。如非此类错误,则应另寻差额的原因。

4. 除9法

除9法是指以差数除以9来查找错账的方法。它主要适用于以下三种情况。

(1)数字写小。如将200误记成20,错误数字小于正确数字9倍。查找的方法是:以差数除以9后得出的商即为写错的数字,商乘以10即为正确的数字200。

(2)数字写大。如将30写成300,错误数字大于正确数字9倍。查找的方法是:以差数除以9后得出的商即为正确的数字,商乘以10即为错误的数字。这里查数270(即300−30)除以9,商30即为正确数字,扩大10倍后即可得出错误的数字300。

(3)数字颠倒。如将8 824误记为8 284,其差数540(即8 824−8 284)除以9,得60,根据商数的首位是6,则可判断颠倒的两个数字差异是6,这样在账簿记录中就可查到百位数与十位数之间的下列数字,即1与7、2与8、3与9等,查找17、28、39中哪一个数字颠倒了,当发现账簿记录中出现28这个数字时,就可结合该项业务的会计凭证,核对其是否将8 824误记为8 284。

二、错账的基本类型

要研究错账的更正方法,首先要了解错账的基本类型。引起错账的原因是多方面的,如果从记账凭证的填制和登记账簿两个环节考查,错账的基本类型主要有以下几种(见图6-17)。

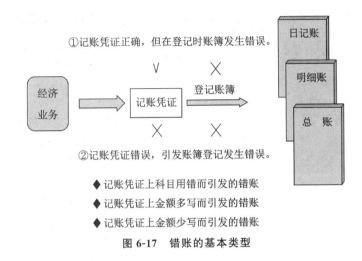

图 6-17 错账的基本类型

(一)记账凭证正确,但在登记账簿时发生错误

记账凭证正确主要是指在凭证上编制的会计分录正确,无论是会计科目,还是金额等都不存在问题。只是在登记账簿的过程中出现了笔误,产生了错账。

(二)记账凭证错误,引发账簿登记发生错误

具体又分为三种情况:

1. 记账凭证上会计科目用错而引发的错账

在记账凭证上编制会计分录时,搞错了账户之间的对应关系,编制了与实际发生的经济业务不相符的会计分录。根据这样的会计分录登记账簿,发生的经济业务就不会登记到应当登记的账户中去,而是记入了不应当登记的账户,从而形成了错账。

2. 记账凭证上金额多写而引发的错账

在记账凭证上编制会计分录时,会计科目的对应关系是正确的,只是在会计分录中填写的金额多于实际发生数。根据这样的会计分录登记账簿,有关账户中登记的金额就会大于应当登记的金额,就会形成错账。

3. 记账凭证上金额少写而引发的错账

在记账凭证上编制会计分录时,会计科目的对应关系是正确的,只是在会计分录中填写的金额少于实际发生数。根据这样的会计分录登记账簿,有关账户中登记的金额就会小于应当登记的金额,也会形成错账。

三、错账的具体更正方法

错账的更正方法主要有划线更正法、红字更正法和补充登记法三种,分别适用于对不同错账类型的更正。

(一)划线更正法

划线更正法适用于更正记账凭证正确只是记账时发生的错账。具体的更正方法为:在结账之前,如果发现账簿记录有错误,而记账凭证无错误,即纯属于数字或文字上的笔误或数字计算有错误,可先在账簿中错误的数字或文字上划一条红线,表示注销。然后在划过线的数字或文

字上端填写正确的数字或文字,并在更正处加盖更正人员的名章,以明确责任。经过以上处理,原来的错账就会得以更正。

[例6-2] 企业用银行存款3 275元购买办公用品。记账凭证上编制的会计分录为:

借:管理费用　　　　　　　　　　　　　　　　　3 275
　　贷:银行存款　　　　　　　　　　　　　　　　3 275

错账分析:该业务分录的会计科目应用没有问题,登记的账户也是正确的,不需要更正。只是在登记"管理费用"账户时将"3 275"错写为"3 257",属于错账,应予更正。错账情况与采用划线更正法更正错账的方法如图6-18所示。

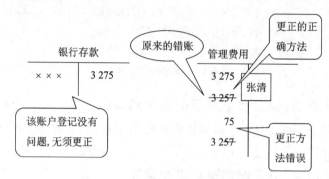

图6-18　采用划线更正法更正错账

(二)红字更正法

红字更正法又称红字冲销法,一般适用于更正记账凭证上会计科目用错而引发的错账和记账凭证上金额写多而引发的错账。

1.更正由于记账凭证上会计科目用错而引发的错账

具体的更正方法为:在记账以后,如果发现记账凭证上的会计科目用错,应先用红字金额填制一张与原来错误的记账凭证相同的会计凭证,并据以登记有关账户,由于红字在会计上表示减少数,用红字登记有关账户以后,就冲销掉了原来的错误记录;然后,再用蓝字填制一张正确的记账凭证,重新登入有关账户,以正确记录发生的经济业务。经过以上两个步骤的处理,原来的错账就会得以更正。

[例6-3] 企业用银行存款2 500元支付产品销售广告费。编制的会计分录如下,并已登记入账。

借:管理费用　　　　　　　　　　　　　　　　　2 500
　　贷:银行存款　　　　　　　　　　　　　　　　2 500

错账分析:企业发生的销售产品广告费属于销售费用,会计分录中的借方科目应为"销售费用",而不应是"管理费用"。按照以上分录记账,就会将发生的销售费用记入"管理费用"账户,因而造成了错账。

发现这种错账以后,应先用红字金额填制一张与原来错误的记账凭证内容完全相同的记账凭证,并用红字登记到原来已登记过的账户("管理费用"和"银行存款")中去,原有的错误记录就被冲销掉了,错账也就被更正了(注:在教材中由于无法直接写出红字,因而采用了在金额数字四周加方框线的方法表示红字。大家以后表示红字也可以采用这种方法)。会计分录为:

借：管理费用　　　　　　　　　　　　　　　　2 500
　　贷：银行存款　　　　　　　　　　　　　　　　　　2 500
然后，再用蓝字填制一张正确的记账凭证，重新登记入正确的账户。正确的会计分录为：
借：销售费用　　　　　　　　　　　　　　　　　　2 500
　　贷：银行存款　　　　　　　　　　　　　　　　　　2 500
由于记账凭证上的会计科目用错而产生错账的情况及其更正方法，如图6-19所示。

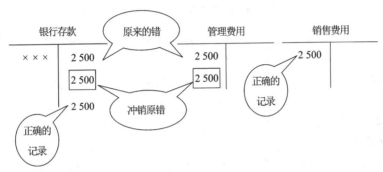

图6-19　采用红字更正法更正错账

2. 更正由于记账凭证上金额写多而引发的错账

具体的更正方法为：在记账以后，如果发现记账凭证上的会计科目没有用错，但所填列金额大于正确金额，应根据正确的会计科目和正确金额与错误金额二者之间的差额用红字金额填制一张记账凭证，并据以登记有关账户，将原来多记的金额冲销掉。经过以上处理，原来的错账就会得以更正。

[例6-4]　企业用银行存款50元支付银行手续费。编制的会计分录如下，并已登记入账。
借：财务费用　　　　　　　　　　　　　　　　　　500
　　贷：银行存款　　　　　　　　　　　　　　　　　　500
错账分析：企业支付银行的手续费属于财务费用，会计分录中的会计科目是正确的。但是，分录中的金额却是错误的，比正确金额50元多填了450元。按照上述分录记账，就在"财务费用"账户中多登记了450元，因而造成了错账。

发现这种错账以后，应采用原来分录中的会计科目，根据正确金额与错误金额的差额"450"用红字金额填制记账凭证，并记入原来已经登记过的账户（"财务费用"和"银行存款"）中去，原有的错误记录就被冲销掉了，错账也就被更正了。会计分录为：

借：财务费用　　　　　　　　　　　　　　　　　　450
　　贷：银行存款　　　　　　　　　　　　　　　　　　450
由于记账凭证上的金额多写而产生错账的情况及其更正方法如图6-20所示。

（三）补充登记法

补充登记法适用于更正记账凭证上金额少写而引发的错账。

具体的更正方法为：在记账以后，如果发现记账凭证上的会计科目没有用错，但所填列金额小于正确金额，应根据正确的会计科目和正确金额与错误金额二者之间的差额用蓝字金额填制

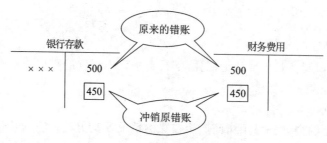

图 6-20 采用红字更正法更正错账

一张记账凭证,并据以登记有关账户,将原来少记的金额补记。经过补充登记处理,原来的错账就会得以更正。

[例 6-5] 企业收到某单位归还的欠款 3 500 元存入银行。编制的会计分录如下,并已登记入账。

借:银行存款　　　　　　　　　　　　　　　　　　　350
　　贷:应收账款　　　　　　　　　　　　　　　　　　350

错账分析:企业收到其他单位还款,应增加银行存款,减少应收账款,会计分录中的会计科目是正确的。但是,会计分录中的金额却比正确金额 3 500 元少了 3 150 元。按照上述会计分录记账,两个账户都会少登记 3 150 元,因而造成了错账。

发现这种错账以后,应采用原来会计分录中的会计科目,根据正确金额与错误金额的差额"3 150"用蓝字金额填制记账凭证,并记入原来已经登记过的账户("银行存款"和"应收账款")中去,原来少记的部分就被补充登记入了有关账户,错账也就被更正了。会计分录为:

借:银行存款　　　　　　　　　　　　　　　　　　3 150
　　贷:应收账款　　　　　　　　　　　　　　　　　3 150

由于记账凭证上的金额少写而产生错账的情况及其更正方法如图 6-21 所示。

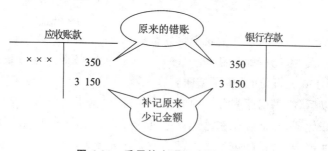

图 6-21 采用补充登记法更正错账

任务 6.5　对账与结账

一、对账

对账,就是核对账目,定期对各类账簿记录所进行的核对工作。对账的目的是保证各种账簿记录的完整性和正确性,如实反映和控制经济活动情况,为编制财务报告提供真实可靠的数据资料,做到账证相符、账账相符和账实相符。

对账的主要内容包括账证核对、账账核对和账实核对。

(一)账证核对

账证核对是指把各种账簿记录与有关的记账凭证和原始凭证进行核对,以保证账证相符。

账簿是根据经过审核之后的会计凭证登记的,但实际工作中仍有可能发生账证不符的情况,记账后,应将各种账簿记录与会计凭证核对。主要核对账簿记录与原始凭证、记账凭证的时间、凭证字号、内容、金额等是否一致,记账方向是否相符,做到账证相符。会计期末,如果发现账账不符,也可以再将账簿记录与有关会计凭证进行核对,以保证账证相符。

(二)账账核对

账账核对是指各种账簿之间有关记录的核对,以保证账账相符。具体核对内容包括:

(1)总账发生额、余额核对。总账中的所有总分类账户的本期借方发生额合计数与贷方发生额合计数是否相符;借方期末余额合计数与贷方期末余额合计数是否相符。

(2)总账与所属明细账之间的核对。总账中有关总分类账户的发生额和余额与其所属各明细分类账户的发生额之和及余额之和,应分别核对是否相符。

(3)总账与日记账之间的核对。总账中"库存现金"和"银行存款"账户的发生额和余额与现金日记账和银行存款日记账的发生额和余额,应分别核对是否相符。

(4)明细账之间的核对。会计部门的有关财产物资明细账余额与财产物资保管或使用部门的有关明细账是否相符。

(三)账实核对

账实核对是指各项财产物资、债权债务等账面余额与实有数额之间的核对。主要包括:

(1)库存现金日记账账面余额与库存现金实际库存数逐日核对是否相符。

(2)银行存款日记账账面余额与银行对账单的余额定期核对是否相符。

(3)各项财产物资明细账账面余额与财产物资的实有数额定期核对是否相符。

(4)有关债权债务明细账账面余额与对方单位的账面记录核对是否相符。

二、结账

结账是一项将账簿记录定期结算清楚的账务工作。具体来说,结账就是将一定时期(月份、季度或年度)内发生的经济业务全部登记入账的基础上,结算出各账户的本期发生额和期末余额。对结账定义的理解如图 6-22 所示。

结账具体包括月结、季结和年结,其内容通常包括两个方面:一是结清各种损益类账户,并据以计算确定本期利润;二是结出各资产、负债和所有者权益账户的本期发生额合计和期末余额。

通过结账,可以总结企业某一会计期间(月份、季度或年度)的经营情况,了解财务状况,考核经营成果,以便编制会计报表。另外,企业由于撤销、合并而办理账务交接时也要办理结账。

(一)结账的程序

1. 登记入账并保证其正确性

结账前,将本期发生的经济业务全部登记入账,并保证其正确性。由于记账凭证所提供的

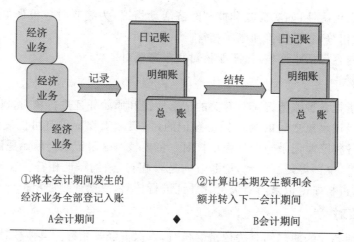

图 6-22 结账示意图

核算资料是很分散的,为了归类记录和反映各会计要素的增减变化情况,为编制会计报表提供所需的各种数据资料,就有必要将分散的资料分别登记到相应的账户中去。结账前,必须查明本期内发生的经济业务是否全部入账,若发现漏记、错记,应及时补记、更正。不能为赶编会计报表而提前结账,也不能把本期发生的经济业务延至下期入账。对于发现的错误,应采用适当的方法进行更正。

2.根据权责发生制的要求,调整有关账项

在本期经济业务全面入账的基础上,根据权责发生制的要求,调整有关账项,合理确定应计入本期的收入和费用。具体包括以下几个方面:

(1)应计收入的调整。

应计收入的调整指本期已发生而且符合收入确认条件,应归属本期的收入,但尚未收到款项而未入账的产品(商品)销售收入或者劳务收入,应计入本期收入。如将尚未收到的货款记入"应收账款"账户的借方,将应确认的本期收入记入"主营业务收入"等账户的贷方,按照相应的增值税额记入"应交税费"的贷方。

(2)收入分摊的调整。

收入分摊的调整主要指前期已经收到款项,但由于尚未提供产品或劳务因而在当时没有确认为收入入账的预收账款,本期按照提供产品或者劳务的情况进行分摊确认为本期收入。如按照本期实现的产品销售收入和增值税额合计数,记入"预收账款"账户的借方,同时将应确认的本期收入记入"主营业务收入"等账户的贷方,并按照相应的增值税额记入"应交税费"的贷方。

(3)应计费用的调整。

应计费用的调整主要指本期已发生应归属本期的费用,但尚未实际支付款项而未入账的成本、费用,应计入本期费用。如将应计银行短期借款利息确认为本期费用记入"财务费用"等账户的贷方。

(4)费用分摊的调整。

费用分摊的调整指原来预付的各项费用应确认为本期费用的调整。应根据本期应予分摊的部分,借记有关费用账户,贷记"预付账款"等账户。

(5)其他期末账项调整事项。

如计提固定资产折旧、计提坏账准备、结转完工产品成本等。

3.结平损益类账户

期末,将各损益类账户余额全部转入"本年利润"账户,结平所有损益类账户。具体来说,在各项收入、费用已经全部入账后,应将各收入、费用账户的临时性余额转入"本年利润"账户,结转后,各收入、费用账户不再有余额;"本年利润"账户的余额为至本结账期实现的累计净利润(或净亏损)。

4.结算出资产、负债和所有者权益账户

在本期全部业务登记入账的基础上,结算出所有资产、负债和所有者权益账户的本期发生额和期末余额,并转入下期。

上述工作完成后,就可以根据总分类账和明细分类账的本期发生额和期末余额,分别进行试算平衡。

(二)结账的方法

在完成上述各项检查工作的基础上进行结账,即计算出现金日记账、银行存款日记账、总分类账和各明细分类账各账户的本期发生额和期末余额,并结转下期。

在实际工作中,根据不同的账户记录,分别采用不同的方法结账。

1.不需要月结的账户

对不需按月结计本期发生额的账户,如各项应收、应付款明细账和各项财产物资明细账等,每次记账以后,都要随时结出余额,每月最后一笔余额即为月末余额,也就是说,月末余额就是本月最后一笔经济业务记录的同一行内的余额。月末结账时,只需要在最后一笔经济业务事项记录之下划一条通栏红线,不需要再结计一次余额。划线是为了突出有关数字,表示本期的会计记录已经截止或者结束,并将本期与下期的记录明显分开。

2.月结

月结即每月终了所进行的结账,如总账、库存现金日记账、银行存款日记账和需要按月结计发生额的收入、费用等明细账等。月结的方法是:首先在各账户本月份最后一笔记录下面划一条通栏红线(表示本月记录到此为止);然后在红线下面一行的"摘要"栏内,注明"本月合计"或"本月发生额及期末余额"字样,在"借方""贷方""余额"三栏,分别填入本月借方发生额合计、贷方发生额合计和月末余额;最后在此行下面再划一条通栏红线(以便与下月发生额划分清楚)。

对于需要结计本年累计发生额的某些明细账户,如收入、费用等明细账每月结账时,应在"本月合计"行下结出自年初起至本月末止的累计发生额,登记在月份发生额下面,在摘要栏内注明"本年累计"字样,并在下面划一条通栏红线。12月末的"本年累计"就是全年累计发生额,全年累计发生额下划两条通栏红线。

3.年结

年结即年度终了所进行的结账。年终结账时,为了总括地反映全年各项资金运动情况的全貌,核对账目,要将所有总账账户结出全年发生额和年末余额。年结的方法是:在本年第四季度的月结的下一行,在"摘要"栏内注明"本年累计"或"本年发生额及期末余额"字样,在"借方""贷方""余额"三栏,分别填入本年借方发生额合计、贷方发生额合计和年末余额;然后在此行下面,划两条通栏红线,以示封账。对于年结的账户来说,12月末的"本年累计"就是全年累计发生额,要在全年累计发生额下划两条通栏红线。

年度终了结账时,有余额的账户,要将其余额结转下年。余额结转下年的方法是:在年结的下一行"摘要"栏内,注明"结转下年"字样;在下年度新建的有关账户的第一行"余额"栏内,填写上年结转的余额,并在"摘要"栏内注明"上年结转"字样。因为,既然年末是有余额的账户,其余额应当如实地在账户中加以反映,否则,容易混淆有余额的账户和没有余额的账户的区别。

结账方法举例,参见图 6-23 所示。

原材料　总账

2019年		凭证号数	摘要	借方	贷方	借或贷	余额
月	日			千百十万千百十元角分	千百十万千百十元角分		千百十万千百十元角分
1	1		上年结转			借	2 4 0 0 0 0 0
	6	转12	购入	8 0 0 0 0		借	2 4 8 0 0 0 0
	12	转21	领用		2 3 9 5 0 0 0	借	8 5 0 0 0 0
	24	转37	领用		5 0 0 0 0 0	借	3 5 0 0 0 0
	26	转42	购入	6 0 0 0 0 0		借	9 5 0 0 0 0
	31		本月合计	1 4 0 0 0 0 0	2 4 4 5 0 0 0	借	9 5 0 0 0 0
2	2	转8	购入	4 0 0 0 0 0		借	1 3 5 0 0 0 0
〰〰
12	31		本月合计	1 5 9 0 0 0 0	1 5 5 0 0 0 0	借	6 9 7 0 0 0 0
	31		本年累计	9 8 7 6 0 0 0	1 1 5 7 9 0 0 0	借	6 9 7 0 0 0 0
	31		结转下年				

注:"本月合计"行的上、下各划一条通栏单红线;
"本年累计"行的下面划两条通栏红线。

图 6-23　结账方法举例

任务 6.6　会计账簿的更换与保管

一、会计账簿的更换

会计账簿的更换,通常在新会计年度建账时进行。一般来说,总账、日记账和多数明细账应每年更换一次。但有些账簿如固定资产明细账或固定资产卡片等,可以继续使用,不必每年更换新账簿。各种备查账簿也可以连续使用。账簿更换程序如图 6-24 所示。

二、会计账簿的保管

年度终了,各种账户在结转下年、建立新账后,一般应将旧账集中统一管理。会计账簿暂由本单位财务会计部门保管一年,期满后,由本单位财务会计部门编造清册移交本单位的档案部门保管。对旧账簿归档保管的要求如图 6-25 所示。

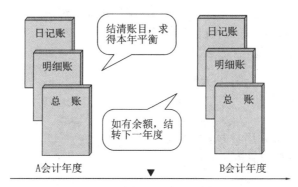

图 6-24　账簿更换程序

各种账簿应当按年度分类归档,编造目录,妥善保管。既保证在需要时迅速查阅,又保证各种账簿的安全和完整。保管期满后,还要按照规定的审批程序经批准后才能销毁。

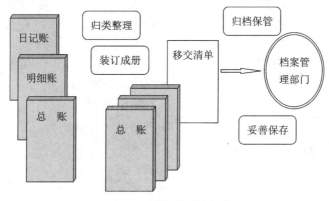

图 6-25　旧账簿归档保管

会计技能训练

一、单选题

1.应作为固定资产账户的调整账户的是(　　)。

　　A.实收资本　　　　B.原材料　　　　C.累计折旧　　　　D.应付账款

2.会计账簿暂由本单位财务会计部门保管(　　),期满之后,由财务会计部门编造清册移交本单位的档案部门保管。

　　A.3 年　　　　　　B.10 年　　　　　C.5 年　　　　　　D.1 年

3.填制记账凭证时无误,根据记账凭证登记账簿时,将 10 000 元误记为 1 000 元,已登记入账,更正时应采用(　　)。

　　A.划线更正法　　　B.更换账页法　　C.补充登记法　　　D.红字更正法

4.原材料明细账一般采用的账页格式为(　　)。

　　A.两栏式　　　　　B.多栏式　　　　C.数量金额式　　　D.三栏式

5.下列明细分类账中,一般不宜采用三栏式账页格式的是(　　)。

　　A.应收账款明细账　　　　　　　　　B.实收资本明细账

C. 原材料明细账　　　　　　　　D. 应付账款明细账

6. 企业临时租入的固定资产应在(　　)中登记。

A. 无须在账簿中做任何登记

B. 备查账簿

C. 明细分类账簿

D. 总分类账簿

7. 下列明细账户中,应采用贷方多栏式账页格式的是(　　)。

A. 应交税费——应交增值税

B. 本年利润

C. 主营业务收入

D. 管理费用

8. 日记账簿一般采用(　　)账簿。

A. 横线登记式　　B. 卡片式　　　C. 活页式　　　D. 订本式

9. 根据总分类科目设置的,用于对会计要素具体内容进行综括分类核算的账户称为(　　)。

A. 备查账　　　B. 总账　　　C. 综合账　　　D. 明细账

10. 将账簿划分为序时账簿、分类账簿和备查账簿的依据是(　　)。

A. 账簿的用途　　　　　　　　B. 账页的格式

C. 账簿的性质　　　　　　　　D. 账簿的外形特征

11. 收入明细账一般采用的账页格式为(　　)。

A. 数量金额式　　　　　　　　B. 三栏式

C. 两栏式　　　　　　　　　　D. 多栏式

12. 在结账前发现账簿记录有文字或数字错误,而记账凭证没有错误,应采用(　　)。

A. 补充登记法　　　　　　　　B. 平行登记法

C. 红字更正法　　　　　　　　D. 划线更正法

13. "生产成本"明细账应采用(　　)。

A. 数量金额式　　　　　　　　B. 横线登记式

C. 多栏式　　　　　　　　　　D. 三栏式

14. 下列项目中,属于账证核对内容的是(　　)。

A. 总分类账簿与所属明细分类账簿核对

B. 原始凭证与记账凭证核对

C. 会计账簿与记账凭证核对

D. 银行存款日记账与银行对账单核对

15. 下列各账簿中,必须逐日逐笔登记的是(　　)。

A. 库存现金总账　　　　　　　B. 固定资产明细账

C. 原材料明细账　　　　　　　D. 银行存款日记账

二、多选题

1. 登记账簿的依据可以是(　　)。

A. 原始凭证汇总表　　　　　　B. 记账凭证汇总表

C. 记账凭证   D. 原始凭证
2. 错账更正的方法一般有(   )。
A. 划线更正法   B. 平行登记法
C. 补充登记法   D. 红字更正法
3. 以下凭证可以作为库存现金日记账的收入栏登记依据的有(   )。
A. 库存现金收款凭证   B. 库存现金付款凭证
C. 银行存款付款凭证   D. 银行存款收款凭证
4. 记账后发现记账凭证中应借、应贷会计科目正确,只是金额发生错误,可采用的错账更正方法是(   )。
A. 划线更正法   B. 横线登记法
C. 补充登记法   D. 红字更正法
5. 登记会计账簿时应该做到(   )。
A. 在某些特定条件下可使用铅笔
B. 在规定范围内可以使用红色墨水
C. 月末结账划线可用红色墨水笔
D. 一律使用蓝黑墨水钢笔书写
6. (   )提供的核算信息是编制会计报表的主要依据。
A. 总账   B. 序时账   C. 备查账   D. 明细账
7. 总分类账户和明细分类账户平行登记要求做到(   )。
A. 记账的方向相同   B. 登记次数相同
C. 登记的金额相同   D. 登记会计期间相同
8. 下列观点中正确的有(   )。
A. 总账必须采用订本式账簿
B. 不是所有账户都需要开设明细分类账户
C. 明细分类账户提供详细、具体的核算指标
D. 总分类账户提供总括核算指标
9. 下列账簿中,一般采用数量金额式的有(   )。
A. 应收账款明细账   B. 原材料明细账
C. 资本明细账   D. 库存商品明细账
10. 会计账簿按用途的不同,可以分为(   )。
A. 明细账簿   B. 序时账簿   C. 备查账簿   D. 分类账簿
11. 明细分类账可以采用的账页格式有(   )。
A. 三栏式   B. 数量金额式
C. 横线登记式   D. 多栏式
12. 下列情况中,可以用红色墨水记账的有(   )。
A. 在不设借贷等栏的多栏式账页中,登记减少数
B. 根据国家统一的会计制度的规定可以用红字登记的其他会计记录
C. 按照红字冲账的记账凭证,冲销错误记录
D. 在三栏式账户的余额栏前,如未印明余额方向的,在余额栏内登记负数余额

三、不定项选择题

1. 会计记录如出现差错有多种查找方法,如从会计凭证开始逐笔与账簿记录核对进行查找,这种方法称为(   )。

　　A. 逆查法　　　　　B. 顺查法　　　　　C. 偶合法　　　　　D. 抽查法

2. 记账后,如果发现因记账中应借、应贷的会计科目发生错误,或已记金额大于应记金额而导致账户记录发生错误,可采用下列方法进行更正(   )。

　　A. 红字更正法　　　　　　　　　　B. 划线更正法
　　C. 试算平衡法　　　　　　　　　　D. 补充登记法

3. 序时账、分类账和备查簿划分的依据是(   )。

　　A. 外表形式不同　　　　　　　　　B. 账页的格式不同
　　C. 登记方式不同　　　　　　　　　D. 账簿的用途不同

4. 账账核对包括(   )。

　　A. 债权债务明细账账面余额与对方单位的账面记录核对
　　B. 总分类账簿有关账户的余额核对
　　C. 总分类账簿与序时账簿核对
　　D. 总分类账簿与所属明细分类账簿核对

5. 下列有关总分类账户与明细分类账户关系说法正确的是(   )。

　　A. 作用不同
　　B. 反映的经济业务的内容相同
　　C. 反映经济业务内容的详细程度不同
　　D. 登记账簿的原始依据相同

6. 三栏式库存现金、银行存款日记账的登记处理不正确的是(   )。

　　A. 根据收付款业务的原始凭证登记
　　B. 均由出纳人员负责登记
　　C. 每日结出余额,以便进行核对
　　D. 逐日逐笔顺序登记

7. 如果发现账簿中的数字或文字错误,属于过账笔误和计算错误,可采用下列方法进行更正(   )。

　　A. 红字更正法　　　　　　　　　　B. 试算平衡法
　　C. 划线更正法　　　　　　　　　　D. 补充登记法

8. 记账后,发现记账凭证中应借、应贷账户并无错误,只是所填金额小于应填金额,可采用下列方法进行更正(   )。

　　A. 红字更正法　　　　　　　　　　B. 试算平衡法
　　C. 划线更正法　　　　　　　　　　D. 补充登记法

9. 账簿的分类方法有(   )。

　　A. 按账页格式分类　　　　　　　　B. 按账簿用途分类
　　C. 按账簿经济内容分类　　　　　　D. 按账簿外表形式分类

10. 下列不属于对账内容的是(   )。

　　A. 账表核对　　　　B. 账实核对　　　　C. 账账核对　　　　D. 账证核对

四、判断题
1.除结账和更正错账外,一律不得用红色墨水登记账簿。   (   )
2.账簿记录正确并不一定保证账实相符。   (   )
3.如果在结账前发现账簿记录有文字或数字错误,而记账凭证没有错误,则可采用划线更正法,也可采用红字更正法。   (   )
4.设置和登记账簿是编制会计报表的基础,是连接会计凭证与会计报表的中心环节。
                                                                    (   )
5.补充登记法一般适用于记账凭证所记会计科目无误,只是所记金额大于应记金额,从而引起的记账错误。   (   )
6.在账簿记录中有可能出现红字。   (   )
7.各种日记账、总账以及资本、债权债务明细账都可采用三栏式账簿。   (   )
8.会计人员在记账以后,若发现所依据的记账凭证中的应借、应贷会计科目有错误,则不论金额多记还是少记,均采用红字更正法进行更正。   (   )
9.每一账页登记完毕结转下页时,应当结出本页合计数及余额,写在本页最后一行和下页第一行有关栏内,并在摘要栏内注明"过次页"和"承前页"字样。   (   )
10.会计部门的财产物资明细账期末余额与财产物资使用部门的财产物资明细账期末余额相核对,属于账实核对。   (   )

五、会计岗位技能训练——练习错账的更正
资料:某企业将账簿记录与记账凭证进行核对时,发现下列经济业务的凭证内容或账簿记录有误:
1.开出现金支票1 800元,支付企业行政管理部门的日常零星开支。
原编记账凭证的会计分录为:
借:管理费用   1 800
    贷:库存现金   1 800
2.签发转账支票6 000元,预付下季度租入固定资产租金。
原编记账凭证的会计分录为:
借:其他应付款   6 000
    贷:银行存款   6 000
3.结转本月实际完工产品的生产成本4 500元。
原编记账凭证的会计分录为:
借:库存商品   5 400
    贷:生产成本   5 400
4.收到购货单位偿还上月所欠货款8 700元存入银行。
原编记账凭证的会计分录为:
借:银行存款   7 800
    贷:应收账款   7 800
5.计提生产车间使用固定资产的折旧费用4 100元。
原编记账凭证的会计分录为:
借:制造费用   1 400

贷：累计折旧　　　　　　　　　　　　　　　　1 400
6.结算本月应付职工工资,车间管理人员工资2 000元,企业行政部门人员工资4 300元。原编制记账凭证的会计分录为：

借：生产成本　　　　　　　　　　　　　　　　2 000
　　管理费用　　　　　　　　　　　　　　　　4 300
　　贷：应付职工薪酬　　　　　　　　　　　　　6 300

要求：判断上面各项经济业务的凭证内容或账簿记录错误应选用哪种错账更正方法更正,然后分别采用适当的错账更正方法予以更正。

项目七
财产清查

KUAIJI JICHU

📚 **学习目标**

1. 了解财产清查的意义与种类；
2. 熟悉财产清查的一般程序；
3. 熟悉货币资金的清查方法；
4. 熟悉实物资产的清查方法；
5. 熟悉往来款项的清查方法；
6. 掌握银行存款余额调节表的编制；
7. 掌握财产清查结果的账务处理。

📚 **任务导航**

任务 7.1　财产清查概述
任务 7.2　财产清查的方法
任务 7.3　财产清查结果的处理

财产清查是会计核算的方法之一。通过财产清查能够反映和监督企业财产的保管和使用情况，保护财产的安全和完整，提高企业各项财产的使用效果。一个单位的财产通常包括货币资金、实物资产和往来款项等各种财产物资。根据财产管理的要求，单位应通过账簿记录反映和监督这些财产物资的增减变化及其结果。要保证账簿记录的正确性，各单位应加强会计凭证的日常审核，定期对账，做到账证相符、账账相符，但是，账簿记录正确并不能说明财产物资的管理完全没有差错，因为有很多客观原因会使各项财产的账面数和实际结存数发生差异，需要运用财产清查的方法，对单位的各项财产进行定期清查，并与账簿记录进行核对，做到账实相符。

任务 7.1　财产清查概述

一、财产清查的含义

财产清查是指通过对货币资金、实物资产和往来款项的盘点或核对，确定其实存数，查明账存数与实存数是否相符的一种专门方法，如图 7-1 所示。

各单位一般有众多的财产物资，如固定资产、材料、产品、货币资金等，还有与各单位的往来结算业务。这些财产物资的增减变动和结存情况，都必须通过填制记账凭证并登记会计账簿以得到反映。为了账簿记录的正确性，在会计中采用了一系列的方法，但账簿记录的正确并不保证其记录一定是客观真实的。因为在许多情况下，各项财产物资的账面数同实存数往往存在差异，即通常所说的账实不符。造成账实不符的原因有很多，概括起来主要有以下几点：

(1) 在收、发财产时，由于计量、检验不准确而造成品种、数量或质量上的差错；

(2) 在填制凭证或登记账簿时，出现登记或计算的错误；

(3) 各项财产物资在保管过程中，由于受自然因素或其他条件的影响，发生了数量上或质量上的变化；

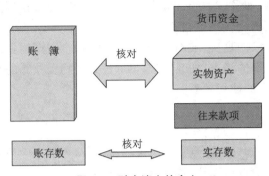

图 7-1 财产清查的含义

(4)由于管理不善或工作人员失职而造成了财产的损坏、变质或短缺;
(5)由于不法分子的贪污、盗窃、营私舞弊而发生的财产损失;
(6)发生自然灾害或意外损失;
(7)结账过程中账单未到达或拒付等原因造成企业与其他企业的结算往来款项上的不符。

因此,为了掌握各项财产物资的真实情况,保证会计资料准确可靠,必须在账簿记录的基础上,运用财产清查这一专门方法,对各项财产物资、货币资金和往来款项进行定期或不定期的实地盘点与核对,以查明其实存数与账存数是否一致,确保账实相符。

二、财产清查的作用

正确合理地组织财产清查,是实现会计监督职能的重要方面,也是会计工作的一个重要环节。它对于保证会计资料的真实性、加强财产物资的管理、提高资金使用效益等方面发挥了重要作用。

1. 保证账实相符,提高会计资料的准确性

会计核算通过填制会计凭证,严格审核凭证,然后登记入账的程序,账簿资料反映企业财产物资的实有数,账实应该是相符的。但在实际工作中由于各种人为的或自然的原因,都会使财产物资的实际结存数与账面结存数发生差异。通过财产清查,可以确定各项财产的实存数,将实存数与账存数进行对比,确定盘盈、盘亏数额,及时调整账簿记录,做到账实相符,以保证账簿记录的真实正确,提高会计资料的质量,为经济管理提供可靠的数据资料。

2. 保障财产物资的安全完整,明确经济责任

通过财产清查,可以查明各项财产物资有无短缺、霉烂变质、损坏丢失情况,有无因管理不善造成的收发差错,有无非法挪用、贪污盗窃等情况。同时,还可以检查各种财产物资的增减、货币资金的收支、物资的收发等是否按照规定的制度办理了必要的手续,各种物资的保管是否妥善等。发现问题后可以有的放矢(如是管理制度有问题,应建立健全管理制度;如是管理人员失职,应追究经济责任;如是贪污盗窃行为,应追究法律责任,等等),从而采取有效的措施,加强财产物资的管理,堵住漏洞,消除各种不安全因素,保障财产物资的安全与完整。

3. 加速资金周转,提高资金使用效益

要充分利用各项财产物资,必须经常了解各种财产物资的使用情况。通过财产清查,可以检查各种财产物资的储备和利用情况,如有无超储积压或者储备不足,既要防止储备不足而延误生产经营,又要防止超储积压占用资金,有无财产物资大幅度贬值,有无长期拖欠、拒付往来

款项及未达账项等情况,以便及时为经营管理提供信息资料,充分挖掘资金使用潜力,减少资金占用,加速资金周转,提高资金使用效益。

为了保证会计账簿记录的真实、准确,企业应当建立健全财产物资清查制度,对企业的各项财产物资进行定期或不定期的清查,加强管理,以保证财产物资核算的真实性和完整性,做到账实相符,提高各项财产物资的使用效果。

三、财产清查的种类

财产清查总是在具体的时间、地点和一定范围内进行,为了正确地使用财产清查方法,必须对其进行分类考察。财产清查可以按不同的标准进行分类。

(一)按清查范围分类

1. 全面清查

全面清查是对企业所有财产物资进行全面的盘点和核对。

全面清查的内容多、范围广,工作量很大。一般来说,在以下几种情况下要进行全面清查:

(1)年终结算之前;

(2)在合并、撤销或改变隶属关系前;

(3)中外合资、国内合资前;

(4)股份制改制前;

(5)开展全面的资产评估、清产核资前;

(6)单位主要领导调离工作前等。

2. 局部清查

局部清查是指根据需要只对部分财产进行盘点和核对。

局部清查范围小、内容少、时间短,参与人员少,但专业性很强。局部清查的对象和范围应根据业务需要和相关的具体情况而定。它一般在以下情况下进行:

(1)流动性较大的物资,如原材料、在产品、库存商品等,应根据需要随时轮流盘点或重点抽查。

(2)对于贵重财产物资,每月都要进行清查盘点。

(3)对于银行存款,至少每月同银行核对一次。

(4)对于库存现金,应由出纳人员在每日终了时,进行清点核对。

(5)对于各种往来款项,企业每年至少应同有关单位核对一至两次。

以上列举的内容,均是在正常情况下进行的,如果因为遭受自然灾害(如火灾、水灾、地震等)或发生盗窃事件,以及更换实物保管人员时,应对有关财产物资或资金进行局部清查和盘点。

(二)按清查时间分类

1. 定期清查

定期清查是指按照预先计划安排的时间对财产进行的盘点和核对。

定期清查一般是在年终、年末、月末结账时进行,目的在于保证会计核算资料的真实、正确。定期清查的对象和范围视实际需要而定,可以是全面清查,也可以是局部清查。通常情况下,年终决算前进行的是全面清查,季末和月末进行的是局部清查。

2. 不定期清查

不定期清查是指事前不规定清查日期，而是根据实际需要临时进行的盘点和核对。

不定期清查，可以是全面清查，也可以是局部清查，应根据实际需要来确定清查的对象和范围。不定期清查一般在下列情况下进行：

(1)更换财产和现金保管人员时，为了明确经济责任，需要对有关人员所保管的财产物资和现金进行清查；

(2)发生自然灾害和意外损失时，为了查明损失情况，要对受损失的有关财产进行清查；

(3)上级主管、财政、税务、银行等有关部门，对本单位进行会计检查时，应按检查的要求和范围进行财产清查，以验证会计资料的可靠性；

(4)按照有关规定，进行临时性清产核资时，要对本单位的财产进行清查，以摸清企业的家底。

(三)按清查的执行单位分类

1. 内部清查

内部清查是指由本单位内部自行组织清查工作小组所进行的财产清查工作。大多数财产清查都是内部清查。

2. 外部清查

外部清查是指由上级主管部门、审计机关、司法部门、注册会计师根据国家有关规定或情况需要对本单位所进行的财产清查。一般来讲，进行外部清查时应有本单位相关人员参加。

四、财产清查的一般程序

财产清查既是会计核算的一种专门方法，又是财产物资管理的一项重要制度。企业必须有计划、有组织地进行财产清查。

财产清查一般包括以下程序：

(1)建立财产清查组织；

(2)组织清查人员学习有关政策规定，掌握有关法律、法规和相关业务知识，以提高财产清查工作的质量；

(3)确定清查对象、范围，明确清查任务；

(4)制订清查方案，具体安排清查内容、时间、步骤、方法，以及必要的清查前准备；

(5)清查时本着先清查数量、核对有关账簿记录等，后认定质量的原则进行；

(6)填制盘存清单；

(7)根据盘存清单，填制实物、往来账项清查结果报告表。

任务 7.2 财产清查的方法

一、财产物资盘存制度

进行财产清查，就是要将财产物资的账面余额与实际盘存数（即账存数与实存数）进行核对。因此,首先要结算出各项财产物资的账面余额。财产物资的盘存制度包括永续盘存制和实地盘存制。

(一)永续盘存制

永续盘存制,也称账面盘存制,是指在日常会计核算中,会计账簿既登记财产物资的增加,又登记其减少,并随时结出账面余额的一种盘存制度。采用永续盘存制,需要对每一品种、规格的财产物资开设明细账,通过对财产物资的收发进行明细分类核算,平时逐日或逐笔在明细账中登记增加数和减少数,并随时结出结存数。其计算公式为:

期末账面结存数=期初账面结存数+本期增加数-本期减少数

采用永续盘存制的优点是:能够随时掌握各项财产物资的收入、发出和结存情况;发生溢余或短缺,易于查找原因,以便及时纠正,从而能大大加强对财产物资的管理工作。缺点是财产物资明细分类账的核算工作量大,需耗费较多的人力和物力。由于该方法优点突出,在实际工作中,大多数企业采用永续盘存制。

(二)实地盘存制

实地盘存制是指对各项财产物资平时只在明细账中登记增加数,不登记减少数,期末根据实地盘点的结存数倒挤出财产物资减少数,并据以登记有关账簿的一种方法。采用实地盘存制,期末对财产物资进行实地盘点,确定财产物资的实存数量和金额,并以盘点结果作为账存数量和金额,倒挤出财产物资减少数。其计算公式为:

期末余额=期末存货盘点数量×存货单位成本

本期减少额=期初账面余额+本期增加额-期末余额(实存数)

采用实地盘存制,期末实地盘点的实存数就成为有关账簿登记减少数的唯一根据。采用这一制度,在平时能大大简化财产物资的明细核算工作,但核算手续不严密,而且平时在账面上不反映各项财产物资的减少数和结存数,心中无数,不利于加强财产物资的管理和保护财产的安全,并影响成本核算的正确性。因此,企业一般不能采用这种盘存制度。该方法一般只适用于品种杂、单位价值低和交易频繁的商品以及数量不稳定、损耗大且难以控制的鲜活商品等。

二、财产清查方法

由于货币资金、实物资产和往来款项的特点各有不同,在进行财产清查时,应采用与其特点和管理要求相适应的方法。

(一)货币资金的清查方法

货币资金的清查主要是对库存现金的清查和银行存款的清查。

1. 库存现金的清查

库存现金的清查是采用实地盘点法确定库存现金的实存数,然后与现金日记账的账面余额相核对,确定账实是否相符。库存现金的盘点必须由清查人员与出纳人员共同负责。

对库存现金进行盘点时,为了明确经济责任,出纳人员必须在场,有关业务必须在现金日记账中全部登记完毕。盘点时,如发现盘盈或盘亏,应同出纳人员核实清楚。盘点时还应查明有无违反现金管理制度规定,如现金是否超过银行核定的限额、有无坐支现金等。

盘点结束后,根据盘点的结果与现金日记账核对情况,应编制"库存现金盘点报告表",并由财产清查人员与出纳人员共同签名盖章。库存现金盘点报告表是用来调整账簿记录的重要原始凭证,它既起确定实有数的作用,又具有实存账存对比表的作用,还是明确经济责任的依据。"库存现金盘点报告表"的一般格式如表7-1所示。

表7-1 库存现金盘点报告表

单位名称：　　　　　　　　　　　　年　月　日

实存金额	账存金额	实存与账存对比		备注
		盘盈（长款）	盘亏（短款）	

盘点人签章：　　　　　　　　　　出纳员签章：

2.银行存款的清查

1）清查方法

银行存款的清查方法与库存现金的清查方法不同,不是采用实地盘点法,而是采用与开户银行核对账目的方法进行的,也称对账单法,即将本单位银行存款日记账的账簿记录与开户银行转来的对账单逐笔进行核对,来查明银行存款的实有数额。银行存款的清查一般在月末进行。

2）银行存款日记账与银行对账单不一致的原因

企业在采用对账单法进行银行存款清查之前,应先检查本企业银行存款记录的正确性和完整性;然后将银行送来的对账单上所记录的银行存款收付记录与本企业银行存款日记账中登记的收付记录逐笔核对,查明银行存款的实有数额。如果二者余额相符,通常说明没有错误;如果二者余额不相符,其原因主要有两种情况:一是企业或银行记账错误;二是存在未达账项。因此,进行银行存款清查时,要先检查企业和银行双方记账是否正确无误,在保证双方记账都没有错误的条件下,再查明双方是否存在未达账项。

未达账项,是指企业和银行之间对于同一笔业务,由于记账时间不一致而发生的一方已经入账,但另一方尚未入账的事项。未达账项一般分为以下四种情况：

情况1:企业已收款入账,而银行尚未收款,简称"企收银未收"。例如,企业销售产品后,收到转账支票后填写进账单送交银行,根据银行盖章退回的"进账单"回联登记银行存款日记账的增加,而银行要等款项划转入账后再记增加,此时对账就形成了企业已收而银行未收的未达账项。

情况2:企业已经付款入账,而银行尚未付款,简称"企付银未付"。例如,企业购买材料开出转账支票,根据支票存根登记银行存款的减少,而银行尚未收到对方开户银行转过来的办理转账结算的结算单据,还未登记银行存款的减少,此时对账就形成企业已付而银行未付的未达账项。

情况3:银行已经收款入账,而企业尚未收款入账,简称"银收企未收"。例如,企业销售产品后办理委托收款,当对方开户银行将款项转到企业的银行存款账户里,但尚未通知企业,此时进行对账,就产生了银行已收款入账而企业尚未入账的情况。

情况4:银行已经付款入账,而企业尚未付款入账,简称"银付企未付"。例如,银行代企业支付电话费、水电费等款项,但企业尚未收到付款通知,从而形成银行已付款入账,而企业尚未入账的情况。

上述任何一种未达账项的存在,都会使企业银行存款日记账的余额与银行开出的对账单的余额不符。出现第 1 种和第 4 种情况时，会使开户单位银行存款账面余额大于银行对账单的存款余额；出现第 2 种和第 3 种情况时，会使开户单位银行存款账面余额小于银行对账单的存款余额。所以，在与银行对账时首先应查明是否存在未达账项，如果存在未达账项，就应该编制"银行存款余额调节表"，据以调节双方的账面余额，确定企业银行存款实有数。

3）银行存款清查的步骤

银行存款的清查按以下四个步骤进行。

第一步，根据经济业务、结算凭证的种类、号码和金额等资料逐日逐笔核对银行存款日记账与银行对账单。凡双方都有记录的，用铅笔在金额旁打上记号"√"。

第二步，找出未达账项（即银行存款日记账和银行对账单中没有打"√"的款项）。

第三步，将日记账和对账单的月末余额及找出的未达账项填入"银行存款余额调节表"，并计算出调整后的余额。

第四步，将调整平衡的"银行存款余额调节表"，经主管会计签章后，呈报开户银行。

银行存款余额调节表的编制，是在企业银行存款日记账与银行对账单账面余额的基础上，各自分别加上对方已收款入账而己方尚未入账的数额，减去对方已付款入账而己方尚未入账的数额。其计算公式如下：

企业银行存款日记账余额＋银行已收企业未收款－银行已付企业未付款＝银行对账单存款余额＋企业已收银行未收款－企业已付银行未付款

现举例说明"银行存款余额调节表"的具体编制方法。

［例 7-1］ 某企业 2020 年 6 月底银行存款日记账账面余额为 107 800 元，银行对账单上的余额为 108 300 元，经查对账目，发现下列未达账项：

（1）银行已于 6 月 29 日代该厂支付电费 1 800 元，尚未通知该企业。

（2）该企业在 6 月 30 日收到外单位为偿还欠款交来转账支票一张，票面金额为 4 200 元，已送存银行，但银行尚未入账。

（3）该企业于 6 月 30 日签发转账支票一张购买材料，金额为 4 000 元，持票人未到银行办理转账结算。

（4）该企业本季度存款利息计 2 500 元，银行结算入账，但该企业尚未收到存款结息通知。

根据上述未达账项，编制"银行存款余额调节表"，如表 7-2 所示。

表 7-2　银行存款余额调节表

2020 年 6 月 30 日　　　　　　　　　　　　　　　　　　　　　　　　单位：元

项目	金额	项目	金额
企业银行存款日记账余额	107 800	银行对账单余额	108 300
加：银收企未收	2 500	加：企收银未收	4 200
减：银付企未付	1 800	减：企付银未付	4 000
调节后日记账余额	108 500	调节后对账单余额	108 500

4）银行存款余额调节表的作用

第一，银行存款余额调节表是一种对账记录或对账工具，不能作为调整账面记录的依据（不是原始凭证），即不能根据银行存款余额调节表中的未达账项来调整银行存款账面记录，未达账项只有在收到有关凭证后才能进行有关的账务处理。

第二,调节后的余额如果相等,通常说明企业和银行的账面记录一般没有错误,该余额通常为企业可以动用的银行存款实有数。

第三,调节后的余额如果不相等,通常说明一方或双方记账有误,需进一步追查,查明原因后予以更正和处理。

上述银行存款的清查方法,也适用于各种银行借款的清查。不过,对银行借款清查时,还应查明借款是否按规定用途使用及是否按期归还。

(二)实物资产的清查方法

实物资产主要包括固定资产、存货等。实物资产的清查就是对实物资产在数量和质量上所进行的清查。常用的清查方法主要有实地盘点法和技术推算法。

1. 实地盘点法

实地盘点法,是通过逐一清点或用计量器具来确定实物资产实有数量的一种方法。这种方法适用于可以逐一点数、度量或过磅的财产物资。企业单位的多数实物都可以采用这种方法进行清查,如机器设备、包装好的原材料、产成品和库存商品等的清查。

2. 技术推算法

技术推算法,是通过量方计尺等技术方法来推算财产物资实存数的一种方法。这种方法适用于散装的大量成堆、价廉、体重、难以逐一清点的货物清查,如露天堆放的煤、砂石、焦炭等。

无论采用何种方法对实物清查,都应按计划有步骤地进行,以免遗漏或重复。盘点时,除了清查实物的实有数外,还要检查财产物资的质量,了解财产物资的利用情况,查明财产物资在收发、保管上存在的问题。

为了明确责任和便于查核盘点,在进行清查时,实物保管人员必须在场。对各种实物的盘点结果,应如实准确地登记在"盘存单"上,并由有关参加人员同时签章生效。"盘存单"是记录盘点结果的书面证明,也是反映实物资产实有数额的原始凭证。"盘存单"一式三份,一份交清查人员留存备查;一份交实物保管员保存;一份由会计部门与账面记录核对。"盘存单"的一般格式如表7-3所示。

表 7-3 盘存单

单位名称: 盘点时间: 编号:
财产类别: 存放地点:

编号	名称	计量单位	数量	单价	金额	备注

盘点人: 保管人:

盘点完毕,将"盘存单"中所记录的实存数与账面结存数相核对。如发现某些实物资产账实不符,应根据"盘存单"和有关账簿记录,填制"实存账存对比表",以确定实物资产的盘盈数或盘亏数。"实存账存对比表"是财产清查的重要报表,是调整账簿记录的原始凭证,也是分析差异原因、明确经济责任的重要依据。"实存账存对比表"的一般格式如表7-4所示。

表7-4 实存账存对比表

单位名称：　　　　　　　　　　　　年　月　日

编号	类别及名称	计量单位	单价	实存		账存		对比结果				备注
								盘盈		盘亏		
				数量	金额	数量	金额	数量	金额	数量	金额	

主管负责人：　　　　　　　　　　复核：　　　　　　　　　　　　制表：

（三）往来款项的清查

往来款项主要包括应收、应付款项和预收、预付款项等。往来款项的清查一般采用发函询证的方法与对方单位核对账目。

往来款项清查时，企业首先将截止至清查日的有关结算款项全部登记入账，并保证本单位各项往来款项账目的正确性；然后根据检查结果编制"往来款项对账单"一式两份（其中一份作为回单联，见图7-2示例），送交对方单位核对。对方单位核对无误后应在回单联上盖章后退回本单位。如果发现数额不符，应在回单上注明不符情况，或者另抄账单退回，以便进一步核对。核查过程中，如有未达账项，双方都应采用调节余额的办法，有必要的话，可编制"应收款项（或应付款项）余额调节表"，核对是否相符。往来款项清查以后，应将清查结果编制"往来款项情况报告表"，其一般格式如表7-5所示。

××单位：

您单位××年××月××日购入我单位甲产品1 000件，已付货款40 000元，尚有60 000元货款未支付，请核对后将回联单寄回。

清查单位：（盖章）

××年××月××日

沿此虚线裁开，将以下回单联寄回！

往来款项对账单（回联）

××清查单位：

您单位寄的"往来款项对账单"已收到，经核对相符无误。

××单位：（盖章）

××年××月××日

图7-2 往来款项对账单

表 7-5　往来款项清查报告表

总账户结余金额：　　　　　　　　　　年　　月　　日　　　　　　　　　　　　　　　单位：元

明细账户名称	结存金额		差额	核对不符原因和金额				备注
	账面	对方		有争议的款项	未达账项	其他	合计	

清查人员签章：　　　　　　　　　　　　　　　　　　　　　　　　　　　　会计人员签章：

　　对于企业内部各部门的应收、应付款项，可以确定一个时间，由各部门财产清查人员、会计人员直接根据账簿记录核对；对于本单位职工的各种代垫、代付款项、预借款项等，通常可以采取抄列清单与本人核对或定期公布的方法加以核查。

　　通过往来款项的清查，可以查明双方发生争执或无法收回的款项，以便及时采取措施，避免或减少本单位的坏账损失。对各种往来结算款项的清查，除了查明账实是否相符外，还应注意往来款项的账龄，以便及时处理，减少坏账损失。

任务 7.3　财产清查结果的处理

　　财产清查的结果有以下几种情况：一是实存数等于账存数，即账实相符；二是实存数大于账存数，即盘盈；三是实存数小于账存数，即盘亏（实存的存货发生变质、霉烂等情况不能正常使用的称为毁损）。在财产清查中如果出现账实不相符，如盘盈、盘亏、毁损或其他各种损失时，要进行相应的处理。

一、财产清查结果处理的要求

　　对于财产清查中发现的问题，如财产物资的盘盈、盘亏、毁损或其他各种损失，应核实情况，调查分析产生的原因，按照国家有关法律法规的规定，进行相应的处理。具体要求包括：

(一) 分析产生差异的原因和性质，提出处理建议

　　对财产清查所发现的实存数量与账存数量的差异，应进行对比，核定其相差数额；然后调查并分析产生差异的原因，明确经济责任，提出处理意见，处理方案应按规定的程序报请审批。

(二) 积极处理多余、积压物资，清理往来款项

　　财产清查的任务，不仅是核对账实，而且要通过清查揭露经济管理中存在的问题。如果发现企业不需用或多余的物资和不配套设备以及应收账款中有长期拖欠不清的欠款等情况，应积极地提出处理意见。比如对清查中发现的多余积压物资，应报请有关单位批准后及时处理，除在本单位内部设法利用外，还应积极组织销售或调拨；对于长期不清的债权、债务，以及发生争议的债权、债务，应督促业务部门负责催讨和解决，必要时，也可指定专人负责，查明原因，限期

清理。

(三)总结经验教训,建立健全财产管理制度

财产清查的目的,不仅要查明财产物资的实有数额,处理财产物资的盘盈盘亏,而且还要促进单位内部各个部门改进财产物资管理。财产清查后,要针对存在的问题和不足,总结经验教训,采取必要的措施,建立健全财产管理制度,进一步提高财产管理水平。

(四)及时调整账簿记录,做到账实相符

对于财产清查中发现的盘盈或盘亏,应及时调整账面记录,做到账实相符。要根据清查中取得的原始凭证编制记账凭证,登记有关账簿,使各种财产物资的账存数与实存数相一致,同时反映待处理财产损溢的发生额。

二、财产清查结果处理的步骤与方法

(一)审批之前的处理:调账

审批之前,将已查明的财产物资盘盈、盘亏和毁损等情况,根据清查中取得的原始凭证(如实存账存对比表、盘点报告表等)编制记账凭证,据以登记有关账簿,使账簿记录与实际盘存数相符。调整账簿记录的原则是:以"实存"为准,当盘盈时,补充账面记录;当盘亏时,冲减账面记录。同时根据企业管理权限,将处理建议报股东大会或董事会,或经理(厂长)会议或类似机构批准。

(二)审批之后的处理:找原因

企业清查的各种财产的损溢,应于期末前查明原因,并根据企业的管理权限,经股东大会或董事会,或经理(厂长)会议或类似机构批准后,在期末结账前处理完毕。企业应严格按照有关部门关于财产清查结果提出的处理意见填制有关记账凭证,登记有关账簿,并追回由于责任者原因造成的财产损失。

三、财产清查结果的账务处理

(一)设置"待处理财产损溢"账户

为了核算和监督企业在财产清查过程中各项财产物资的盘盈、盘亏、毁损及其处理情况,企业应设置"待处理财产损溢"账户。

"待处理财产损溢"账户的情况如下:

账户的性质:资产类账户。

账户的用途:用来核算企业在财产清查过程中各项财产物资的盘盈、盘亏、毁损及其处理情况。

账户的结构:借方登记财产物资的盘亏数、毁损数和批准转销的财产物资盘盈数;贷方登记财产物资的盘盈数和批准转销的财产物资盘亏及毁损数。企业清查的各种财产的盘盈、盘亏和毁损应在期末结账前处理完毕,所以"待处理财产损溢"账户在期末结账后没有余额。

明细账的设置:设置"待处理流动资产损溢""待处理固定资产损溢"两个明细分类账户,分别核算和监督企业流动资产和固定资产的盈亏及其处理情况。

"待处理财产损溢"账户的基本结构如下所示。

借方	待处理财产损溢	贷方
(1)发生的待处理财产盘亏、毁损数 (2)报经批准转销的盘盈数		(1)发生的待处理财产盘盈数 (2)报经批准转销的盘亏、毁损数
尚待处理的财产物资的净损失数		尚待处理的财产物资的净溢余数

(二)库存现金清查结果的账务处理

现金清查中发现现金的盘盈(长款)和盘亏(短款)时,要及时根据"库存现金盘点报告表"进行账务处理,记入"待处理财产损溢"账户,待查明原因后,根据批准的处理意见转销。

1. 库存现金盘盈的账务处理

(1)审批前调账:库存现金盘盈时,应及时办理库存现金的入账手续,调整库存现金账簿记录,即按盘盈的金额借记"库存现金"科目,贷记"待处理财产损溢——待处理流动资产损溢"科目。

(2)审批后处理:对于盘盈的库存现金,查明原因,按管理权限报经批准后,按盘盈的金额借记"待处理财产损溢——待处理流动资产损溢"科目,按需要支付或退还他人的金额,贷记"其他应付款"科目;按无法查明原因的金额,贷记"营业外收入"科目。

[例 7-2] 某企业在现金清查时,发现长款 400 元。

报经批准前,根据"库存现金盘点报告表"所确定的库存现金盘盈数,调整账簿记录,编制如下会计分录。

  借:库存现金   400
    贷:待处理财产损溢——待处理流动资产损溢   400

若经反复核查,仍无法查明原因,经批准后转作营业外收入。

  借:待处理财产损溢——待处理流动资产损溢   400
    贷:营业外收入   400

2. 库存现金盘亏的账务处理

(1)审批前调账:库存现金盘亏时,应及时办理盘亏的确认手续,调整库存现金账簿记录,即按盘亏的金额借记"待处理财产损溢——待处理流动资产损溢"科目,贷记"库存现金"科目。

(2)审批后处理:对于盘亏的库存现金,查明原因,按管理权限报经批准后,应由责任人赔偿或保险公司赔偿的部分,借记"其他应收款";无法查明原因的部分,借记"管理费用",按盘亏的金额贷记"待处理财产损溢——待处理流动资产损溢"科目。

[例 7-3] 某企业在现金清查时,发现短款 260 元。

报经批准前,根据"库存现金盘点报告表"所确定的库存现金盘亏数,调整账簿记录,编制如下会计分录。

  借:待处理财产损溢——待处理流动资产损溢   260
    贷:库存现金   260

经查明原因,应由出纳员小李赔偿 60 元,其余 200 元经批准作为管理费用。

  借:其他应收款——小李   60

管理费用　　　　　　　　　　　　　　　　　　200
　　　贷:待处理财产损溢——待处理流动资产损溢　　260

(三)存货清查结果的账务处理

1.存货盘盈的账务处理

(1)审批前调账:存货盘盈时,应及时办理存货入账手续,调整存货账簿的实存数。盘盈的存货应按其重置成本作为入账价值借记"原材料""库存商品"等科目,贷记"待处理财产损溢——待处理流动资产损溢"科目。

(2)审批后处理:对于盘盈的存货,查明原因,按管理权限报经批准后,冲减管理费用,即按其入账价值,借记"待处理财产损溢——待处理流动资产损溢"科目,贷记"管理费用"科目。

[例7-4]　某企业在财产清查中,发现A材料盘盈100千克,经查系收发计量误差所致,该材料的实际成本为每千克45元。则应编制如下会计分录:

报经批准前,根据"实存账存对比表"所确定的原材料盘盈数调整账簿记录。
　　借:原材料——A材料　　　　　　　　　　　4 500
　　　贷:待处理财产损溢——待处理流动资产损溢　　4 500
报经批准后,进行相应处理。
　　借:待处理财产损溢——待处理流动资产损溢　　4 500
　　　贷:管理费用　　　　　　　　　　　　　　4 500

2.存货盘亏或毁损的账务处理

(1)审批前调账:存货盘亏时,应按盘亏的金额借记"待处理财产损溢——待处理流动资产损溢"科目,贷记"原材料""库存商品"等科目。

(2)审批后处理:对于盘亏的存货,查明原因,按管理权限报经批准后,①对于入库的残料价值,借记"原材料"科目;②对于可收回的保险赔偿和过失人赔偿的金额,借记"其他应收款"科目;③扣除残料价值和赔偿金额后的净损失,属于定额内损耗、收发计量差错、管理不善等原因造成的一般经营损失部分,借记"管理费用"科目,属于按自然灾害等原因造成的非常损失部分,借记"营业外支出"科目,贷记"待处理财产损溢——待处理流动资产损溢"科目。

[例7-5]　某企业在财产清查中,发现B材料盘亏100千克,实际成本为每千克60元;C材料毁损180千克,实际成本为每千克20元。经查,B材料属于自然损耗产生的定额内损耗;C材料系管理不善造成的毁损,预计可收回残料1 000元,应向保管人员索赔500元,尚未收到保管人员的赔款,暂不考虑税费因素。

报经批准前,根据"实存账存对比表"所确定的原材料盘亏数调整账簿记录。
　　借:待处理财产损溢——待处理流动资产损溢　　9 600
　　　贷:原材料——B材料　　　　　　　　　　6 000
　　　　　　　——C材料　　　　　　　　　　3 600
报经批准后,进行相应处理。
　　借:其他应收款——×××　　　　　　　　　500
　　　　原材料　　　　　　　　　　　　　　　1 000
　　　　管理费用　　　　　　　　　　　　　　8 100
　　　贷:待处理财产损溢——待处理流动资产损溢　　9 600

[例 7-6] 某企业在财产清查中发现,因台风造成一批材料毁损,实际成本为 5 000 元,根据保险合同约定,应有保险公司赔偿总价值的 80%。

在报经批准前,根据"实存账存对比表"编制如下会计分录:

借:待处理财产损溢——待处理流动资产损溢　　　5 000
　　贷:原材料　　　　　　　　　　　　　　　　　　5 000

经批准后,进行相应处理。

借:其他应收款　　　　　　　　　　　　　　　　　4 000
　　营业外支出　　　　　　　　　　　　　　　　　1 000
　　贷:待处理财产损溢——待处理流动资产损溢　　　5 000

(四)固定资产清查结果的账务处理

为保证固定资产核算的真实性,充分挖掘企业现有固定资产的潜力,企业应当定期或者至少于每年年末对固定资产进行清查盘点。在固定资产清查过程中,如果发现盘盈、盘亏的固定资产,应当填制固定资产盘盈盘亏报告表。清查固定资产的损溢,应当及时查明原因,并按照规定程序报批处理。

1. 固定资产盘盈的账务处理

企业在财产清查过程中盘盈的固定资产,经查明确属企业所有,根据企业会计准则的相关规定,应当作为重要的前期差错进行会计处理,通过"以前年度损益调整"科目核算。

盘盈的固定资产,通常按重置成本确定其入账价值,借记"固定资产"科目,贷记"以前年度损益调整"科目。涉及税费等问题暂不考虑。

[例 7-7] 某企业 2019 年 1 月 5 日在财产清查过程中发现一台设备尚未入账,重置成本为 30 000 元,不考虑相关税费影响。

盘盈固定资产,应编制如下会计分录:

借:固定资产　　　　　　　　　　　　　　　　　30 000
　　贷:以前年度损益调整　　　　　　　　　　　　30 000

2. 固定资产盘亏的账务处理

(1)审批前调账:企业在财产清查中发生固定资产盘亏时,按照盘亏固定资产的账面价值,借记"待处理财产损溢"账户,按照已计提的累计折旧,借记"累计折旧"账户,按照已计提的减值准备,借记"固定资产减值准备"账户;按照固定资产的原价,贷记"固定资产"账户。

(2)审批后处理:对于盘亏的固定资产,查明原因,按管理权限报经批准后,按过失人或保险公司应赔偿额,借记"其他应收款"科目;按盘亏固定资产的账面价值扣除过失人及保险公司赔偿后的差额,借记"营业外支出"科目;按盘亏固定资产的账面价值,贷记"待处理财产损溢"科目。

[例 7-8] 某企业在年终财产清查中,发现短缺设备一台,账面原值 10 000 元,已计提折旧 2 000 元,不考虑相关税费影响。

在报经批准前,根据"实存账存对比表"编制如下会计分录

借:待处理财产损溢——待处理固定资产损溢　　　8 000
　　累计折旧　　　　　　　　　　　　　　　　　2 000
　　贷:固定资产　　　　　　　　　　　　　　　　10 000

报经批准后,进行相应处理。

借:营业外支出　　　　　　　　　　　　　　　　8 000
　　贷:待处理财产损溢——待处理固定资产损溢　　8 000

(五)往来款项清查结果的账务处理

在财产清查过程中发现的长期未结算的往来款项,应及时清查。对于经查明确实无法支付的应付款项可按规定程序报经批准后,转作营业外收入。对于无法收回的应收款项则作为坏账损失冲减坏账准备。坏账是指企业无法收回或收回的可能性极小的应收款项。由于发生坏账而产生的损失,称为坏账损失。

企业通常应将符合下列条件之一的应收款项确认为坏账:

(1)债务人死亡,以其遗产清偿后仍然无法收回;

(2)债务人破产,以其破产财产清偿后仍然无法收回;

(3)债务人较长时间内未履行其偿债义务,并有足够的证据表明无法收回或者收回的可能性极小。

企业对有确凿证据表明确实无法收回的应收款项,经批准后作为坏账损失。

对于已确认为坏账的应收款项,并不意味着企业放弃了追索权,一旦重新收回,应及时入账。

[例 7-9]　大丰企业在清查中,查明有一笔应付账款 60 000 元确实无法支付,经批准转入"营业外收入",根据批准文件,编制会计分录如下:

借:应付账款　　　　　　　　　　　　　　　　60 000
　　贷:营业外收入　　　　　　　　　　　　　　60 000

会计技能训练

一、单选题

1.现金出纳人员发生变动时,应对其保管的库存现金进行清查,这种财产清查属于(　　)。

A.局部清查和不定期清查

B.全面清查和定期清查

C.局部清查和定期清查

D.全面清查和不定期清查

2.在实际工作中,企业一般以(　　)作为财产物资的盘存制度。

A.永续盘存制　　　　　　　　B.收付实现制

C.实地盘存制　　　　　　　　D.权责发生制

3.对财产清查结果进行正确账务处理的主要目的是保证(　　)。

A.账实相符　　B.账表相符　　C.账证相符　　D.账账相符

4.下列各项中,采用与对方单位核对账目的方法清查的是(　　)。

A.往来款项　　B.库存现金　　C.存货　　D.固定资产

5.下列项目中清查时应采用实地盘点法的是(　　)。

A.固定资产　　B.银行存款　　C.应付账款　　D.应收账款

6.财产物资的经管人员发生变动时,应对其经管的那部分财产进行清查,这种清查属于( )。

　　A. 全面清查和不定期清查

　　B. 全面清查和定期清查

　　C. 局部清查和不定期清查

　　D. 局部清查和定期清查

7. 对各项财产物资的增减数都须根据有关凭证逐笔或逐日登记有关账簿并随时结出账面额的方法称为( )。

　　A. 永续盘存制　　　　　　　　B. 实地盘存制

　　C. 收付实现制　　　　　　　　D. 权责发生制

8. 盘盈的固定资产,一般应记入( )账户。

　　A. 其他业务收入　　　　　　　B. 以前年度损益调整

　　C. 营业外收入　　　　　　　　D. 本年利润

9. 财产清查中发现账外机器一台,其市场价格为 80 000 元,估计六成新,则该固定资产的入账价值为( )元。

　　A. 80 000　　　B. 48 000　　　C. 128 000　　　D. 32 000

10. 银行存款余额调节表中调节后的余额是( )。

　　A. 对账日企业可以动用的银行存款实有数额

　　B. 对账单余额与日记账余额的平均数

　　C. 银行方面的账面余额

　　D. 银行存款账面余额

11. 库存现金清查的方法是( )。

　　A. 技术推算法　　　　　　　　B. 实地盘点法

　　C. 发函询证法　　　　　　　　D. 核对账目法

12. 采用实地盘存制,平时账簿记录中不能反映( )。

　　A. 财产物资的盘盈数　　　　　B. 财产物资的减少数

　　C. 财产物资的增加数　　　　　D. 财产物资的增加和减少数

13. 在企业与银行双方记账无误的情况下,银行存款日记账与银行对账单余额不一致是由于( )存在。

　　A. 应付账款　　　　　　　　　B. 未达账项

　　C. 其他货币资金　　　　　　　D. 应收账款

14. 月末企业银行存款日记账余额为 180 000 元,银行对账单余额为 170 000 元,经过未达账项调节后的余额为 160 000 元,则对账日企业可以动用的银行存款实有数额为( )。

　　A. 170 000 元　　B. 160 000 元　　C. 180 000 元　　D. 不能确定

15. 库存现金盘点时发现短缺,则应借记的会计科目是( )。

　　A. 其他应付款　　　　　　　　B. 待处理财产损溢

　　C. 其他应收款　　　　　　　　D. 库存现金

16. 对盘亏的固定资产净损失经批准后可记入( )账户的借方。

　　A. 管理费用　　　　　　　　　B. 生产成本

　　C. 营业外支出　　　　　　　　D. 制造费用

二、多选题

1. 与"待处理财产损溢"账户借方发生对应关系的账户可能有（　　）。
   A. 原材料　　　　B. 应收账款　　　C. 营业外收入　　　D. 固定资产
2. 银行存款日记账余额与银行对账单余额不一致，原因可能是（　　）。
   A. 银行存款日记账有误　　　　　　B. 存在未达账项
   C. 存在未付款项　　　　　　　　　D. 银行记账有误
3. 关于银行存款余额调节表，下列说法正确的是（　　）。
   A. 该表不能够作为调整本单位银行存款日记账记录的原始凭证
   B. 调节后的余额表示企业可以实际动用的银行存款数额
   C. 该表是更正本单位银行存款日记账记录的依据
   D. 该表是通知银行更正错误的依据
4. 单位年终决算时进行的清查属于（　　）。
   A. 定期清查　　　B. 全面清查　　　C. 不定期清查　　　D. 局部清查
5. 财产物资的盘存制度有（　　）。
   A. 实地盘存制　　B. 收付实现制　　C. 权责发生制　　　D. 永续盘存制
6. 对于盘亏、毁损的存货，经批准后进行账务处理时，可能涉及的借方账户有（　　）。
   A. 原材料　　　　B. 其他应收款　　C. 管理费用　　　　D. 营业外支出
7. 财产清查按清查的对象和范围可分为（　　）。
   A. 局部清查　　　B. 定期清查　　　C. 全面清查　　　　D. 不定期清查
8. 使企业银行存款日记账的余额大于银行对账单余额的未达账项有（　　）。
   A. 银行已收款记账而企业尚未收款记账
   B. 银行已付款记账而企业尚未付款记账
   C. 企业已付款记账而银行尚未付款记账
   D. 企业已收款记账而银行尚未收款记账
9. 固定资产盘亏的核算业务涉及的账户有（　　）。
   A. 其他应付款　　B. 营业外收入　　C. 累计折旧　　　　D. 待处理财产损溢
10. "待处理财产损溢"账户借方登记的是（　　）。
    A. 等待批准处理的财产盘亏、毁损
    B. 等待批准处理的财产盘盈
    C. 经批准转销的财产盘盈
    D. 经批准转销的财产盘亏、毁损

三、不定项选择题

1. 下列各项中，对永续盘存制表述正确的是（　　）。
   A. 账面随时反映财产物资的收入、发出和结存数额
   B. 对各项财产物资的增加数和减少数，平时要根据会计凭证登记账簿
   C. 财产物资品种繁杂的企业，其明细分类核算工作量较大
   D. 平时在账簿中只登记财产物资的增加数，不登记减少数
2. 下列项目清查时应采用实地盘点法的是（　　）。
   A. 应收账款　　　B. 应付账款　　　C. 固定资产　　　　D. 银行存款

3.企业银行存款日记账与银行对账单的核对属于( )。
A.账证核对　　　　B.账账核对　　　　C.账实核对　　　　D.账表核对

4.下列记录可以作为调整账面数字的原始凭证的是( )。
A.银行存款余额调节表
B.实存账存对比表
C.盘存单
D.往来款项对账单

5.下列事项中,属于账实核对的是( )。
A.银行存款日记账与银行对账单核对
B."原材料"总账账户余额与"原材料"明细账余额的核对
C.记账凭证与汇总记账凭证的核对
D.会计报表与会计账簿的核对

6.企业实际可以动用的银行存款数额是( )。
A.银行对账单余额　　　　　　　　B.银行存款日记账余额
C.调节前余额　　　　　　　　　　D.调节后余额

7.下列业务不需要通过"待处理财产损溢"账户核算的是( )。
A.发现账外固定资产　　　　　　　B.库存现金丢失
C.原材料盘亏　　　　　　　　　　D.应收账款无法收回

8.以下情况中,宜采用全面清查的有( )。
A.企业清产核资时进行的清查
B.企业改组为股份制试点企业进行的清查
C.企业更换财产保管人员时进行的清查
D.年终决算前进行的清查

四、判断题

1.实地盘存制能随时反映存货的收入、发出和结存动态。( )
2.永续盘存制下,可以通过存货明细账的记录随时结出存货的结存数量,故不需要对存货进行盘点。( )
3.银行已经付款记账而企业尚未付款记账,会使开户单位银行存款账面余额小于银行对账单的存款余额。( )
4.对于盘盈或盘亏的财产物资,需在期末结账前处理完毕,如在期末结账前尚未经批准处理的,等批准后进行处理。( )
5.实物盘点后,应将"实存账存对比表"作为调整账面余额记录的原始依据。( )
6.只有在永续盘存制下才可能出现财产的盘盈、盘亏现象。( )
7.盘点实物时,发现账面数大于实存数,即为盘盈。( )
8.对银行存款进行清查时,如果存在账实不符现象,肯定是由未达账项引起的。( )
9.账实不符是财产管理不善或会计人员水平不高的结果。( )

五、会计岗位技能训练

(一)练习银行存款余额调节表的编制

A公司2019年9月30日银行存款日记账余额为54 000元,与收到的银行对账单的存款

余额 62 770 元不一致。经核对,公司与银行均无记账错误,但是发现有下列未达账款,资料如下:

(1)9月28日,A公司开出一张金额为3 500元的转账支票用以支付供货方货款,但供货方尚未持该支票到银行兑现。

(2)9月29日,A公司送存银行的某客户转账支票2 100元,因对方存款不足而被退票,而公司未接到通知。

(3)9月30日,A公司当月的水电费用750元银行已代为支付,但公司未接到付款通知而尚未入账。

(4)9月30日,银行计算应付给A公司的存款利息120元,银行已入账,而公司尚未收到收款通知。

(5)9月30日,A公司委托银行代收的款项14 000元,银行已转入公司的存款户,但公司尚未收到通知入账。

(6)9月30日,A公司收到购货方转账支票一张,金额为6 000元,已经送存银行,但银行尚未入账。

要求:完成A公司的银行存款余额调节表(见表7-6),并分析调节后是否需要编制有关会计分录。

表7-6 银行存款余额调节表

编制单位:A公司　　　　　　2019年9月30日　　　　　　　　　　　　单位:元

项目	金额	项目	金额
企业银行存款日记账余额	54 000	银行对账单余额	62 770
加:银行已收企业未收款项	(1)(　)	加:企业已收银行未收款项	(3)(　)
减:银行已付企业未付款项	(2)(　)	减:企业已付银行未付款项	(4)(　)
调节后余额	(5)(　)	调节后余额	(6)(　)

(二)练习财产清查结果的财务处理

资料:某公司在财产清查中,发现以下问题:

(1)盘盈现金100元。

(2)甲材料盘盈400元。

(3)乙材料盘亏1 000元。

(4)盘亏设备一台,账面原值5 000元,已计提折旧2 000元。

上述各项盘盈、盘亏及损失,经查属实,报请上级部门审核批准,做如下处理:

(1)盘盈的现金50元为应付张三的,其余50元无法找到原因。

(2)盘盈甲材料属于收发计量错误所致。

(3)盘亏乙材料,应由保险公司赔偿300元,其余属于定额内损耗。

(4)盘亏设备属保管不善造成,责成过失人赔偿30%,其余记入营业外支出。

要求:据清查结果,编制审批前的会计分录,同时根据报请批准的结果,编制审批后的会计分录。

项目八

编制财务会计报告

KUAIJI JICHU

学习目标

1. 了解财务会计报告的概念与分类；
2. 熟悉财务报告编制的基本要求；
3. 熟悉资产负债表的列示要求；
4. 掌握资产负债表的编制方法；
5. 熟悉利润表的列示要求；
6. 掌握利润表的编制方法；
7. 掌握资产负债表、利润表的作用。

任务导航

任务 8.1　财务会计报告概述
任务 8.2　资产负债表
任务 8.3　利润表

财务会计报告是企业对外提供的反映企业某一特定日期的财务状况和某一会计期间的经营成果、现金流量等会计信息的文件。财务会计报告是会计主体单位会计核算工作的结果，是提供会计信息的一种重要手段。投资者、债权人等财务信息使用者主要是通过财务报告来了解企业的财务状况、经营成果和现金流量等情况，从而预测未来发展趋势、做出经济决策的。因此，财务会计报告是向投资者等财务报告使用者提供决策有用信息的媒介和渠道，是沟通投资者、债权人等使用者与企业管理层之间信息的桥梁和纽带。财务会计报告包括财务会计报表和其他应当在财务报告中披露的相关信息和资料。其中，财务会计报表是对企业财务状况、经营成果和现金流量的结构性表述。财务会计报表至少应当包括资产负债表、利润表、现金流量表、所有者权益变动表及附注。财务会计报表上述组成部分具有同等的重要程度。

任务 8.1　财务会计报告概述

一、财务会计报告的概念

财务会计报告，又称财务报告，是指企业对外提供的反映企业某一特定日期财务状况和某一会计期间经营成果、现金流量等会计信息的文件。

财务会计报告至少包括以下几层含义：

（1）财务报告应当是对外报告，其服务对象主要是投资者、债权人等外部使用者，专门为了内部管理需要的报告不属于财务会计报告的范畴。

（2）财务会计报告应当综合反映企业的生产经营状况，包括某一时点的财务状况和某一时期的经营成果与现金流量等信息，以勾画出企业整体和全貌。

（3）财务会计报告必须形成一个系统的文件，不应是零星的或者不完整的信息。

财务会计报告是企业根据日常会计核算资料归集、加工和汇总后形成的,是企业财务会计确认与计量的最终结果体现,也是会计核算工作的总结。投资者、债权人、政府部门及其他报告的使用者主要是通过财务会计报告来了解企业当前的财务状况、经营成果和现金流量等情况,从而预测未来的发展趋势。因此,财务会计报告是向投资者、债权人等财务会计报告使用者提供决策有用信息的媒介和渠道,是沟通投资者、债权人等使用者与企业管理层之间信息的纽带和桥梁,特别是在市场经济条件下,对企业信息使用者有着重要的意义。

二、财务会计报告的构成

财务报告是一个完整的报告体系,包括财务报表和其他应当在财务会计报告中披露的相关信息和资料。

(一)财务会计报表

财务会计报表亦称财务报表,是会计主体对外提供的反映其财务状况、经营成果和现金流量的会计报表。财务报表是财务会计报告的主要部分,包括资产负债表、利润表、现金流量表和所有者权益(或股东权益,下同)变动表及其附注。其中,财务报表由报表本身及其附注两部分构成,附注是财务报表的有机组成部分。

1. 资产负债表

资产负债表是反映企业在某一特定日期的财务状况的财务报表。企业编制资产负债表的目的是通过如实反映企业的资产、负债和所有者权益金额及其结构情况,从而有助于使用者评价企业资产的质量以及短期偿债能力、长期偿债能力和利润分配能力等。

2. 利润表

利润表是反映企业在一定会计期间的经营成果的财务报表。企业编制利润表的目的是通过如实反映企业实现的收入、发生的费用以及应当计入当期利润的利得和损失等金额及其结构情况,从而有助于使用者分析评价企业的盈利能力及其构成与质量。

3. 现金流量表

现金流量表是反映企业在一定会计期间的现金和现金等价物流入和流出的财务报表。企业编制现金流量表的目的是通过如实反映企业各项活动的现金流入和现金流出,从而有助于使用者评价企业生产经营过程特别是经营活动中所形成的现金流量和资金周转情况。

4. 所有者权益变动表

所有者权益变动表是反映构成所有者权益的各组成部分当期的增减变动情况的报表。企业的净利润及其分配情况是所有者权益变动的组成部分,相关信息已经在所有者权益变动表及其附注中反映,企业不需要再单独编制利润分配表。

5. 附注

附注是财务会计报表不可或缺的组成部分,是对在资产负债表、利润表、现金流量表和所有者权益变动表等报表中列示项目的文字描述或明细资料,以及对未能在这些报表中列示项目的说明等。编制附注的目的是通过对财务报表本身做补充说明,以更加全面、系统地反映企业财务状况、经营成果和现金流量的全貌,向使用者提供更为有用的决策信息,帮助其做出更加科学合理的决策。

(二)其他相关的信息和资料

其他相关的信息和资料,是指除财务报表及其附注信息之外,其他有助于信息使用者对企业的财务状况、经营业绩和现金流量等情况进行了解和分析的信息和资料。

财务报表是财务报告的核心内容,但是除了财务报表之外,财务报告还应当包括其他相关信息,具体可以根据有关法律法规的规定和外部使用者的信息需求而定。如企业可以在财务报告中披露其承担的社会责任、对社区的贡献、可持续发展能力等信息,这些信息与使用者的决策也是相关的,尽管属于非财务信息,无法包括在财务报表中,但是如果有规定或者使用者有需求,企业应当在财务报告中予以披露。

三、财务会计报表的分类

财务会计报表是财务会计报告的核心,按不同标准,主要有以下几种分类。

(一)按照反映经济业务的内容不同

财务会计报表按照反映经济业务的内容不同,可分为静态报表和动态报表。

(1)静态报表是指综合反映企业某一特定日期资产、负债和所有者权益状况的报表,如资产负债表。

(2)动态报表是指综合反映企业一定期间的经营情况、现金流量情况的报表,如利润表、现金流量表。

(二)按照编报时间不同

财务会计报表按照编报的时间不同,可分为中期财务会计报表和年度财务会计报表。

(1)年度财务会计报表是指以一个完整会计年度为基础编制的财务会计报表。年度财务会计报表要求揭示完整、反映全面,一般包括资产负债表、利润表、现金流量表、所有者权益变动表和附注等内容。

(2)中期财务会计报表是以短于一个完整会计年度的报告期间为基础编制的财务会计报表,包括月报、季报、半年报等。月报要求简明扼要,反映及时;季报和半年报在会计信息的详细程度方面,则介于月报和年度财务会计报表之间。中期财务会计报表至少应当包括资产负债表、利润表、现金流量表和附注。其中,中期资产负债表、利润表和现金流量表的格式和内容应当与年度财务会计报表的相一致,相关的附注披露可适当简略,但至少应当披露所有重大事项。

(三)按照报送对象不同

财务会计报表按照其报送对象不同,可分为内部报表和外部报表。

(1)内部报表是指为满足企业内部经营管理需要而编制的财务会计报表。

(2)外部报表是指企业向外提供的财务会计报表,主要供投资者、债权人、政府部门和社会公众等有关方面使用。

(四)按照编制单位不同

会计报表按照其编制单位不同,可分为个别报表和合并报表。

(1)个别报表是指由企业在自身会计核算基础上对账簿记录进行加工而编制的会计报表。

(2)合并报表是指以母公司和子公司组成的企业集团为会计主体,根据母公司和所属子公司的会计报表,由母公司编制的综合反映企业集团财务状况、经营成果及现金流量的会计报表。

四、财务会计报告的编制要求

《会计法》规定:"财务会计报告应当根据经过审核的会计账簿记录和有关资料编制,并符合本法和国家统一的会计制度关于财务会计报告的编制要求、提供对象和提供期限的规定;其他法律、行政法规另有规定的,从其规定。""其他法律、行政法规另有规定的,从其规定",主要指一些有别于常规的特殊的法定要求。

为使财务报告阅读者能够清楚全面地了解到企业的财务状况、经营成果和现金流量等情况,财务会计报告应当根据登记完整、核对无误的账簿记录和其他有关资料编制。单位编制的财务会计报告应当真实可靠、相关可比、全面完整、编报及时、便于理解,符合国家统一的会计制度的有关规定。

(一)真实可靠

会计核算应当以实际发生的交易或完成的事项为依据,如实反映企业的财务状况、经营成果和现金流量。财务会计报告应当根据经过审核的会计账簿记录和有关资料编制,向不同的会计信息使用者提供的财务会计报告,其编制依据应当一致。

财务报表各项目的数据必须建立在真实可靠的基础之上,填列到财务会计报告中的数字必须客观、真实,不得弄虚作假和估计数字,更不能伪造报告数字,填列到财务会计报告中的各项会计指标的计算结果必须准确无误,能够如实地反映企业的财务状况、经营成果和现金流量等情况。企业财务会计报告应向报告使用者提供可靠信息,便于报告使用者对企业的财务状况、经营成果和现金流量情况做出正确的判断和评价,有助于报告使用者做出正确的决策。

(二)相关可比

首先,财务会计报告的提供对象应当符合国家统一的会计制度的规定。财务会计报告的提供对象一般包括单位的主管财政部门、税务机关、单位的投资者、主要债权人等。这种提供关系一般都是国家法律、法规规定的。例如,《中华人民共和国税收征收管理法》就企业向税务机关报送会计报表做出了规定,《中华人民共和国公司法》对股份有限公司公开财务会计报告做出了规定。除了经常性的提供对象之外,还有一些非经常性的提供对象,例如,执行审计任务的审计机关等。

其次,向不同的会计资料使用者提供的财务会计报告的编制依据应当一致。这主要是为了使不同的会计资料使用者所掌握的会计信息是真实的,而且是相互可比的,以满足经济管理和决策的需要。财务会计报告的编制依据应当一致,主要是指编制财务会计报告所依据的会计凭证、会计账簿以及编制财务会计报告所依据的会计处理方法等应当一致。这项规定主要是为了禁止"两套账表""多套账表"的不法行为,保证会计资料真实、完整。

(三)全面完整

财务会计报告的编制要求主要集中体现在国家统一的会计制度之中。企业会计准则、会计制度、企业财务会计报告条例等都就有关财务会计报告的编制做出了具体的规定,这些规定包括会计报表的内容和格式、会计报表项目的填制依据和方法、会计报表附注的内容和格式、财务情况说明书的内容等。

财务会计报告须经注册会计师审计的,审计报告应当随同财务会计报告一并提供。根据有关法律、行政法规的规定,有些单位提供的会计报表、会计报表附注和财务情况说明书,必须经过注册会计师审计,才能对外提供。比如,上市公司、外商投资企业的财务会计报告必须经注册会计师审计。在这种情况下,就要求单位对外提供的财务会计报告应当附具审计报告,以便财务会计报告的使用者更清晰、更明确、更完整地了解和分析财务会计报告的内容。

(四)编报及时

为确保内容完整、编报及时,在编制财务会计报告时必须根据报告的设计要求和编制说明,按会计制度的规定,将所要报送的内容全部填列齐全,不得漏填、漏报。

财务会计报告必须按照规定的期限,如期编报,及时逐级汇总,不得提前或延后编报。根据国家统一的会计制度的规定,财务会计报告分为月度财务会计报告、季度财务会计报告、半年度财务会计报告和年度财务会计报告。与此相适应,财务会计报告的提供期限也分别规定为:月度财务会计报告应当于月份终了后 6 天内对外提供;季度财务会计报告应当于季度终了后的 15 天内对外提供;半年度的财务会计报告应当于半年度终了后的 60 天内对外提供;年度财务会计报告应当于年度终了后的 4 个月内对外提供。

财务会计报告的提供方式大致有三类,即报送、公告和提交。对于主管部门、税务机关,必须定期报送;股份有限公司对于其股东和投资大众,必须公告,公告的方法包括登报公告和公开置放备查;对于审计部门等,则应及时提交。

(五)便于理解

财务报告应具有可理解性,即会计报表提供的信息可以为使用者所理解。提供财务报告可以满足各有关方面使用财务会计报告的需要。报告阅读者的目的是要寻找其所需要的会计信息,为其经济行为提供依据。企业对外提供的财务报告是为广大财务报告使用者提供有关企业过去、现在和未来的相关资料,为目前或潜在投资者、债权人提供决策所需的信息,所以编制的会计报表应清晰明了,便于理解和利用。

(六)其他编报要求

按规定,单位对外报送的财务会计报告,还应依次编好页数,加具封面,装订成册,加盖公章。封面上应当注明:单位名称,单位地址,财务会计报告所属年度、季度、月份,报送日期,并由单位负责人、主管会计工作的负责人、总会计师、会计机构负责人或会计主管人员签名并盖章;设置总会计师的单位,还须由总会计师签名并盖章。

财务会计报告是会计核算工作的最终成果,是向有关方面提供会计信息的重要渠道。财务会计报告是否能真实、完整地反映单位的财务状况、经营成果和现金流量,是关系到有关各方的经济决策乃至社会主义市场经济秩序的大事。因此,各单位不能把编制和提供财务会计报告当作一个普通的会计核算程序,它也是落实责任制的一种措施,即财务会计报告一经单位负责人、财会负责人签名并盖章,就要对其合法性、真实性、准确性、完整性负责。

五、财务会计报告编制前的准备工作

在编制财务会计报告前,需要完成下列工作:

(1)严格审核会计账簿的记录和有关资料;

(2)进行全面财产清查、核实债务,并按规定程序报批,进行相应的会计处理;

(3)按规定的结账日进行结账,结出有关会计账簿的余额和发生额,并核对各会计账簿之间的余额;

(4)检查相关的会计核算是否按照国家统一的会计制度的规定进行;

(5)检查是否存在因会计差错、会计政策变更等原因需要调整前期或本期相关项目的情况等。

任务8.2 资产负债表

一、资产负债表的概念、编制依据和作用

(一)资产负债表的概念

资产负债表,是反映企业某一特定日期财务状况的会计报表。其中:"某一特定日期",一般指月末、季末、半年末或年末;"财务状况",指企业全部资产、负债和所有者权益项目的构成情况。其属于静态会计报表,也是企业每月都要编制的报表。

(二)资产负债表编制的理论依据

资产负债表编制的理论依据,是"资产=负债+所有者权益"会计恒等式。资产负债表正是以这一会计等式为基础,按照一定的分类标准和编排顺序,将企业在特定日期的全部资产、负债和所有者权益各项目进行适当分类、汇总、排列后编制而成的。

(三)资产负债表的作用

资产负债表可以帮助财务报表使用者全面了解企业的财务状况,分析企业的债务偿还能力,从而为未来的经济决策提供参考信息。具体而言,通过资产负债表,会计报表的使用者可以了解以下会计信息:

(1)反映企业的资产总额及其构成,通过该表可以了解企业在某一特定日期所拥有的经济资源及其分布情况,据此进行企业生产经营能力和企业资产分布合理性的分析。

(2)反映企业的负债总额及其构成,通过该表可以了解企业所承担的现有义务,据此分析企业的财务实力、支付能力和偿债能力,从而分析其财务风险的大小。

(3)反映企业的所有者权益总额及其构成,通过该表可以了解投资者在企业资产中所享有的权益,了解权益的结构情况。

(4)通过前后期资产负债表的对比分析,可以了解企业资本结构及其变化情况,据此分析企业财务状况的发展变化趋势。

二、资产负债表的结构、格式和内容

(一)资产负债表的结构

资产负债表一般由表头和表体两部分组成。表头部分应列明报表名称、编表单位名称、资产负债表日、报表编号和计量单位;表体部分是资产负债表的主体,列示资产、负债和所有者权

益各个项目的内容,用以说明企业财务状况。其中,表体部分是资产负债表的主体和核心。

(二)资产负债表的格式

资产负债表的格式主要有报告式和账户式两种。根据我国《企业会计准则》的规定,我国企业的资产负债表采用账户式。

(1)报告式是上下结构的资产负债表。它按写报告的格式垂直排列,先排列资产项目,再依次排列负债项目、所有者权益项目。

(2)账户式是左右结构的资产负债表。它利用账户左右结构的形式将资产负债表分为左、右两方,左边列示资产,右边列示负债和所有者权益,左右两方总金额相等。我国企业的资产负债表采用账户式,其一般格式如表 8-1 所示。

表 8-1　资产负债表　　　　　　　　　　　　　　　　　　　　　　会企 01 表

编制单位:　　　　　　　　　　年　月　日　　　　　　　　　　　　单位:元

资产	期末余额	年初余额	负债及所有者权益（或股东权益）	期末余额	年初余额
流动资产:			流动负债:		
货币资金			短期借款		
交易性金融资产			交易性金融负债		
应收票据			应付票据		
应收账款			应付账款		
预付款项			预收款项		
应收利息			应付职工薪酬		
应收股利			应交税费		
其他应收款			应付利息		
存货			应付股利		
一年内到期的非流动资产			其他应付款		
其他流动资产			一年内到期的非流动负债		
流动资产合计			其他流动负债		
非流动资产:			流动负债合计		
债权投资			非流动负债:		
其他债权投资			长期借款		
长期应收款			应付债券		
长期股权投资			长期应付款		
投资性房地产			递延所得税负债		

续表

资产	期末余额	年初余额	负债及所有者权益（或股东权益）	期末余额	年初余额
固定资产			其他非流动负债		
在建工程			非流动负债合计		
无形资产			负债合计		
开发支出			所有者权益(或股东权益)：		
商誉			实收资本(或股本)		
长期待摊费用			资本公积		
递延所得税资产			其他综合收益		
其他非流动资产			盈余公积		
非流动资产合计			未分配利润		
			所有者权益(或股东权益)合计		
资产总计			负债及所有者权益(或股东权益)总计		

(三)资产负债表的内容

资产负债表的内容主要包括资产、负债和所有者权益三个静态会计要素。资产负债表中的所有项目，应当按照一定的标准进行归类，以适当的顺序加以排列。

1. 资产

资产项目按其流动性的大小顺序排列，分为流动资产和非流动资产。流动性大的资产排在前面，如"货币资金""交易性金融资产"等；流动性小的资产排在后面，如"固定资产""无形资产"等。

2. 负债

负债项目按其偿还期限的长短顺序排列，分为流动负债和非流动负债。偿还期限短的负债排在前面，如"短期借款""应付票据"等；偿还期限长的负债排在后面，如"长期借款"等。

3. 所有者权益

所有者权益项目按其永久性(稳定性)程度排列，永久性程度高者排在前面，永久性程度低者排在后面，其一般按照"实收资本(或股本)""资本公积""其他综合收益""盈余公积"和"未分配利润"的顺序排列。

三、资产负债表的编制方法

资产负债表要求采用比较资产负债表的对比形式，即要求设有"年初余额"和"期末余额"两个金额栏，以便于报表使用者了解一段时期内企业的资产、负债和所有者权益的变动趋势。

(一)"年初余额"栏的编制

资产负债表的"年初余额"栏内各项数字,应根据上年年末资产负债表的"期末余额"栏内数字填列。如果上年度资产负债表规定的各个项目的名称和内容与本年度不一致,应按照本年度的规定对上年年末资产负债表各项目的名称和数字进行调整,按调整后的金额填入本表的"年初余额"栏内。

(二)"期末余额"栏的编制

资产负债表的"期末余额"栏内各项数字,应根据总账及明细账的期末余额直接填列或分析计算填列。具体填列方法归纳起来主要有以下几种:

1. 根据总账账户的期末余额直接填列

资产负债表中的许多项目,都可以根据有关账户的期末余额直接填列。例如,"交易性金融资产""应收股利""短期借款""应付票据""应付利息""应付职工薪酬""实收资本""资本公积""盈余公积"等项目,都是根据各个相关总账账户的期末余额直接填列的。

需要注意的是,某些项目如"应交税费"等项目,是根据其总账账户的贷方期末余额直接填列的,但如果这些账户期末余额在借方时,则以"—"号填列。

根据有关总账账户的期末余额直接填列的方法举例如表 8-2 所示。

表 8-2　根据总账账户的期末余额直接填列举例

资产	期末余额	年初余额	负债及所有者权益	期末余额	年初余额
流动资产:			流动负债:		
货币资金					
交易性金融资产			应收票据 期末余额 80 000		
应收票据	80 000				
应收账款			应收股利 期末余额 20 000		
预付款项					
应收利息			应付职工薪酬		
应收股利	20 000		应交税费		
其他应收款			应付利息		

2. 根据有关总账账户的期末余额分析计算填列

资产负债表中的有些项目,应根据有关总账账户的期末余额分析计算填列,例如"货币资金""存货"和"未分配利润"等项目。

(1)"货币资金"项目,应根据"库存现金""银行存款""其他货币资金"等账户的期末余额合计数填列。

(2)"存货"项目,应根据"在途物资""原材料""生产成本""库存商品""周转材料""委托加工物资""材料成本差异"等账户期末余额的合计数,再减去"存货跌价准备"账户余额后的金额填列。

(3)"未分配利润"项目,应根据"本年利润"和"利润分配"账户的期末余额分析计算填列,若为负数表示未弥补的亏损,在本项目内以"－"号反映。具体来说,"本年利润"和"未分配利润"的余额均在贷方的,用二者余额之和填列;余额均在借方的,将二者余额之和在本项目内以"－"号填列;二者余额一个在借方一个在贷方的,用二者余额互相抵减后的差额填列,如为借差则在本项目内以"－"号填列。年度终了,该项目可以只根据"利润分配"账户的期末余额填列,余额在贷方的直接填列,余额在借方的在本项目内以"－"号填列。

根据有关总账账户的期末余额分析计算填列的方法举例如表 8-3 所示。

表 8-3 根据有关总账账户的期末余额分析计算填列举例

资产	期末余额	年初余额	库存现金		年初余额
			期末余额 3 000		
流动资产：			银行存款		
货币资金	18 000		期末余额 15 000		
（略）					
			原材料		
存货	50 000		期末余额 27 000		
			生产成本		
（略）			期末余额 3 000		
			库存商品		
			期末余额 20 000		

3.根据有关明细账的期末余额分析计算填列

资产负债表中的有些项目,应根据有关明细账的期末余额分析计算填列。主要体现在"应收账款""预收款项""应付账款""预付款项"四个报表项目上。

(1)"应收账款"项目,应根据"应收账款"账户及"预收账款"账户所属明细账的期末借方余额合计数,减去与"应收账款"有关的坏账准备贷方余额计算填列。

(2)"预收款项"项目,应根据"预收账款"账户及"应收账款"账户所属明细账的期末贷方余额合计数填列。

(3)"应付账款"项目,应根据"应付账款"账户及"预付账款"账户所属明细账的期末贷方余额合计数填列。

(4)"预付款项"项目,应根据"预付账款"账户及"应付账款"账户所属明细账的期末借方余额合计数,减去与"预付账款"有关的坏账准备贷方余额计算填列。

根据有关明细账的期末余额分析计算填列的方法举例如表 8-4 所示。

表 8-4　根据有关明细账的期末余额分析计算填列举例

资产	期末余额	年初余额	负债及所有者权益	期末余额	年初余额
流动资产：			流动负债：		
货币资金			短期借款		
交易性金融资产			交易性金融负债		
应收票据			应付票据		
应收账款	29 000		应付账款		
			预收款项	9 000	
			应付职工薪酬		

应收账款
期末余额　23 000
（应收性质）

应收账款——A企业
期末余额　10 000
（应收性质）

应收账款——C企业
期末余额　15 000
（应收性质）

应收账款——B企业
期末余额　2 000
（预收性质）

预收账款
期末余额　3 000
（预收性质）

预收账款——U企业
期末余额　4 000
（应收性质）

预收账款——V企业
期末余额　7 000
（预收性质）

4.根据有关总账账户及其明细账户的期末余额分析计算填列

资产负债表中的有些项目,应根据有关总账及其明细账的期末余额分析计算填列。例如："长期借款"项目,应根据"长期借款"总账账户期末余额扣除"长期借款"明细账中将于一年内到期的长期借款后的金额填列；"应付债券"项目,应根据"应付债券"总账账户期末余额扣除"应付债券"明细账中将于一年内到期的金额填列。

根据有关总账账户及其明细账户的期末余额分析计算填列的方法举例如表 8-5 所示。

5.根据有关总账账户余额减去其备抵账户余额后的净额填列

资产负债表中还有一些项目,应根据有关总账账户余额减去其备抵账户余额后的净额填列。例如,"固定资产"项目,应根据"固定资产"账户的期末余额减去"累计折旧"和"固定资产减值准备"账户期末余额后的净额填列。又如,"无形资产"项目,应根据"无形资产"账户的期末余额减去"累计摊销"和"无形资产减值准备"账户期末余额后的净额填列。再如,"应收账款""应收票据""其他应收款""存货""长期股权投资"等项目,应根据对应总账账户期末余额分别减去"坏账准备""存货跌价准备""长期股权投资减值准备"等备抵账户后的净额填列。

根据有关总账账户余额减去其备抵账户余额后的净额填列的方法举例如表 8-6 所示。

表 8-5　根据总账账户及其明细账户的期末余额分析计算填列举例

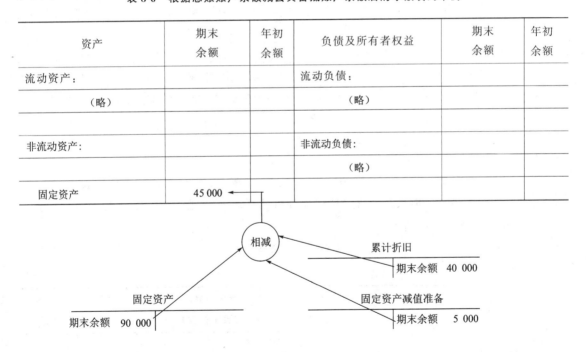

表 8-6　根据总账账户余额减去其备抵账户余额后的净额填列举例

6. 报表中合计与总计项目分析计算填列

资产负债表中的合计与总计,应根据报表项目之间的关系分析计算填列。例如"流动资产合计"+"非流动资产合计"="资产总计","流动负债合计"+"非流动负债合计"="负债合计","负债合计"+"所有者权益(或股东权益)合计"="负债及所有者权益(或股东权益)总计"。

四、资产负债表的编制举例

[例 8-1] ABC 公司 2019 年 12 月 31 日全部总分类科目和所属明细分类科目余额如表 8-7 所示。

表 8-7 科目余额表

科目名称	借方余额	科目名称	贷方余额
库存现金	3 000	短期借款	121 000
银行存款	30 000	应付账款——A 公司	14 600
交易性金融资产	28 000	——B 公司	−20 000
应收账款——甲公司	26 000	——C 公司	16 000
——乙公司	−12 000	应付职工薪酬	69 400
——丙公司	30 000	应交税费	120 000
其他应收款	6 000	应付股利	40 000
原材料	54 000	其他应付款	18 000
库存商品	40 000	应付利息	6 000
生产成本	16 000	长期借款	60 000
长期股权投资	400 000	实收资本	560 000
固定资产	800 000	盈余公积	44 160
无形资产	60 000	利润分配——未分配利润	319 840
长期待摊费用	8 000	累计折旧	120 000

注：一年内到期的长期借款为 20 000 元。

要求：依据各科目的期末余额，编制 ABC 公司 2019 年 12 月 31 日的资产负债表。

依据表 8-7 的各科目期末余额直接填列或分析计算填列，编制 ABC 公司 2019 年 12 月 31 日的资产负债表，如表 8-8 所示。

表 8-8 资产负债表

编制单位：ABC 公司　　　　2019 年 12 月 31 日　　　　会企 01 表　　单位：元

资产	期末余额	年初余额	负债及所有者权益（或股东权益）	期末余额	年初余额
流动资产：			流动负债：		
货币资金	33 000		短期借款	121 000	
交易性金融资产	28 000		交易性金融负债		
应收票据			应付票据		
应收账款	56 000		应付账款	30 600	
预付款项	20 000		预收款项	12 000	
应收利息			应付职工薪酬	69 400	

续表

资产	期末余额	年初余额	负债及所有者权益（或股东权益）	期末余额	年初余额
应收股利			应交税费	120 000	
其他应收款	6 000		应付利息	6 000	
存货	110 000		应付股利	40 000	
一年内到期的非流动资产			其他应付款	18 000	
其他流动资产			一年内到期的非流动负债	20 000	
流动资产合计	253 000		其他流动负债		
非流动资产：			流动负债合计	437 000	
债权投资			非流动负债：		
其他债权投资			长期借款	40 000	
长期应收款			应付债券		
长期股权投资	400 000		长期应付款		
投资性房地产			递延所得税负债		
固定资产	680 000		其他非流动负债		
在建工程			非流动负债合计	40 000	
无形资产	60 000		负债合计	477 000	
开发支出			所有者权益（或股东权益）：		
商誉			实收资本（或股本）	560 000	
长期待摊费用	8 000		资本公积		
递延所得税资产			其他综合收益		
其他非流动资产			盈余公积	44 160	
非流动资产合计	1 148 000		未分配利润	319 840	
			所有者权益（或股东权益）合计	924 000	
资产总计	1 401 000		负债及所有者权益（或股东权益）总计	1 401 000	

任务8.3 利润表

一、利润表的概念、编制依据和作用

（一）利润表的概念

利润表，又称损益表，是反映企业在一定会计期间经营成果的会计报表。其中："一定会计

期间",一般指月度、季度、半年度或年度;"经营成果",指企业在一定会计期间实现的收入、费用及利润(或亏损)。其属于动态会计报表。

(二)利润表编制的理论依据

利润表编制的理论依据是"收入－费用＝利润"会计等式。利润表正是依据这一会计等式,将企业一定会计期间的收入与其同一会计期间相关的费用进行配比,以计算出企业一定会计期间的净利润(或净亏损)。

(三)利润表的作用

利润表的列报必须充分反映企业经营业绩的主要来源和构成,有助于使用者判断净利润的质量及其风险,有助于使用者预测净利润的持续性,从而做出正确的决策。

(1)反映企业一定会计期间收入、成本费用及净利润(或净亏损)的实现及构成情况。利润表,可以反映企业一定会计期间收入的实现情况,如实现的营业收入有多少、实现的投资收益有多少、实现的营业外收入有多少,等等;可以反映一定会计期间的费用耗费情况,如耗费的营业成本有多少,税金及附加有多少以及销售费用、管理费用、财务费用各有多少,营业外支出有多少,等等;还可以反映企业生产经营活动的成果,即净利润的实现情况,据以判断资本保值增值等情况。

(2)提供进行企业财务分析的基本资料。利用利润表揭示的经营成果信息进行分析,可以分析企业的盈利能力、资金的运用效果,了解投资者投入资本的保值增值情况;通过利润表提供的不同时期的比较数字(本月数、本年累计数、上年数),可以分析预测企业利润的未来发展趋势,做出经济决策。

二、利润表的结构、格式和内容

(一)利润表的结构

利润表一般由表头和表体两部分组成。表头部分应列明报表名称、编表单位名称、编制日期、报表编号和计量单位。表体部分是利润表的主体,列示了形成经营成果的各个项目和计算过程。

(二)利润表的格式

利润表的格式主要有单步式和多步式两种。我国企业的利润表采用多步式。

1. 单步式

单步式利润表是将当期各项收入的合计数,减去当期各项成本费用的合计数,直接计算出当期净损益。单步式利润表结构比较简单,但不便于分析利润的形成过程及各项目的配比关系。

2. 多步式

多步式利润表是通过对当期的收入、费用、支出项目按性质加以归类,按利润形成的主要环节列示一些中间性利润指标,分步计算当期净损益。多步式利润表将不同性质的收入和费用类别进行对比,以便得出一些中间性的利润数据,帮助使用者理解企业经营成果的不同来源。按照《企业会计准则》的规定,我国企业应当采用多步式利润表,其一般格式如表8-9所示。

表 8-9 利润表　　　　　　　　　　　　　　　　　会企02表

编制单位：　　　　　　　　　　　年　　月　　　　　　　　　　　　　　单位:元

项目	本期金额	上期金额
一、营业收入		
减:营业成本		
税金及附加		
销售费用		
管理费用		
研发费用		
财务费用		
加:其他收益		
投资收益(损失以"一"号填列)		
净敞口套期收益(损失以"一"号填列)		
公允价值变动收益(损失以"一"号填列)		
信用减值损失(损失以"一"号填列)		
资产减值损失(损失以"一"号填列)		
资产处置收益(损失以"一"号填列)		
二、营业利润(亏损以"一"号填列)		
加:营业外收入		
减:营业外支出		
三、利润总额(亏损总额以"一"号填列)		
减:所得税费用		
四、净利润(净亏损以"一"号填列)		
五、其他综合收益的税后净额		
(一)不能重分类进损益的其他综合收益		
(二)将重分类进损益的其他综合收益		
六、综合收益总额		
七、每股收益		
(一)基本每股收益		
(二)稀释每股收益		

(三)利润表的内容

企业编制利润表的过程,其实就是计算利润的过程。利润包括营业利润、利润总额和净利润。

(1)营业利润。它以营业收入为基础,计算公式为:

营业利润＝营业收入－营业成本－税金及附加－销售费用－管理费用－研发费用－财务费用＋其他收益＋投资收益＋净敞口套期收益＋公允价值变动收益－信用减值损失－资产减值损失＋资产处置收益(－资产处置损失)

(2)利润总额。它以营业利润为基础,计算公式为:

$$利润总额＝营业利润＋营业外收入－营业外支出$$

(3)净利润。它以利润总额为基础,计算公式为:

$$净利润＝利润总额－所得税费用$$

(4)综合收益总额。其计算公式为:

$$综合收益总额＝净利润＋其他综合收益的税后净额$$

三、利润表的编制方法

多步式利润表金额栏主要设"本期金额"和"上期金额"两栏。

(一)"上期金额"栏的填列

"上期金额"栏,应根据上年该期利润表"本期金额"栏内所列数字填列。如果上年该期利润表规定的各个项目的名称和内容同本期不一致,应对上年该期利润表各项目的名称和数字按本期的规定进行调整,填入利润表"上期金额"栏内。

(二)"本期金额"栏的填列

"本期金额"栏,反映各个损益项目的本期实际发生数,一般应根据各损益类账户的本期发生额直接填列或计算填列,具体填列方法归纳起来有以下几种:

1. 根据有关账户发生额直接填列

利润表中的许多项目,都可以根据有关损益类账户发生额直接填列。例如,税金及附加、销售费用、管理费用、财务费用、投资收益、营业外收入、营业外支出和所得税费用等项目,都是根据有关损益类账户发生额直接填列。需要指出的是,如果有的项目是损失或亏损,则以"－"号填列。

2. 根据有关账户发生额计算填列

利润表中的"营业收入"和"营业成本"项目则需要根据有关账户发生额计算填列。例如:营业收入项目是根据"主营业务收入"账户发生额加"其他业务收入"账户发生额计算填列;营业成本项目是根据"主营业务成本"账户发生额加"其他业务成本"账户发生额计算填列。

3. 根据表内各项目之间的关系计算填列

利润表中有些项目,应根据表内各项目之间的关系计算后的金额填列。如"营业利润""利润总额""净利润""综合收益总额"等项目,它们的计算公式参见上面内容。需要指出的是,有的项目计算结果如为亏损,则以"－"号填列。

4. 特殊项目的填列

利润表中的"基本每股收益"项目,仅仅考虑当期实际发行在外的普通股股份,应按照归属于普通股股东的当期净利润除以当期实际发行在外的普通股的加权平均数计算确定。"稀释每股收益"项目,在存在稀释性潜在普通股时,应根据其影响分别调整归属于普通股股东的当期净利润以及发行在外普通股的加权平均数计算。

另外,需要说明的是,月度利润表与年度利润表的编制方法有所不同。

月度利润表的"本期金额"栏,反映各项目的本月实际发生数;"上期金额"栏的数字,可根据上月利润表的"本期金额"栏的数字,填入相应的项目内。

在编报年度利润表时,"本期金额"栏,反映各项目自年初起至本月末止的累计发生数。"上期金额"填列上年全年累计实际发生数,从而与"本期金额"各项目进行比较。如果上年度的利润表的项目名称和内容与本年度不一致,应对上年度的报表项目的名称和数字按本年度的规定进行调整,填入"上期金额"栏内。

四、利润表编制举例

[例 8-2] 甲公司 2020 年 2 月份有关损益类账户的发生额资料,如表 8-10 所示。

表 8-10 2020 年 2 月有关损益类账户的发生额

账户名称	借方发生额	贷方发生额
主营业务收入		1 224 000
其他业务收入		18 000
营业外收入		84 860
公允价值变动损益	3 000	
主营业务成本	542 000	
其他业务成本	13 200	
营业外支出	20 000	
税金及附加	5 814	
销售费用	2 200	
管理费用	50 970	
财务费用	7 000	
所得税费用	170 669	

要求:根据上述资料编制甲公司 2020 年 2 月的利润表。

资料中所给出的甲公司 2020 年 2 月有关损益类账户的发生额,是填列 2020 年 2 月的利润表中各项目"本期金额"的依据;按照前面介绍的方法直接或计算填入利润表"本期金额"相应栏内。

根据上述资料编制的甲公司 2020 年 2 月的"利润表",参见表 8-11。

表 8-11 利润表

会企 02 表

编制单位：甲公司　　　　　　　　　　2020 年 2 月　　　　　　　　　　单位：元

项目	本期金额	上期金额
一、营业收入	1 242 000	（略）
减：营业成本	555 200	
税金及附加	5 814	
销售费用	2 200	
管理费用	50 970	
研发费用		
财务费用	7 000	
加：其他收益		
投资收益（损失以"－"号填列）		
其中：对联营企业和合营企业的投资收益		
公允价值变动收益（损失以"－"号填列）	－3 000	
信用减值损失（损失以"－"号填列）		
资产减值损失（损失以"－"号填列）		
资产处置收益（损失以"－"号填列）		
二、营业利润（亏损以"－"号填列）	617 816	
加：营业外收入	84 860	
减：营业外支出	20 000	
三、利润总额（亏损总额以"－"号填列）	682 676	
减：所得税费用	170 669	
四、净利润（净亏损以"－"号填列）	512 007	
五、其他综合收益的税后净额		
（一）不能重分类进损益的其他综合收益		
（二）将重分类进损益的其他综合收益		
六、综合收益总额	512 007	
七、每股收益		
（一）基本每股收益		
（二）稀释每股收益		

会计技能训练

一、单选题

1. 下列有关附注的说法，不正确的是（　　）。

A. 附注是对未能在会计报表中列示项目的说明

B. 附注不属于财务会计报表的组成部分

C. 附注是对在会计报表中列示项目的描述或明细资料

D. 附注是财务会计报告的组成部分

2. 资产负债表中,"应收账款"项目应根据(　　)填列。

A."应收账款"总分类账户所属各明细分类账户期末贷方余额合计数

B."应收账款"总分类账户的期末余额

C."应收账款"总分类账户所属各明细分类账户期末借方余额合计数

D."应收账款"和"预收账款"总分类账户所属各明细分类账户期末借方余额合计数减去"坏账准备"账户中有关应收账款计提的坏账准备期末余额后的金额

3. 依照我国的会计准则,资产负债表采用的格式为(　　)。

A. 混合式　　　　　　　　B. 单步报告式

C. 账户式　　　　　　　　D. 多步报告式

4. 在资产负债表中,资产按照其流动性排列时,下列排列顺序正确的是(　　)。

A. 货币资金、交易性金融资产、存货、无形资产

B. 存货、无形资产、货币资金、交易性金融资产

C. 无形资产、货币资金、交易性金融资产、存货

D. 交易性金融资产、存货、无形资产、货币资金

5. 编制利润表主要是根据(　　)。

A. 损益类各账户的本期发生额

B. 损益类各账户的期末余额

C. 资产、负债及所有者权益各账户的期末余额

D. 资产、负债及所有者权益各账户的本期发生额

6. 某企业"应付账款"明细账期末余额情况如下:X企业贷方余额为200 000元,Y企业借方余额为180 000元,Z企业贷方余额为300 000元。假如该企业"预付账款"明细账均为借方余额,则根据以上数据计算的反映在资产负债表上"应付账款"项目的数额为(　　)元。

A. 80 000　　　　B. 680 000　　　　C. 320 000　　　　D. 500 000

7. 按照反映经济业务的内容不同分类,资产负债表属于反映(　　)的报表。

A. 月报　　　　B. 静态报表　　　　C. 动态报表　　　　D. 对外报表

8. "应收账款"科目所属明细科目如有贷方余额,应在资产负债表(　　)项目中反映。

A. 预收款项　　　B. 预付款项　　　C. 应收账款　　　D. 应付账款

9. 在利润表上,利润总额减去(　　)后,得出净利润。

A. 增值税　　　　　　　　B. 管理费用、财务费用

C. 所得税费用　　　　　　D. 营业外收支净额

10. (　　)是指企业对外提供的反映企业某一特定日期财务状况和某一会计期间经营成果、现金流量情况的书面文件。

A. 财务会计报告　　　　　B. 会计报表附注

C. 资产负债表　　　　　　　　D. 利润表

11. 资产负债表的下列项目中,需要根据几个总账账户的期末余额进行汇总填列的是(　　)。

A. 资本公积　　　　　　　　B. 货币资金

C. 应付职工薪酬　　　　　　D. 短期借款

12. 编制会计报表时,以"资产＝负债＋所有者权益"这一会计等式作为编制依据的会计报表是(　　)。

A. 利润表　　　　　　　　　B. 现金流量表

C. 所有者权益变动表　　　　D. 资产负债表

13. 下列(　　)是根据总分类账户余额直接填列资产负债表项目的。

A. 短期借款　　B. 存货　　C. 应收账款　　D. 未分配利润

14. 下列各项中,不会影响营业利润金额的是(　　)。

A. 投资收益　　B. 营业外收入　　C. 财务费用　　D. 资产减值损失

二、多选题

1. 会计报表按其报送对象进行分类可分为(　　)。

A. 对内会计报表　　　　　　B. 合并会计报表

C. 个别会计报表　　　　　　D. 对外会计报表

2. 在编制资产负债表时,应根据总账科目的期末借方余额直接填列的项目有(　　)。

A. 交易性金融资产　　　　　B. 应付利息

C. 短期借款　　　　　　　　D. 应收股利

3. 资产负债表中"应收账款"项目应根据(　　)之和减去"坏账准备"账户中有关应收账款计提的坏账准备期末余额填列。

A. "预收账款"科目所属明细科目的借方余额

B. "应收账款"科目所属明细科目的贷方余额

C. "应收账款"科目所属明细科目的借方余额

D. "应付账款"科目所属明细科目的贷方余额

4. 利润表中的"营业成本"项目填列所依据的是(　　)。

A. "税金及附加"发生额　　　B. "主营业务成本"发生额

C. "营业外支出"发生额　　　D. "其他业务成本"发生额

5. 编制资产负债表时,需要根据有关总账账户期末余额分析计算填列的项目有(　　)。

A. 货币资金　　B. 短期借款　　C. 存货　　D. 预付款项

6. 下列各项中,属于资产负债表中流动资产项目的有(　　)。

A. 货币资金　　B. 存货　　C. 应收账款　　D. 预收款项

7. 资产负债表中的"预付款项"项目,应根据(　　)之和填列。

A. "预付账款"明细科目的借方余额

B. "应付账款"明细科目的借方余额

C. "应付账款"明细科目的贷方余额

D. "预付账款"明细科目的贷方余额

8. 下列项目中,列示在资产负债表左方的有( )。

A. 无形资产　　　B. 固定资产　　　C. 预收款项　　　D. 预付款项

9. 下列项目中,会影响利润总额计算的有( )。

A. 投资收益　　　B. 营业外收入　　C. 营业收入　　　D. 营业外支出

10. 利润表中的"营业收入"项目填列所依据的是( )。

A. "其他业务收入"发生额

B. "本年利润"发生额

C. "投资收益"发生额

D. "主营业务收入"发生额

三、不定项选择题

1. 下列各项中,属于资产负债表中流动资产项目的有( )。

A. 在建工程　　　B. 货币资金　　　C. 预收款项　　　D. 实收资本

2. 在下列各项会计报表中,属于反映企业经营成果的对外报表是( )。

A. 资产负债表　　　　　　　　　B. 利润表

C. 现金流量表　　　　　　　　　D. 所有者权益变动表

3. 利润表中可以提供的信息有( )。

A. 利润或亏损总额　　　　　　　B. 发生的营业成本

C. 实现的营业收入　　　　　　　D. 投资收益

4. 下列项目中,根据有关总账余额及其明细账余额分析计算填列的有( )。

A. 未分配利润　　B. 应付债券　　　C. 长期借款　　　D. 固定资产

5. 我国的利润表一般为多步式报表,包括的利润指标分别为( )。

A. 未分配利润　　B. 净利润　　　　C. 利润总额　　　D. 营业利润

6. 反映企业在某一特定日期的财务状况的会计报表是( )。

A. 所有者权益变动表　　　　　　B. 利润表

C. 资产负债表　　　　　　　　　D. 现金流量表

7. 编制资产负债表时,需根据有关总账账户期末余额分析计算填列的项目有( )。

A. 应付职工薪酬　　　　　　　　B. 预付款项

C. 应付账款　　　　　　　　　　D. 未分配利润

8. 在利润表的表体中,全部指标均依据有关账簿的( )填写。

A. 期初余额　　　　　　　　　　B. 期末余额或发生额

C. 期末余额　　　　　　　　　　D. 发生额

9. 下列各项中,属于资产负债表中流动资产项目的有( )。

A. 预付款项　　　　　　　　　　B. 交易性金融资产

C. 应收账款　　　　　　　　　　D. 存货

10.中期财务会计报表是指( )。
A.季报　　　　　B.年报　　　　　C.半年报　　　　　D.月报
11.直接根据总分类账户余额填列的资产负债表项目有( )。
A.应付账款　　　　　　　　　B.未分配利润
C.实收资本　　　　　　　　　D.短期借款
12.不能直接根据总分类账户余额填列的资产负债表项目有( )。
A.存货　　　　　　　　　　　B.应收账款
C.固定资产　　　　　　　　　D.货币资金

四、判断题

1.资产负债表中"货币资金"项目,应根据"银行存款"账户的期末余额直接填列。( )
2.利润表是反映企业一定期间经营成果的会计报表。( )
3.个别报表和合并报表都是由企业在自身会计核算基础上对账簿记录进行加工而编制的会计报表。( )
4.会计报表项目数据的直接来源是原始凭证和记账凭证。( )
5.资产负债表的"期末余额"栏各项目主要是根据总账或有关明细账本期发生额直接填列的。( )
6.在资产负债表中,"应收账款"项目应根据"应收账款"科目总账期末余额直接填列。( )
7.资产负债表中资产项目是按资产流动性由小到大的顺序排列的。( )
8.营业利润减去管理费用、销售费用、财务费用和所得税费用后得到净利润。( )
9.财务会计报表包括资产负债表、利润表、现金流量表、所有者权益变动表及其附注。( )
10.利润表的格式主要有多步式利润表和单步式利润表两种,我国企业采用的是单步式利润表格式。( )

五、会计岗位技能训练

(一)练习资产负债表的编制

资料:蓝天公司2019年12月31日总分类账户及明细账户的期末余额如表8-12所示。

表8-12　蓝天公司2019年12月31日总分类账户及明细账户的期末余额

单位:元

总账科目			所属明细科目		
科目	借方	贷方	科目	借方	贷方
应收账款	4 000		A公司	5 500	
			B公司		1 500
预收账款		8 500	C公司		9 000
			D公司	500	

续表

总账科目			所属明细科目		
科目	借方	贷方	科目	借方	贷方
应付账款		5 800	E公司		6 200
			F公司	400	
预付账款	7 500		G公司	8 000	
			H公司		500
应交税费	3 000				
短期借款		40 000			
长期借款		200 000			
实收资本		29 400			
利润分配		16 400			
库存现金	2 000				
银行存款	12 500				
在途物资	4 150				
原材料	18 450				
生产成本	21 800				
库存商品	9 200				
应收票据	4 300				
固定资产	80 000				
累计折旧		16 800			
无形资产	150 000				

补充资料：长期借款中将于1年内到期归还的长期借款为60 000元。

要求一：计算填列资产负债表中下列项目金额：

(1)货币资金＝

(2)应收账款＝

(3)预付款项＝

(4)预收款项＝

(5)应付账款＝

(6)短期借款＝

(7)长期借款＝

(8)存货＝

(9)应交税费＝

(10)固定资产＝

(11)未分配利润＝

要求二：编制蓝天公司2019年12月31日的资产负债表(见表8-13)。

表 8-13 资产负债表

编制单位：　　　　　　　　　　年　月　日　　　　　　　　　　　　　　单位：元

资产	期末余额	年初余额	负债及所有者权益（或股东权益）	期末余额	年初余额
流动资产：			流动负债：		
货币资金			短期借款		
交易性金融资产			交易性金融负债		
应收票据			应付票据		
应收账款			应付账款		
预付款项			预收款项		
应收利息			应付职工薪酬		
应收股利			应交税费		
其他应收款			应付利息		
存货			应付股利		
一年内到期的非流动资产			其他应付款		
其他流动资产			一年内到期的非流动负债		
流动资产合计			其他流动负债		
非流动资产：			流动负债合计		
债权投资			非流动负债：		
其他债权投资			长期借款		
长期应收款			应付债券		
长期股权投资			长期应付款		
投资性房地产			递延所得税负债		
固定资产			其他非流动负债		
在建工程			非流动负债合计		
无形资产			负债合计		
开发支出			所有者权益（或股东权益）：		
商誉			实收资本（或股本）		
长期待摊费用			资本公积		
递延所得税资产			其他综合收益		
其他非流动资产			盈余公积		

续表

资产	期末余额	年初余额	负债及所有者权益（或股东权益）	期末余额	年初余额
非流动资产合计			未分配利润		
			所有者权益（或股东权益）合计		
资产总计			负债及所有者权益（或股东权益）总计		

(二)练习利润表的编制

资料：江海公司2019年12月份有关损益类账户发生额如表8-14所示。

表8-14　2019年12月有关损益类账户发生额表

单位：元

账户名称	借方发生额	贷方发生额
主营业务收入		90 000
其他业务收入		3 000
营业外收入		3 500
投资收益		1 500
主营业务成本	50 000	
其他业务成本	1 000	
营业外支出	1 800	
税金及附加	4 500	
销售费用	2 000	
管理费用	8 500	
财务费用	2 000	
所得税费用	7 050	

要求：根据上述资料编制江海公司2019年12月份利润表(见表8-15)。

表8-15　利润表　　　　　　　会企02表

编制单位：　　　　　　年　　月　　　　　　单位：元

项目	本期金额	上期金额
一、营业收入		
减：营业成本		
税金及附加		
销售费用		
管理费用		

续表

项目	本期金额	上期金额
研发费用		
财务费用		
加：其他收益		
投资收益（损失以"－"号填列）		
净敞口套期收益（损失以"－"号填列）		
公允价值变动收益（损失以"－"号填列）		
信用减值损失（损失以"－"号填列）		
资产减值损失（损失以"－"号填列）		
资产处置收益（损失以"－"号填列）		
二、营业利润（亏损以"－"号填列）		
加：营业外收入		
减：营业外支出		
三、利润总额（亏损总额以"－"号填列）		
减：所得税费用		
四、净利润（净亏损以"－"号填列）		
五、其他综合收益的税后净额		
（一）不能重分类进损益的其他综合收益		
（二）将重分类进损益的其他综合收益		
六、综合收益总额		
七、每股收益		
（一）基本每股收益		
（二）稀释每股收益		

附录
企业会计准则
——基本准则

KUAIJI JICHU

(2006年2月15日财政部令第33号公布,自2007年1月1日起施行。2014年7月23日根据《财政部关于修改＜企业会计准则——基本准则＞的决定》修改)

第一章 总 则

第一条 为了规范企业会计确认、计量和报告行为,保证会计信息质量,根据《中华人民共和国会计法》和其他有关法律、行政法规,制定本准则。

第二条 本准则适用于在中华人民共和国境内设立的企业(包括公司,下同)。

第三条 企业会计准则包括基本准则和具体准则,具体准则的制定应当遵循本准则。

第四条 企业应当编制财务会计报告(又称财务报告,下同)。财务会计报告的目标是向财务会计报告使用者提供与企业财务状况、经营成果和现金流量等有关的会计信息,反映企业管理层受托责任履行情况,有助于财务会计报告使用者作出经济决策。

财务会计报告使用者包括投资者、债权人、政府及其有关部门和社会公众等。

第五条 企业应当对其本身发生的交易或者事项进行会计确认、计量和报告。

第六条 企业会计确认、计量和报告应当以持续经营为前提。

第七条 企业应当划分会计期间,分期结算账目和编制财务会计报告。

会计期间分为年度和中期。中期是指短于一个完整的会计年度的报告期间。

第八条 企业会计应当以货币计量。

第九条 企业应当以权责发生制为基础进行会计确认、计量和报告。

第十条 企业应当按照交易或者事项的经济特征确定会计要素。会计要素包括资产、负债、所有者权益、收入、费用和利润。

第十一条 企业应当采用借贷记账法记账。

第二章 会计信息质量要求

第十二条 企业应当以实际发生的交易或者事项为依据进行会计确认、计量和报告,如实反映符合确认和计量要求的各项会计要素及其他相关信息,保证会计信息真实可靠、内容完整。

第十三条 企业提供的会计信息应当与财务会计报告使用者的经济决策需要相关,有助于财务会计报告使用者对企业过去、现在或者未来的情况作出评价或者预测。

第十四条 企业提供的会计信息应当清晰明了,便于财务会计报告使用者理解和使用。

第十五条 企业提供的会计信息应当具有可比性。

同一企业不同时期发生的相同或者相似的交易或者事项,应当采用一致的会计政策,不得随意变更。确需变更的,应当在附注中说明。

不同企业发生的相同或者相似的交易或者事项,应当采用规定的会计政策,确保会计信息口径一致、相互可比。

第十六条 企业应当按照交易或者事项的经济实质进行会计确认、计量和报告,不应仅以交易或者事项的法律形式为依据。

第十七条 企业提供的会计信息应当反映与企业财务状况、经营成果和现金流量等有关的所有重要交易或者事项。

第十八条 企业对交易或者事项进行会计确认、计量和报告应当保持应有的谨慎,不应高估资产或者收益、低估负债或者费用。

第十九条　企业对于已经发生的交易或者事项,应当及时进行会计确认、计量和报告,不得提前或者延后。

第三章　资　　产

第二十条　资产是指企业过去的交易或者事项形成的、由企业拥有或者控制的、预期会给企业带来经济利益的资源。

前款所指的企业过去的交易或者事项包括购买、生产、建造行为或其他交易或者事项。预期在未来发生的交易或者事项不形成资产。

由企业拥有或者控制,是指企业享有某项资源的所有权,或者虽然不享有某项资源的所有权,但该资源能被企业所控制。

预期会给企业带来经济利益,是指直接或者间接导致现金和现金等价物流入企业的潜力。

第二十一条　符合本准则第二十条规定的资产定义的资源,在同时满足以下条件时,确认为资产:

(一)与该资源有关的经济利益很可能流入企业;

(二)该资源的成本或者价值能够可靠地计量。

第二十二条　符合资产定义和资产确认条件的项目,应当列入资产负债表;符合资产定义、但不符合资产确认条件的项目,不应当列入资产负债表。

第四章　负　　债

第二十三条　负债是指企业过去的交易或者事项形成的、预期会导致经济利益流出企业的现时义务。

现时义务是指企业在现行条件下已承担的义务。未来发生的交易或者事项形成的义务,不属于现时义务,不应当确认为负债。

第二十四条　符合本准则第二十三条规定的负债定义的义务,在同时满足以下条件时,确认为负债:

(一)与该义务有关的经济利益很可能流出企业;

(二)未来流出的经济利益的金额能够可靠地计量。

第二十五条　符合负债定义和负债确认条件的项目,应当列入资产负债表;符合负债定义、但不符合负债确认条件的项目,不应当列入资产负债表。

第五章　所有者权益

第二十六条　所有者权益是指企业资产扣除负债后由所有者享有的剩余权益。

公司的所有者权益又称为股东权益。

第二十七条　所有者权益的来源包括所有者投入的资本、直接计入所有者权益的利得和损失、留存收益等。

直接计入所有者权益的利得和损失,是指不应计入当期损益、会导致所有者权益发生增减变动的、与所有者投入资本或者向所有者分配利润无关的利得或者损失。

利得是指由企业非日常活动所形成的、会导致所有者权益增加的、与所有者投入资本无关的经济利益的流入。

损失是指由企业非日常活动所发生的、会导致所有者权益减少的、与向所有者分配利润无关的经济利益的流出。

第二十八条　所有者权益金额取决于资产和负债的计量。

第二十九条　所有者权益项目应当列入资产负债表。

第六章　收　　入

第三十条　收入是指企业在日常活动中形成的、会导致所有者权益增加的、与所有者投入资本无关的经济利益的总流入。

第三十一条　收入只有在经济利益很可能流入从而导致企业资产增加或者负债减少、且经济利益的流入额能够可靠计量时才能予以确认。

第三十二条　符合收入定义和收入确认条件的项目，应当列入利润表。

第七章　费　　用

第三十三条　费用是指企业在日常活动中发生的、会导致所有者权益减少的、与向所有者分配利润无关的经济利益的总流出。

第三十四条　费用只有在经济利益很可能流出从而导致企业资产减少或者负债增加、且经济利益的流出额能够可靠计量时才能予以确认。

第三十五条　企业为生产产品、提供劳务等发生的可归属于产品成本、劳务成本等的费用，应当在确认产品销售收入、劳务收入等时，将已销售产品、已提供劳务的成本等计入当期损益。

企业发生的支出不产生经济利益的，或者即使能够产生经济利益但不符合或者不再符合资产确认条件的，应当在发生时确认为费用，计入当期损益。

企业发生的交易或者事项导致其承担了一项负债而又不确认为一项资产的，应当在发生时确认为费用，计入当期损益。

第三十六条　符合费用定义和费用确认条件的项目，应当列入利润表。

第八章　利　　润

第三十七条　利润是指企业在一定会计期间的经营成果。利润包括收入减去费用后的净额、直接计入当期利润的利得和损失等。

第三十八条　直接计入当期利润的利得和损失，是指应当计入当期损益、会导致所有者权益发生增减变动的、与所有者投入资本或者向所有者分配利润无关的利得或者损失。

第三十九条　利润金额取决于收入和费用、直接计入当期利润的利得和损失金额的计量。

第四十条　利润项目应当列入利润表。

第九章　会 计 计 量

第四十一条　企业在将符合确认条件的会计要素登记入账并列报于会计报表及其附注（又称财务报表，下同）时，应当按照规定的会计计量属性进行计量，确定其金额。

第四十二条　会计计量属性主要包括：

（一）历史成本。在历史成本计量下，资产按照购置时支付的现金或者现金等价物的金额，或者按照购置资产时所付出的对价的公允价值计量。负债按照因承担现时义务而实际收到的款项或者资产的金额,或者承担现时义务的合同金额,或者按照日常活动中为偿还负债预期需要支付的现金或者现金等价物的金额计量。

(二)重置成本。在重置成本计量下,资产按照现在购买相同或者相似资产所需支付的现金或者现金等价物的金额计量。负债按照现在偿付该项债务所需支付的现金或者现金等价物的金额计量。

(三)可变现净值。在可变现净值计量下,资产按照其正常对外销售所能收到现金或者现金等价物的金额扣减该资产至完工时估计将要发生的成本、估计的销售费用以及相关税费后的金额计量。

(四)现值。在现值计量下,资产按照预计从其持续使用和最终处置中所产生的未来净现金流入量的折现金额计量。负债按照预计期限内需要偿还的未来净现金流出量的折现金额计量。

(五)公允价值。在公允价值计量下,资产和负债按照市场参与者在计量日发生的有序交易中,出售资产所能收到或者转移负债所需支付的价格计量。

第四十三条　企业在对会计要素进行计量时,一般应当采用历史成本,采用重置成本、可变现净值、现值、公允价值计量的,应当保证所确定的会计要素金额能够取得并可靠计量。

第十章　财务会计报告

第四十四条　财务会计报告是指企业对外提供的反映企业某一特定日期的财务状况和某一会计期间的经营成果、现金流量等会计信息的文件。

财务会计报告包括会计报表及其附注和其他应当在财务会计报告中披露的相关信息和资料。会计报表至少应当包括资产负债表、利润表、现金流量表等报表。

小企业编制的会计报表可以不包括现金流量表。

第四十五条　资产负债表是指反映企业在某一特定日期的财务状况的会计报表。

第四十六条　利润表是指反映企业在一定会计期间的经营成果的会计报表。

第四十七条　现金流量表是指反映企业在一定会计期间的现金和现金等价物流入和流出的会计报表。

第四十八条　附注是指对在会计报表中列示项目所作的进一步说明,以及对未能在这些报表中列示项目的说明等。

第十一章　附　　则

第四十九条　本准则由财政部负责解释。

第五十条　本准则自 2007 年 1 月 1 日起施行。

参考文献

[1] 中华人民共和国财政部.会计基础工作规范.2019.
[2] 中华人民共和国财政部.关于印发会计从业资格考试大纲(修订)的通知.2016.
[3] 中华人民共和国财政部.企业会计准则——基本准则(2014年修订).2014.
[4] 中华人民共和国财政部.关于修订印发合并财务报表格式(2019版)的通知.2019.
[5] 张慧.会计基础[M].2版.北京:中国纺织出版社,2011.
[6] 程淮中.会计职业基础[M].3版.北京:高等教育出版社,2017.
[7] 财政部会计资格评价中心.初级会计实务[M].北京:经济科学出版社,2018.
[8] 赵红英.会计基础与实务[M].北京:经济科学出版社,2010.
[9] 江苏省会计从业资格考试研究编审组.会计基础[M].北京:经济科学出版社,2014.
[10] 田家富,孔祥银.基础会计[M].2版.北京:高等教育出版社,2019.
[11] 高香林.基础会计[M].5版.北京:高等教育出版社,2019.
[12] 陈国辉,迟旭升.基础会计[M].6版.大连:东北财经大学出版社,2018.
[13] 财政部会计司编写组.《企业会计准则第14号——收入》应用指南2018[M].北京:中国财政经济出版社,2018.
[14] 财政部 税务总局 海关总署.关于深化增值税改革有关政策的公告,2019.